汽车底盘电子控制技术

主　　编　李晶华
副主编　李江江
主　　审　龙名福

中南大学出版社
www.csupress.com.cn

图书在版编目(CIP)数据

汽车底盘电子控制技术/李晶华主编. —长沙：中南大学出版社，
2017.3

ISBN 978 – 7 – 5487 – 2610 – 4

Ⅰ.汽... Ⅱ.李... Ⅲ.汽车 – 底盘 – 电气控制系统 Ⅳ.U463.6

中国版本图书馆 CIP 数据核字(2017)第 057657 号

汽车底盘电子控制技术

李晶华　主编

□责任编辑	刘　辉
□责任印制	易红卫
□出版发行	中南大学出版社
	社址：长沙市麓山南路　　　　邮编：410083
	发行科电话：0731 – 88876770　传真：0731 – 88710482
□印　　装	长沙印通印刷有限公司

□开　　本	787×1092　1/16	□印张 10.75	□字数 272 千字
□版　　次	2017 年 3 月第 1 版	□2017 年 3 月第 1 次印刷	
□书　　号	ISBN 978 – 7 – 5487 – 2610 – 4		
□定　　价	28.00 元		

总序 /

    汽车后市场风云变幻，配件垄断市场的、汽车维修技术信息公开、互联网＋、大众创业万众创新等对传统汽车后市场业态产生了巨大冲击，传统业态——4S店、一二类综合性维修企业的发展空间备受挤压，利润大幅缩水，甚至面临企业的生存问题；而新兴业态——上门保养，技术上门，快修快保连锁经营，综合维修企业联盟发展，汽车维保线上下单、线下作业等层出不穷但却没有赚到理想中的利润，发展前途堪忧。而随着制造汽车的原材料、汽车零部件的加工工艺、汽车装配工艺、汽车运行材料等的技术进步，以及道路条件的大幅改善，汽车的故障概率大幅度下降，汽车的可靠性大幅度提高，"汽车不坏了"已经是一个不争的事实；在环保和能源的重重重压之下，新能源汽车，特别是纯电动汽车的市场份额将急剧扩大。因此，过去汽车"以修为主"的时代已经成为历史，"以养代修"的汽车后市场时代已经来临。基于以上现实，在不久的将来，传统业态中的4S店、大型综合性汽车维修企业将面临大批倒闭的困境，汽车后市场的转型升级势在必行；流程化、规范化、标准化、专业化、品牌化、连锁化的汽车专项维修将是汽车后市场的必然发展趋势；汽车后市场对汽车类人才的需求将从单一的"技术技能型人才"向"技能服务型人才"过渡，过去汽修职业教育"以就业为导向"的人才培养模式将面临挑战，毕业生将无业可就，倒逼汽修职业教育人才培养向"以创、就业为导向"人才培养模式转变，因此汽修职业教育也必须进行转型升级，从而汽车职业教育也要从人才培养模式、人才培养方案、教学计划、教学大纲、课程建设、师资队伍建设、实训基地建设等方面进行全新规划。

    职业教育不是为过去的行业培养人才，而是要为未来的行业发展需求储备人才，因此职业教育要紧跟行业发展，甚至要预判行业未来发展趋势，走在行业发展的前面，千万不能职业教育和行业发展两张皮，我办我的教育，不关行业发展什么事。因此汽修职业教育一定要研究汽车后市场，一定要贴近汽车后市场，一定要比汽车后市场更懂汽车后市场，要知道汽修职业教育到底应该教什么！到底应该怎么教！到底要教到什么程度！谋定而后动，直击汽修职业教育的痛点。鉴于此，中南大学出版社邀请行业专家参与，组织国内知名汽修高等职业教育院校教育专家共同剖析汽车后市场发展现状，研究汽车后市场发展趋势，积极探索汽修职业教育人才培养方案和人才培养模式，以满足汽车后市场现实要求和适应未来汽车后市场未来发展需求为出发点，构建全新的汽修与汽服职业教育课程体系，打造全国高等职业教育汽车类"十三五"规划教材，相信这套丛书的出版将对推动我国汽车职业教育的发展，为汽车后市场的发展奠定基础。

李东江

2016 年 6 月

前言 / Foreword

随着社会的进步和科技的发展,电子控制化已经成为当今汽车业发展的方向和趋势,汽车正朝着智能化和科技化的方向发展演变。汽车底盘是由汽车上的传动系、行驶系、转向系和制动系四部分组成的组合,支承、安装汽车发动机及其各部件、总成,形成汽车的整体造形,承受发动机动力,保证正常行驶。本书是全国高等职业教育汽车类"十三五"规划教材,书中以常见车型为例,对汽车底盘的各电控系统进行了详细的讲解。

本书由六个项目组成,分别是自动变速系统、制动防抱死系统、汽车驱动防滑转与电子制动力分配系统、汽车电子稳定程序控制系统、电控空气悬架系统和电控动力转向系统。每个项目又由不同的任务组成。

本书由李晶华担任主编,李江江担任副主编。

本书主要面向高职高专汽修类专业学生,也可作为汽车维修与服务人员的培训教材或学习参考书。

本书在编写过程中,参考借鉴了大量的参考文献。在此一并对参考文献中的作者表示感谢。

由于作者水平有限,书中难免有疏漏和不妥之处,恳请各位同行和广大读者批评指正,以便在今后的修订中能够不断完善。谢谢!

编　者
2016 年 12 月

目 录

CONTENTS

项目一　自动变速系统

【学习目标】

技能抽查要求

能熟练掌握液力变矩器的变矩原理，掌握自动变速器的类型；能熟练掌握典型自动变速器各挡的动力传递路线，并对自动变速器常见故障进行检测和诊断。

教学要求

能力目标：能熟练使用液力变矩器专用检修工具，会拆装和检测液力变矩器，会对液力变矩器的零部件进行检测；能熟练拆装、调整行星齿轮式自动变速器；会对自动变速器各组成部件进行检测并对自动变速器机械故障进行诊断。

知识目标：掌握液力变矩器的功能、组成及工作原理，知道液力变矩器的主要失效形式及原因；掌握行星齿轮机构的类型、变速原理和传动比的计算；掌握单行星齿轮传动机构的八种组合；掌握自动变速器的类型和典型自动变速器的换挡过程。

任务一　电控液力自动变速器

1.1　电控液力自动变速器概述

目前汽车自动变速器主要有三种类型，即：液力自动变速器 AT、电控机械式自动变速器 AMT 和机械无级自动变速器 CVT。与手动变速器相比，自动变速器具有以下显著优点：

(1)大大提高了发动机和传动系的使用寿命；

(2)提高了汽车的通过性；

(3)操纵轻便，降低驾驶疲劳强度；

(4)换挡平顺，提高乘坐舒适性；

(5)具有良好的自适应性。

因此它得到了越来越广泛的应用，其中(电控)液力自动变速器 AT 的使用最为常见。

电控液力自动变速器一般由液力变矩器、行星齿轮变速机构、换挡执行机构、液压控制系统和电子控制系统五部分组成，如图 1−1 所示。

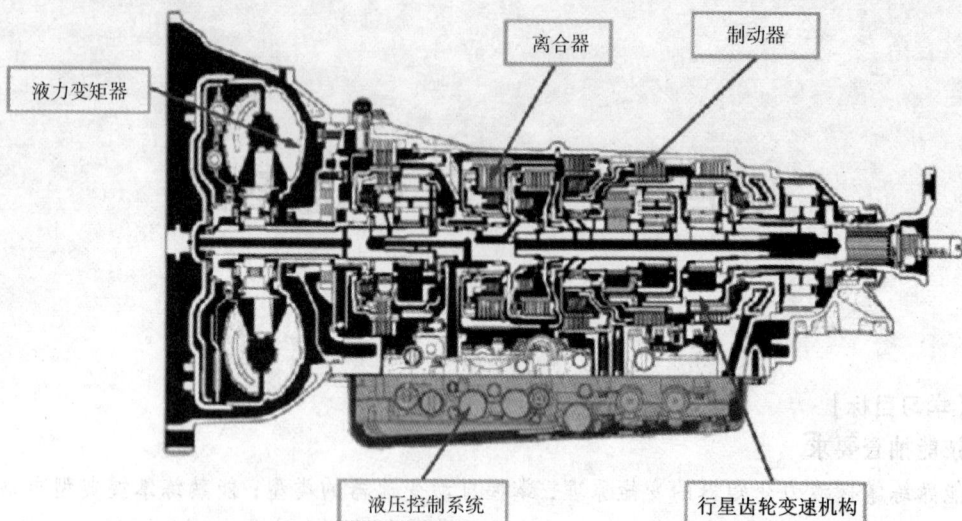

图 1-1　电控液力自动变速器的组成

1.2　液力变矩器的检修

大家经常看到这样的场景，带有自动变速器的汽车在驾驶过程中驾驶员不必像手动变速器那样频繁操纵换挡杆，驾驶员只要在起步时将换挡杆从 P 位推入 D 位，然后在整个驾驶过程中几乎不再需要操纵换挡杆。尤其在等待市区红绿灯时，装有自动变速器的汽车在绿灯亮起的一刹那可以非常从容、迅速地起步，更避免了在立交桥或坡道上起步时频繁熄火的麻烦。

装有自动变速器的汽车没有离合器踏板，难道自动变速器在换挡的时候不需要切断动力传递吗？在短暂停车时驾驶员不需要熄火、不需要将换挡杆置于空挡就可以离车而去，令人难以掌握的坡道起步在带有自动变速器的汽车上将不再是一个问题。

那么装有自动变速器的汽车是怎样做到这一点的呢？本问题将在后面得到解决。

1.2.1　液力变矩器的拆卸、安装及检测

1. 液力变矩器的作用

液力变矩器是自动变速系统的主要组成之一，它将发动机与变速器柔性地连接在一起，其作用主要包括：

（1）传递转矩。发动机的转矩通过液力变矩器的主动元件，再通过 ATF（自动变速器油）传给液力变矩器的从动元件，最后传给变速器。

（2）无级变速。根据工况的不同，液力变矩器可以在一定范围内实现转速和转矩的无级变化。

（3）自动离合。液力变矩器由于采用 ATF（自动变速器油）传递动力，当踩下制动踏板时，发动机也不会熄火，此时相当于离合器分离；当抬起制动踏板时，汽车可以起步，此时相当于离合器接合。

（4）驱动油泵。ATF（自动变速器油）在工作的时候需要油泵提供一定的压力，而油泵一般是由液力变矩器壳体驱动的。

2. 液力变矩器的结构

液力变矩器有三个基本部件，即泵轮 B、涡轮 W 和导轮 D（图 1-2）。

图 1-2　液力变矩器的结构

（1）泵轮 B。泵轮与变矩器壳体连成一体，其内部径向装有许多扭曲的叶片，叶片内缘则装有让油液平滑流过的导环，它将发动机动力变为油液的动能。变矩器壳体与曲轴后端的飞轮相连接（图 1-3）。

（2）涡轮 W。涡轮上也装有许多叶片。但涡轮叶片的扭曲方向与泵轮叶片的扭曲方向相反。涡轮中心有花键孔与变速器输入轴相连。泵轮叶片与涡轮叶片相对安装，中间有 3～4 mm 的间隙（图 1-4），它将动力传至机械变速器的输入轴。

（3）导轮 D。导轮位于泵轮与涡轮之间，通过单向离合器安装在与自动变速器壳体连接的导轮轴上。它也是由许多扭曲叶片组成的，通常由铝合金浇铸而成，其目的是对油液起反作用，使变矩器在某些工况下具有增大扭矩的功能（图 1-5）。

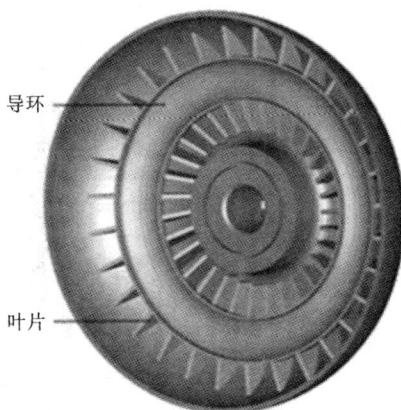

图 1-3　泵轮的结构

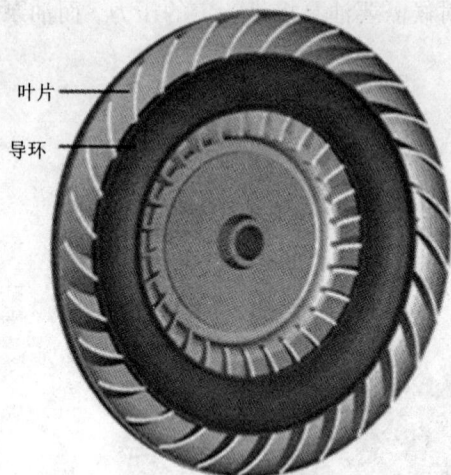

图 1-4　涡轮的结构

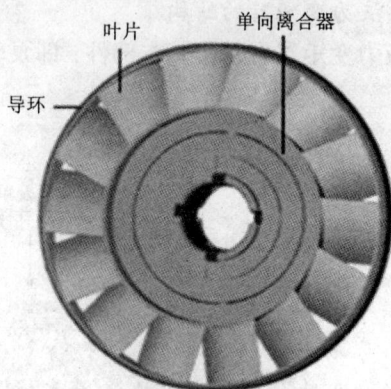

图 1-5　带单向离合器的导轮结构

（4）锁止离合器。液力变矩器的应用，为汽车变速提供了方便，但是因为液力变矩器使用液流间接地传递功率，所以肯定会有功率损失，因此在有些汽车上，在普通液力变矩器中加装了锁止离合器，直接连将泵轮和涡轮连接在一起以减少功率损失。锁止离合器机构机械地将发动机功率直接连接至自动变速器，在汽车达到某一行驶速度或满足一定行驶条件时由ECU控制其锁止，以提高功率性和燃油经济性，其结构如图 1-6 所示。

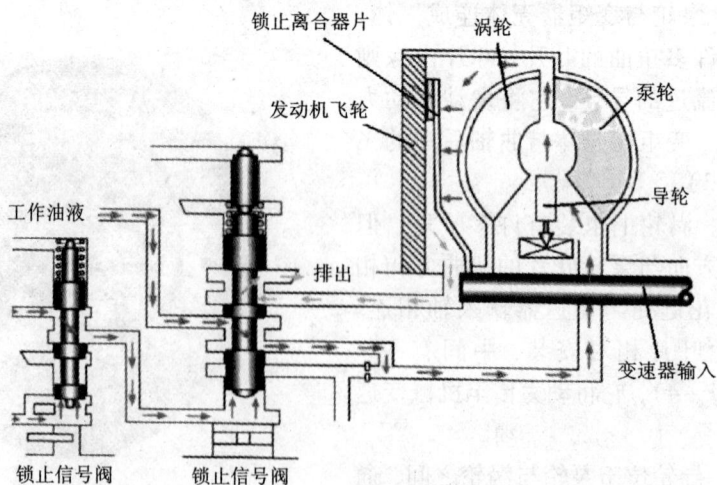

图 1-6　带锁止离合器的液力变矩器结构及控制示意图

锁止离合器的应用大大提高了液力变矩器的传动效率。一般汽车设定在 2 挡以上时才会进行锁止控制（也有某些车型是以车速和发动机负荷为锁定的控制标准，车速一般在 40 km/h 以上时才允许锁止）。

3.液力变矩器的工作原理

导轮安装在导轮轴上，两者之间用单向离合器连接。导轮轴从变速器壳前端伸出，它固定在变速器壳体上。单向离合器使导轮只能朝着泵轮的旋转方向转动，当泵轮与涡轮达到耦合器工况（即泵轮与涡轮转速相同）时，由涡轮出来的油液冲击不到导轮叶片的正面，而是冲击到导轮叶片的背面。此时，如果导轮固定不动将会阻碍涡轮的转动。所以导轮装在单向离合器上，当变矩器达到耦合状态时，在单向离合器的作用下，导轮随着泵轮的旋转方向一起转动。

变矩器装配后，三个工作轮形成的环状体断面称为变矩器的循环圆。导轮叶片的外缘构成三段式油液导流环的内段。这个分段导流环将涡轮流出的油液改变方向后直接冲击泵轮叶片背面，给泵轮一个正向的作用力，从而起到"增矩"作用，变矩原理如图1-7所示。

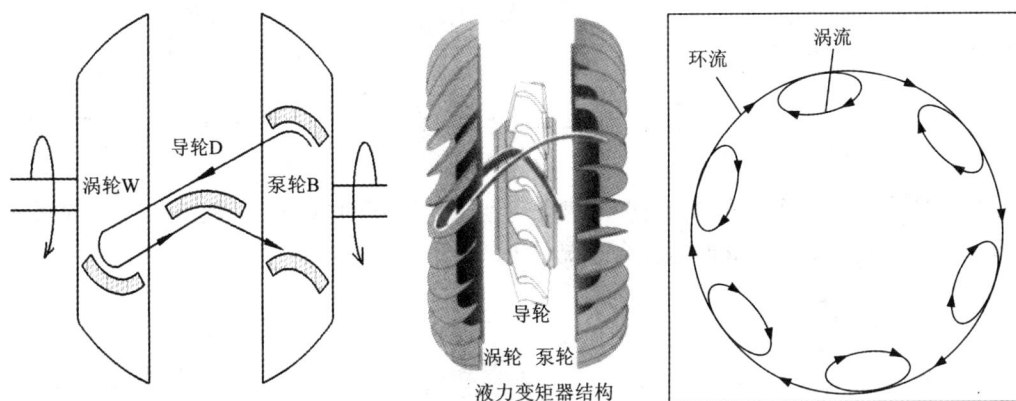

图1-7　液力变矩器液流方向示意图

发动机动力传给泵轮，泵轮旋转油液在泵轮两叶片间形成径向流动，产生相对速度 v_1；又由于泵轮旋转在泵轮周向形成周向流动，称为牵连速度 v_2；两者合成产生螺旋流动称为绝对速度 v（图1-8、图1-9），斜向冲击涡轮产生动力传递。液流冲出涡轮，冲击导轮叶片，流回泵轮。如果没有导轮阻挡不变矩，在导轮的阻挡下将产生变矩作用（图1-10）。

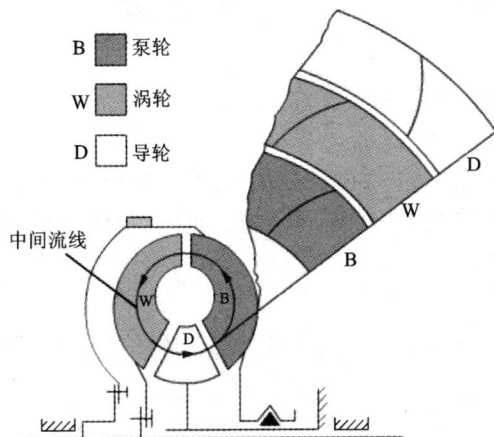

图1-8　液力变矩器工作轮展开三叶片示意图

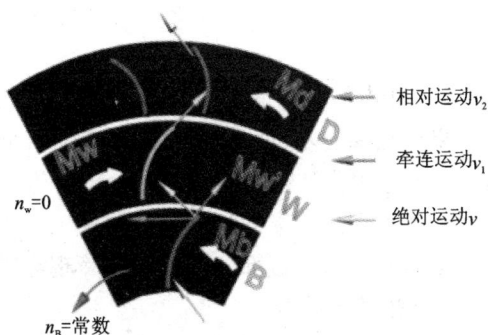

图1-9　液力变矩器矢量合成图

(1)冲击导轮正面时增矩,涡轮速度为 0 时增矩最大(图 1 - 10)。

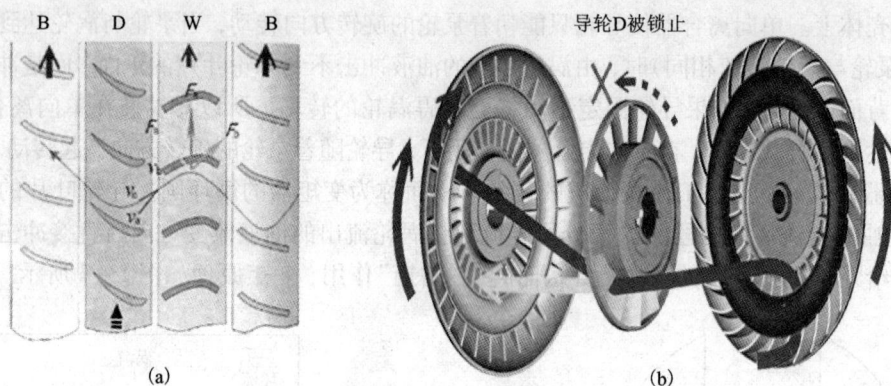

图 1 - 10　增矩过程

(2)不冲击导轮背面时耦合,当涡轮速度达到泵轮速度的 80% 时,液流从导轮的两叶片之间流出,直接冲回泵轮,此时是耦合工况(图 1 - 11)。

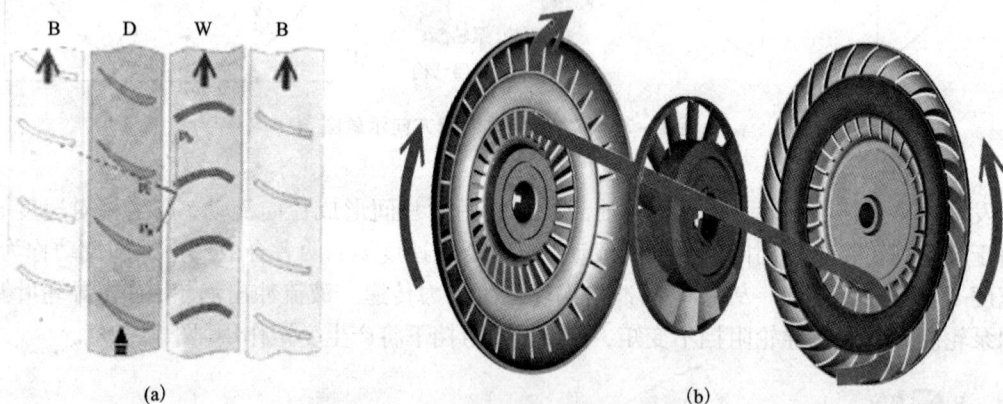

图 1 - 11　耦合过程

(3)冲击导轮背面时减矩,当涡轮速度大于泵轮速度的 80% 时,液流冲击导轮背面,此时如果导轮固定不动,导轮流出液流冲击泵轮正面将会阻碍泵轮的转动。此时,单向离合器放松,导轮随着泵轮的旋转方向一起转动,仍为耦合。

4. 液力变矩器常见的故障与排除

液力变矩器机械部分常见的故障现象有无挡,加速无力、高速性能差,传动效率低、油温高,变矩器异响等。

1)无挡的故障分析

液力变矩器无挡指的是动力在变矩器中传递中断,即变矩器进入任何挡位时都没有驱动反应。导致该现象的原因通常有以下两个方面:一是变矩器内无工作油液。由于变矩器内泵轮与涡轮没有任何机械连接，动力是靠油液作为介质传递的，若无油液动力自然就无法传递。二是涡轮与涡轮轴连接松脱或被卡死。涡轮叶片与涡轮花键毂焊接处裂开、花键毂与涡轮轴连接花键损坏或变矩器内轴承损坏会引起涡轮与涡轮轴连接松脱或被卡死，动力无法通过涡轮输出。

2）加速无力、高速性能差的故障分析

因变矩器故障导致加速性能差主要表现为加速时动力不足，但在高速行驶时驱动状况又很正常。由变矩器工作原理可知，汽车在起步或加速等工况时，变矩器内泵轮与涡轮的转速差较大，此时在液流的冲击下，单向离合器将导轮锁死，使变矩器起到增大转矩的作用。若单向离合器损坏不能将导轮锁死，则这一作用将会消失，就会出现加速性能差的情况。

还有一种情况是，在汽车低速行驶与加速时均正常，但在高速行驶时发动机的转速和车速均不能相应提高，发动机的动力明显不足，特别是在放松加速踏板减速或在高速行驶时将选挡手柄置于 N 位时，能感到转速明显下降过快，乘坐舒适性变差。出现这种现象通常是导轮单向离合器卡滞不能实现打滑引起的。因为在涡轮转速超过变矩器的耦合转速时，经涡轮流出的液流就会冲击导轮叶片的背部，若单向离合器不能实现良好的打滑，就会使涡轮运动阻力变大，出现发动机转速和车速升高困难、汽车高速行驶性能差的现象。

3）传动效率低、油温高的故障分析

液力变矩器传动效率低、油温高通常表现为发动机工作正常而油耗却增加，变速器及变速器油温度很高，并且变速器油极易变质，严重时在加油口处冒白烟。其原因可能是变矩器中的油液不足或是散热油管堵塞、变矩器止推轴承磨损等，致使泵轮、涡轮和导轮间的叶片间隙太大，液流就会以热能的形式损失一部分能量，使油温升高。导轮单向离合器卡滞使涡轮在转速较高时不能转动，液流冲击导轮叶片背面而消耗能量。锁止离合器在工作时若不能正常锁止，也将引起一部分能量损失在变矩器中，从而出现传动效率低、变速器油温过高的现象。

4）变矩器异响的故障分析

液力变矩器异响通常表现为轰鸣噪声和尖锐的金属声两种。轰鸣噪声主要是由于变矩器不平衡或安装位置不正确引起的振动噪声，以及变矩器叶片间间隙不正确，导轮单向离合器不能实现可靠锁止与打滑，引起油液流动时的摩擦噪声；而尖锐的金属声通常是变矩器内部构件运动干涉、摩擦材料损耗、锁止离合器打滑等引起的金属间的敲击声或摩擦声。

5.液力变矩器的拆卸

液力变矩器故障的排除需要将其从车上拆下进行检查。由于变矩器是整体焊接的，所以不能进行解体检查，出现损坏或者缺陷时必须整个更换，不能进行修理。

拆卸变速器和液力变矩器总成操作步骤如下：

放出变速器里面的变速器油，松开变速器油散热器油管接头。用变速器千斤顶顶住变速器，然后松开液力变矩器与发动机飞轮之间的连接螺栓以及变速器与发动机之间的连接螺栓，用旋具撬松接合面。将变速器同液力变矩器同变速器一同作为一个总成拆下，如图 1-12 所示。从变速器上抽出液力变矩器总成，如图 1-13 所示，并对变矩器外观进行初步检查。

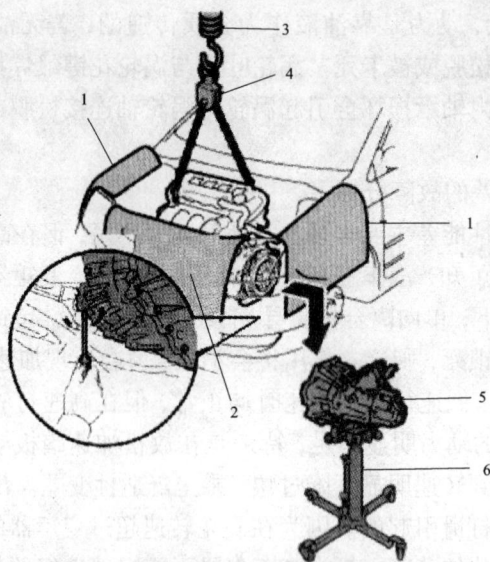

图1－12　变速器与液力变矩器总成拆卸

1—翼子板护垫；2—中网护垫；3—发动机吊车；4—链动滑轮；5—变速器；6—变速器千斤顶

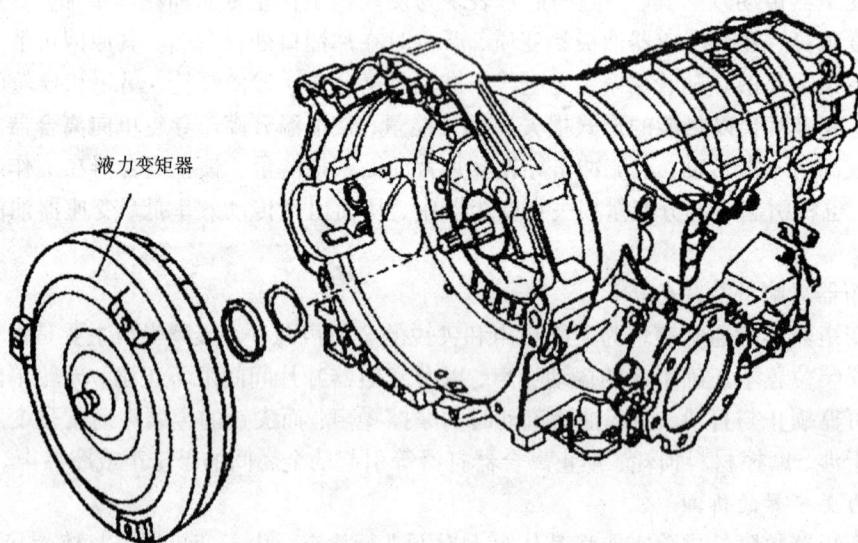

液力变矩器

图1－13　从变速器上抽出液力变矩器总成

6.液力变矩器的检测

液力变矩器从车上拆下以后，要检查液力变矩器轮毂的导入轨迹(图1－14箭头所示)。检查变矩器驱动轴套，轴套应光滑不能有磨损等。

1)单向离合器的检查方法

(1)将专用工具插入单向离合器的内圈，如图1－15(a)所示。

(2)安装专用工具，使其装配到变矩器轮毂的缺口和单向离合器的另一座圈中，如图1－15(b)所示。

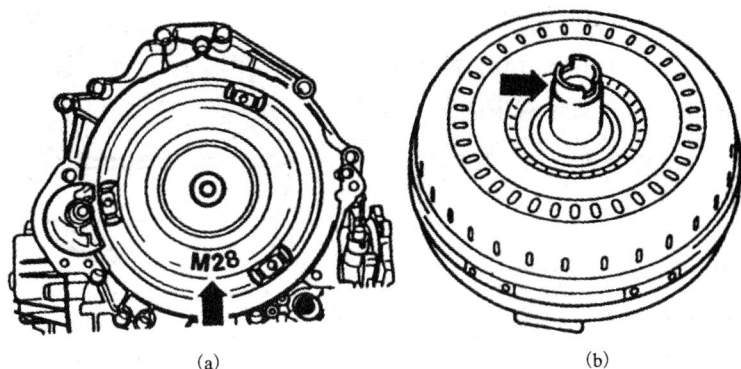

(a)   (b)

图 1 - 14　液力变矩器轮毂标记

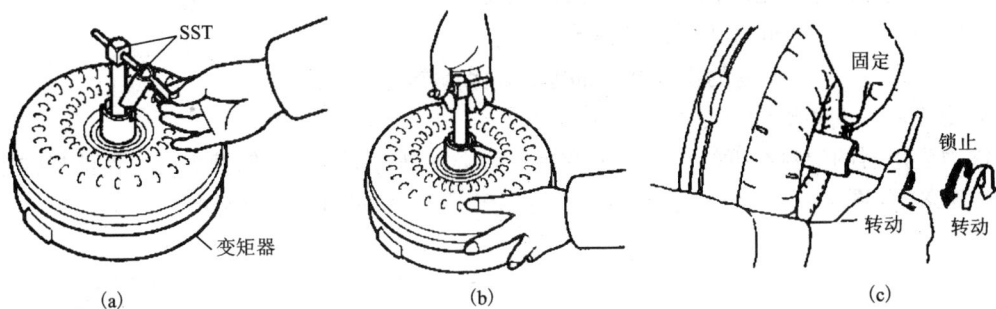

(a)   (b)   (c)

图 1 - 15　液力变矩器的单向离合器检查

(a)插入工具；(b)安装工具；(c)转动检查

(3)将液力变矩器侧立，逆时针转动时单向离合器应锁止，顺时针转动时应自由而平稳地转动，如图 1 - 15(c)所示。

如果有必要，应清洁变矩器并重新测试单向离合器。如果单向离合器检测不合格，应更换整个液力变矩器。

2)测量传动板及变矩器轴套的端面跳动

将百分表架固定在发动机后壳体上，先测曲轴和变矩器的连接装置挠性板的端向跳量，如果挠性板的端向跳动量大于 0.20 mm，必须更换挠性板；如挠性板合格，将变矩器在挠性板上固定好，再检测变矩器驱动轴套的端向跳量，如果驱动轴套的端向跳动量大于 0.30 mm，必须更换变矩器。检查操作方式如图 1 - 16 所示。

7.液力变矩器油封的更换及修复

1)排空变矩器

如果因为变速器磨损而大修时，变矩器

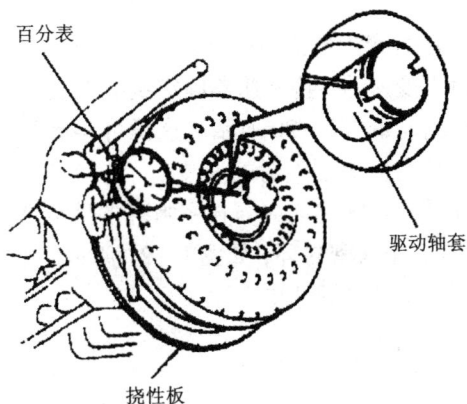

图 1 - 16　测量传动板及变矩器轴套

中的 ATF(自动变速器油)中会含有大量的杂质,所以在装复液力变矩器时,应当使用抽油机 V. A. G1358A 和探针 V. A. G1358A/1 抽出变矩器中的 ATF,以防止残留在变矩器中的杂质重新进入变速器中。液力变矩器的排空操作如图 1－17 所示。

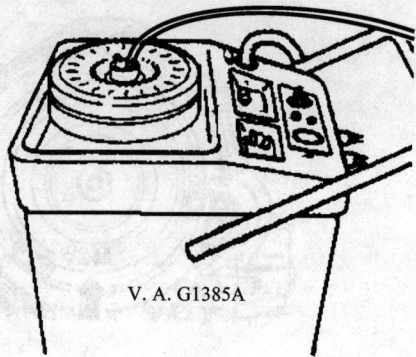

V. A. G1385A

图 1－17　液力变矩器的排空操作

2)液力变矩器的清洗

(1)倒出液力变矩器里残存的液压油;

(2)向变矩器内加入干净的液压油,以清洗其内部,然后将液压油倒出;

(3)再次向变矩器内加入干净的液压油,清洗后倒出;

(4)用清洗剂清洗变矩器零部件,只能用压缩空气吹干,不要用车间纸巾或棉丝擦干;

(5)用压缩空气吹所有的供油孔或油道,确保清洁。

3)更换液力变矩器油封专用工具

液力变矩器的油封在拆卸更换液力变矩器后必须进行更换。拆卸液力变矩器油封的专用工具 VW681 如图 1－18 所示,安装油封的专用工具 3295 如图 1－19 所示。

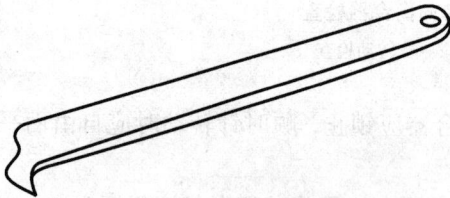

图 1－18　拆卸油封的专用工具 VW681

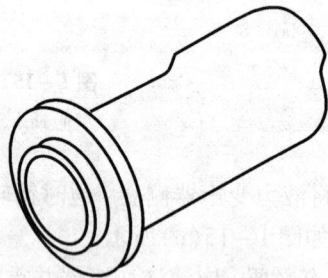

图 1－19　安装油封的专用工具 3295

4)液力变矩器油封的拆卸

拆下变速器,将变速器固定到装配支架上。将油封拆卸专用工具 VW681 放到密封环上拆下油封,如图 1－20 所示。这样可避免下面的轴承环损坏。

5)液力变矩器油封的安装

安装密封圈之前应当在密封环的外沿和唇口处涂抹一些自动变速器油,用油封安装专用工具 3295 压入密封环,如图 1－21 所示。安装液力变矩器油封时,密封环的开口侧应当指向变速器一侧,切不可装反。

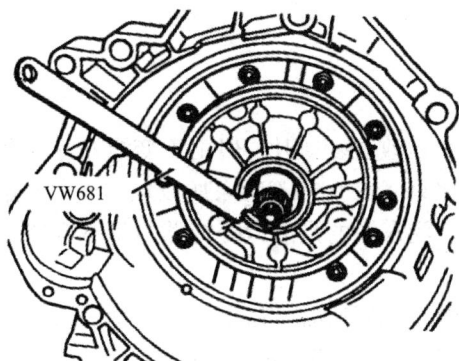

图 1 - 20 拆卸液力变矩器油封

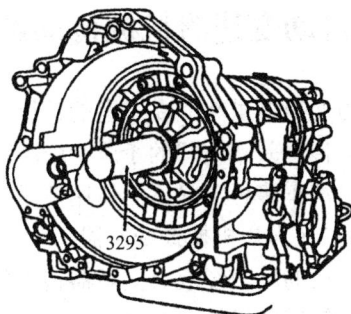

图 1 - 21 安装液力变矩器油封

6) 液力变矩器的安装

先装入轮毂，然后将液力变矩器轻轻向里旋转，直到液力变矩器轮毂的驱动槽进入泵轮的接合杆中，再将变矩器向里推至安装到位，驱动槽的结构如图 1 - 22 所示。

液力变矩器的安装是否到位可用测量的方式来检测。如果液力变矩器安装正确，则变速器固定面（变矩器罩与发动机连接的接合面）到液力变矩器端面距离最小为 23 mm，如图 1 - 23所示。如果液力变矩器没有装好，则此距离大约为 11 mm。

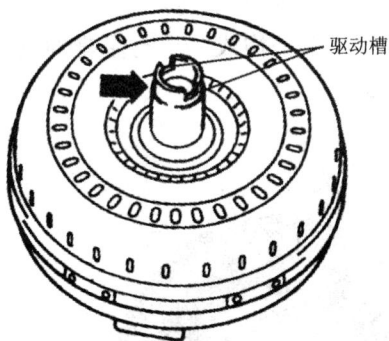

图 1 - 22 液力变矩器驱动槽结构图

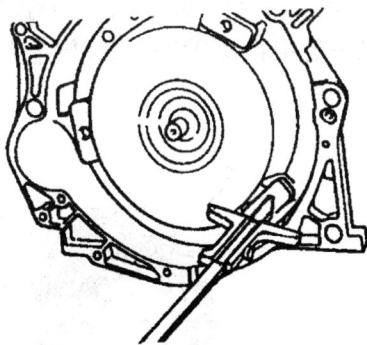

图 1 - 23 测量变速器固定面到变矩器槽面距离

特别提示：如果液力变矩器安装错误会造成液力变矩器的接合杆及自动变速器油泵损坏，所以安装变矩器后一定要按照上述要求进行检查。

复习思考题

1. 液力变矩器的作用是什么？结构包括哪些？
2. 液力变矩器的变矩原理是什么？
3. 液力变矩器的常见故障有哪些？排除方法是什么？
4. 简述液力变矩器的检测方法。
5. 简述液力变矩器油封的更换及修复方法。

1.3　自动变速器机械传动部分的检修

液力变矩器虽然能在一定的范围内自动地、无级地改变变矩比，但由于变矩器存在着变矩能力与传动效率之间的矛盾，并且变矩器的变矩比只能在 1~3 变动，所以单靠液力变矩器难以满足汽车多种工况下的使用要求，故在汽车上广泛采用的是液力变矩器与机械变速器串联组成的"液力—机械式变速器"。

发动机的动力经液力变矩器传至机械变速器，经机械变速器后输出至传动轴。与液力变矩器配合使用的机械变速器多数是行星齿轮式变速器，也有固定轴式（又称平行轴式）齿轮变速器（例如本田系列自动变速器）。行星齿轮式变速器因具有体积小、结构简单、变速比大等优点，在现代汽车自动变速器上得到了广泛的应用，所以本项目主要介绍行星齿轮式变速器。

1.3.1　行星齿轮机构

1. 行星齿轮机构的结构和类型

最简单的行星齿轮机构是由一个太阳轮、一个齿圈、一个行星架和几个行星齿轮组成的，称为一个行星排。如图 1-24 所示，太阳轮、齿圈及行星架具有一个共同的旋转轴线，行星齿轮支承在固定于行星架的行星齿轮轴上，并同时与太阳轮和齿圈相啮合。当行星齿轮机构运转时，空套在行星架上的行星齿轮，一方面可以绕自身的轴线旋转，另一方面又可以随行星架一起绕着太阳轮轴心旋转。太阳轮、齿圈和行星架是构成一个行星排的三个基本元件。

图 1-24　单行星齿轮机构

1—太阳轮；2—行星轮；3—行星架；4—传动轴；5—齿圈

根据太阳轮和齿圈之间的行星齿轮个数的不同，行星齿轮机构可以分为单行星齿轮式和双行星齿轮式。双行星齿轮机构与单行星齿轮机构在其他条件相同的情况下，齿圈可以得到反向传动，如图 1-25 所示。

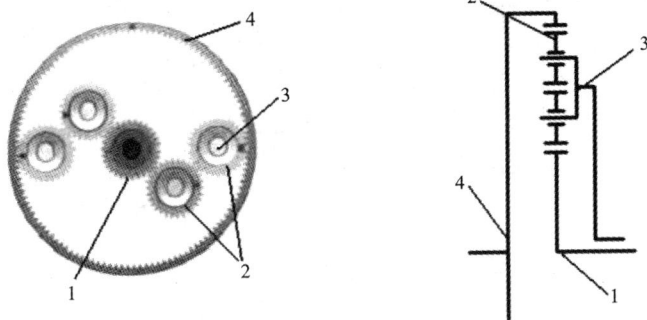

图 1 - 25 双行星齿轮机构
1—太阳轮；2—行星轮；3—行星架；4—齿圈

2. 行星齿轮机构的变速原理

根据机械原理我们知道，要想使组成机构的各构件具有确定的相对运动，则必须使机构的原动件数目与机构的自由度数目相等。而对于单行星齿轮机构来说，从图 1 - 25 可知行星架、太阳轮以及齿圈与外部零件组成了三个转动副；行星架又与行星齿轮组成了一个转动副；相互啮合的太阳轮、行星轮和齿圈组成了两个高副。根据平面机构自由度的计算公式可知：

$$F = 3n - (2P_\mathrm{L} + P_\mathrm{H})$$

式中：F——自由度数目；

n—— 平面机构中活动构件数目；

P_L—— 各构件组成的低副数目；

P_H——各构件组成的高副数目。

由上式可知单行星齿轮机构自由度为：

$$F = 3n - (2P_\mathrm{L} + P_\mathrm{H}) = 3 \times 4 - (2 \times 4 + 2) = 2$$

单行星齿轮机构有两个自由度但却有三个自由运动件，所以为了使行星排能够组成具有一定传动比的传动机构，必须将太阳轮、齿圈和行星架这三个基本元件中的一个加以固定或使其运动受到一定的约束（也可将某两个基本元件互相连接在一起），使行星排变为只有一个自由度的机构，以获得确定的传动比，自动变速器中的制动器 B_0、离合器 C_0 就是为此而设计的。

3. 单排行星齿轮机构的传动比计算

单行星齿轮传动比的计算是我们学习行星齿轮变速器传动原理的基础，为了了解行星齿轮变速器的作用原理，下面先分析单行星齿轮机构的运动规律。图 1 - 26 所示为一单行星齿轮机构的示意图，图上标出了行星轮所受到的作用力。

根据受力平衡原理可以推导出单排行星齿轮机构一般运动规律的特性方程式（过程略）：

$$n_1 + \alpha n_2 - (1 + \alpha) n_3 = 0$$

式中：n_1——太阳轮转速；

n_2——齿圈转速；

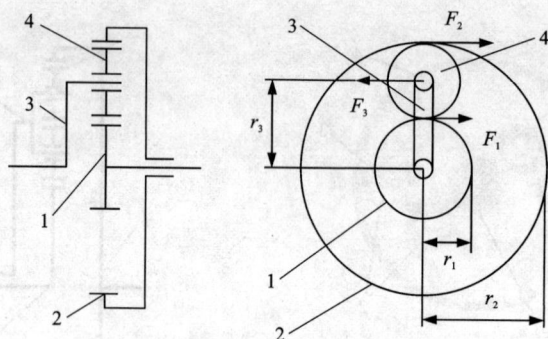

图 1-26　单行星齿轮机构及作用力示意图
1—太阳轮；2—齿圈；3—行星架；4—行星轮

n_3——行星架转速；

$$\alpha = \frac{Z_2}{Z_1}。$$

此公式就是单行星齿轮传动比的计算公式，也称运动特性方程。在一个行星排中，只要我们知道输入元件、输出元件和固定元件，就可以根据上面的公式计算出其传动比。

对于双行星轮齿轮机构，它的传动比计算公式就发生了一定的变化。由于双行星齿轮传动计算公式的推导过程较为复杂，在此具体的推导过程就不详细列出，只给出公式结果：

$$n_1 - \alpha n_2 - (1-\alpha)n_3 = 0$$

式中：n_1——太阳轮转速；

n_2——齿圈转速；

n_3——行星架转速；

$$\alpha = \frac{Z_2}{Z_1}。$$

上述两种行星齿轮传动机构的灵活组合就构成了当今汽车市场绝大多数的行星齿轮变速器。

4. 单行星齿轮传动机构的八种组合

当行星齿轮机构工作时，将太阳轮、齿圈和行星架这三者任一元件作为主动件，使它与输入轴相连；将另一元件作为被动件，与输出轴相连；再将第三个元件加以约束，这样整个行星齿轮机构即以一定的传动比传递动力。这三个基本元件都有三种运动状态（主动件、从动件、约束件）可以选择，有六种不同的组合方案，再加上两个特例——行星排中没有被约束的零件（自由转动）和将任意两个零件锁为一体（行星排将成为一体，直接传递动力），一共有八种组合。为了便于大家的学习和使用，图 1-27~1-32 和表 1-1 列出了单行星齿轮机构的各种传动组合方案。

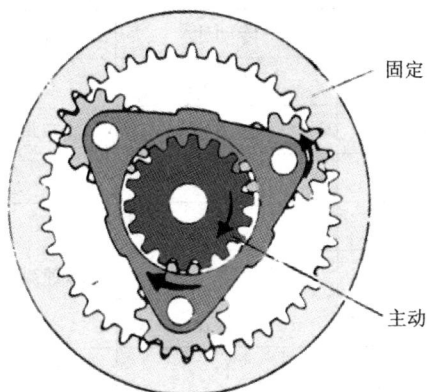

图 1-27 齿圈固定,行星架主动,太阳轮被动

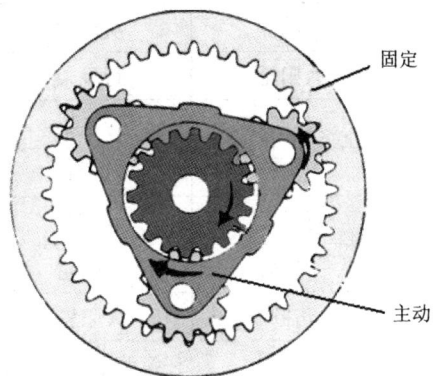

图 1-28 齿圈固定,太阳轮主动,行星架被动

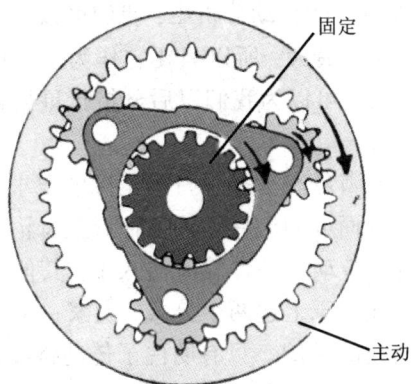

图 1-29 太阳轮固定,齿圈主动,行星架被动

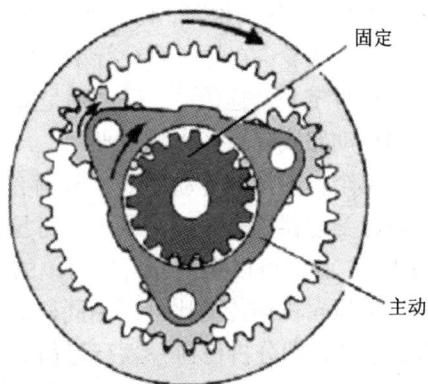

图 1-30 太阳轮固定,行星架主动,齿圈被动

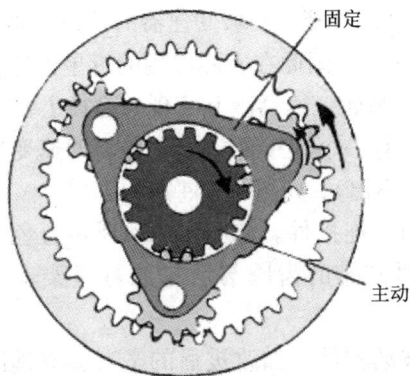

图 1-31 行星架固定,太阳轮主动,齿圈被动

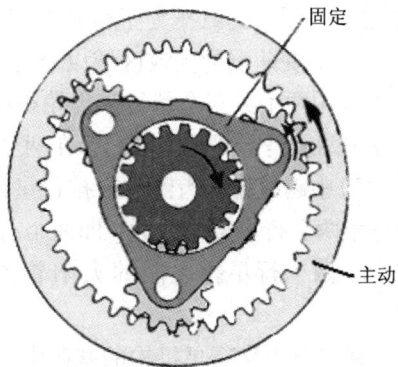

图 1-32 行星架固定,齿圈主动,太阳轮被动

表 1-1 单行星齿轮机构的八种传动方案

方案	主动件	从动件	固定件	传动比	注
1	太阳轮	行星架	齿圈	$1+\alpha$	减速增扭
2	齿圈	行星架	太阳轮	$(1+\alpha)/\alpha$	
3	太阳轮	齿圈	行星架	$-\alpha$	
4	行星架	齿圈	太阳轮	$\alpha/(1+\alpha)$	增速减扭
5	行星架	太阳轮	齿圈	$1/(1+\alpha)$	
6	齿圈	太阳轮	行星架	$-1/\alpha$	
7	任意两个连为一体			1	直接传动
8	既无任一元件制动，又无任意两个元件连为一体			三个元件自由转动	不传递动力

通过图 1-27~图 1-32 及表 1-1 我们可以发现：当行星架作为主动件时，传动比肯定小于 1；当其作为从动件时，传动比肯定大于 1。所以在以后的传动分析中，我们可以把行星架假想成一个齿轮，它的齿数在行星排中最多，因此直径也最大，所以只要它作为主动件则整个行星排肯定是升速传动，反之则是降速传动。这个关系可以为我们以后分析行星齿轮传动机构的传动路线提供很大的方便。

由于单个行星排的传动比变化范围有限，不能很好地满足汽车多种行驶工况的要求，所以行星齿轮变速器都是由两个或多个行星排经过灵活组合而成的。在计算各种行星齿轮机构的传动比时，我们可以先从分析最简单的单行星齿轮机构传动比的计算方法入手，其他各种形式的行星齿轮机构传动比可以用同样的方法导出。因此对于上述两个公式，大家一定要牢固掌握，它是我们分析任何一款行星齿轮变速器传动路线的基础。只有明白了传动路线，我们才能针对故障现象分析出所要维修的自动变速器的故障原因所在，从而可以在很大程度上避免工作的盲目性，提高维修工作的效率。

5. 行星齿轮机构的连接

单行星齿轮机构传动比的变化范围有限，而且在实际应用中，有些传动的方案是不宜用或不能用的。现代的汽车为了得到较好的动力性能和经济性能，要求变速器的挡位较多，以拓宽液力自动变速器的高效区域以充分利用发动机的功率。因此在实际应用的行星齿轮变速器中，多采用两个或三个单行星齿轮机构组合成的行星齿轮变速器。其实现的途径主要有：

(1)用两个行星机构串联，即在两个行星排之间只有一个连接件。如辛普森四速变速器（图 1-33）中超速排的齿圈与前排行星齿轮的连接（看不出），如图 1-34 所示。

(2)用两个行星机构并联，即两个行星排之间有两个连接件。如图 1-34 所示青色线条部分所示，两个行星排之间的太阳轮连为一体，同时前排的齿圈与后排的行星架也连为一体。

(3)在二自由度行星机构的基础上，换接主动或被动构件。如改进后的辛普森双排四速变速器中的 C_1、C_2 的传动形式，如图 1-35 所示。

(4)在现在的汽车行星齿轮变速器上，还有一种广泛使用的行星齿轮结构形式。就是一个单行星轮齿轮排和一个双行星轮齿轮排并联的结构——拉维娜行星齿轮机构，如图 1-36

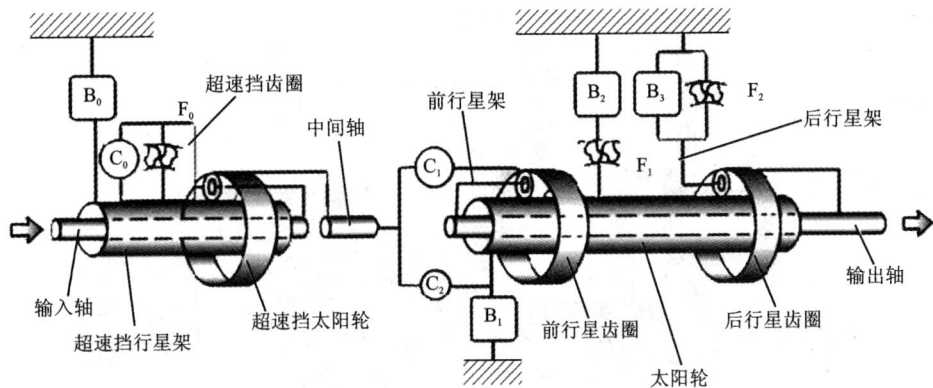

图 1 - 33 A341E 齿轮部分传动机构

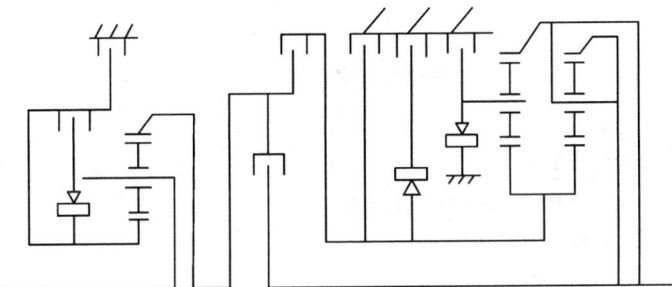

图 1 - 34 辛普森四速变速器传动简图

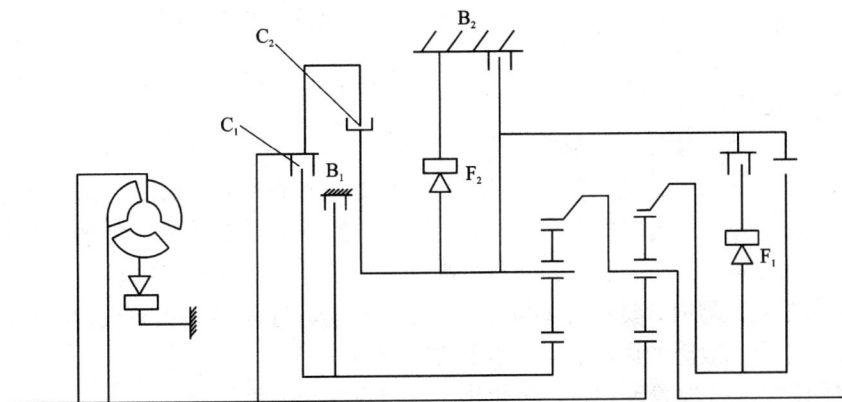

图 1 - 35 双排辛普森四速行星齿轮变速器传动简图

所示。

6. 常见组合式行星齿轮机构

目前常用的自动变速器的行星齿轮装置有辛普森式和拉维娜式两种。

1)辛普森式行星齿轮变速器结构特点

(1)前后两个行星排的齿轮参数完全相同；

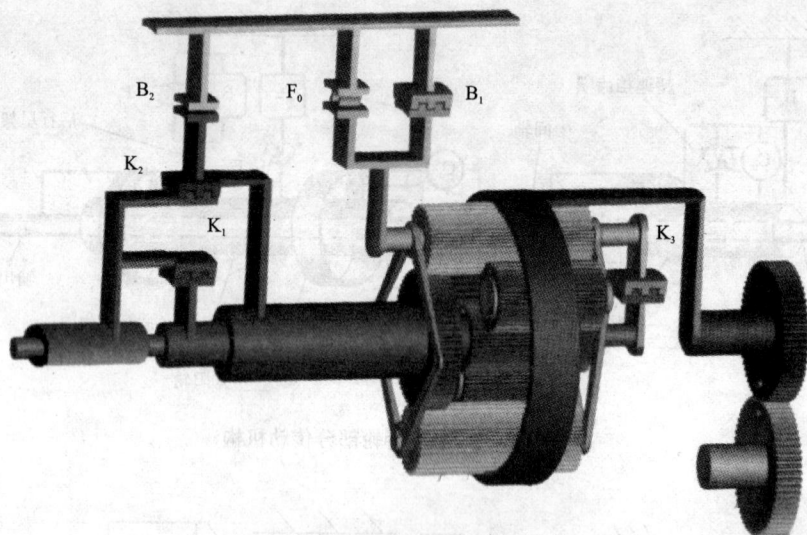

图1-36 拉维娜行星齿轮变速器传动简图

(2)前后两个太阳轮连成一体,即共用太阳轮,称为前后太阳轮组件;

(3)前行星架与后齿圈相连并作为输出轴;

(4)前齿圈和太阳轮通常作为输入轴。

2)拉维娜式行星齿轮变速器结构特点

(1)前后行星排共用行星架和齿圈;

(2)小太阳轮、短行星轮、长行星轮、行星架及齿圈组成双行星轮系行星排;

(3)大太阳轮、长行星轮、行星架及齿圈组成一个单行星轮系行星排;

(4)有四个独立元件;

(5)两套行星轮互相啮合。

7. 行星齿轮排的故障检测及原因

在变速器中行星齿轮是处于常啮合状态的,只要汽车在行走,那么它就一直处于运动状态,所以难免发生磨损。当它损坏时,车辆乘坐起来就不那么舒适了。变速器里会不断传来令人心烦意乱的噪声,在换挡的瞬间会产生冲击感,使坐车的人产生前俯后仰的感觉,因此在维修行星齿轮变速器时,要对行星齿轮机构进行检查。了解行星齿轮机构损坏的原因,则可以找出变速器产生故障的原因,从根本上排除故障。

在检查的过程中,要着重对行星齿轮排进行以下几个方面的检修。

1)检查太阳轮、行星齿轮以及齿圈的齿面

如有磨损或疲劳剥落现象应更换整个行星排。出现损坏的主要原因是由于齿轮机构在运行过程中缺少润滑以及使用时间过长造成的疲劳损伤,再就是零件本身质量原因。

2)检查行星齿轮与行星架之间的间隙

如图1-37所示,用塞尺检查行星齿轮与行星架之间的间隙,其标准值为 0.2 ~ 0.6 mm,最大不得超过 1.0 mm,否则应更换止推垫片或整个行星齿轮组件。该元件损坏的主要原因有两个方面,一是缺少润滑,二是使用时间过长达到预定寿命。

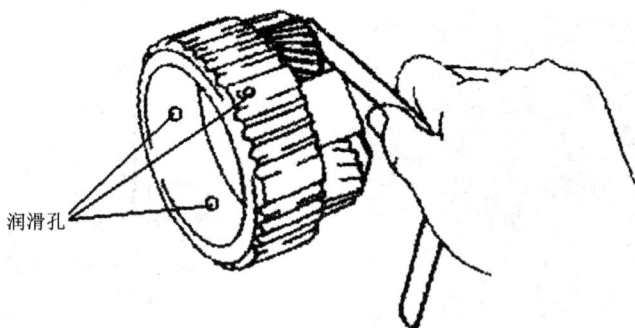

润滑孔

图 1 – 37 齿轮与行星架之间间隙的检查

3）检查行星齿轮架上的润滑孔有无堵塞

如有，应进行疏通。

4）检查太阳轮、行星架、齿圈等零件的轴颈或滑动轴承处有无磨损

如有异常，应更换新件。该故障的主要原因是缺少润滑，如润滑孔堵塞、变速器缺油等。

无论是单行星轮排还是双行星轮排，其检查的内容与检查方式基本一样，只是其各个间隙的标准值不同，具体数值需要参照各自的维修技术手册。

1.3.2 行星齿轮变速器执行元件

在行星齿轮变速器中，要想实现确定的传动比，必须对行星排三个元件中的一个元件进行约束。因此，我们在行星齿轮变速器中设立了离合器和制动器等约束元件，它们统称为执行元件。

执行元件根据其结构的不同有许多形式，其中离合器根据结构形式分为湿式多片式离合器和单向离合器；制动器根据结构形式可分为湿式多片式制动器和带式制动器。

1. 离合器的结构及工作原理

离合器用于连接输入轴和某个行星元件，或连接不同行星排间的两个行星元件。离合器有多种形式，如湿式多片式离合器、单向离合器等，下面分别来介绍这两种离合器的工作原理。

1）湿式多片式离合器

（1）湿式多片式离合器的作用。

在自动变速器中，湿式多片式离合器的主要作用是连接，即将行星排中两个运动的零件连接在一起以约束行星排中某两个基本件的运动。在实践中，我们常常用大写字母 C 表示离合器，如果变速器中有多个离合器则在 C 的左下角加一个数字脚标，如 C_1 等。

（2）湿式多片式离合器的结构。

湿式多片式离合器通常由离合器鼓、离合器活塞、回位弹簧、弹簧座、钢片、摩擦片（图 1 – 38）、调整垫片、离合器毂及几个密封圈组成，如图 1 – 39 所示。摩擦片两面均为摩擦因数较大的铜基粉末冶金层或合金纤维层。

图1-38　湿式离合器摩擦片与卡环

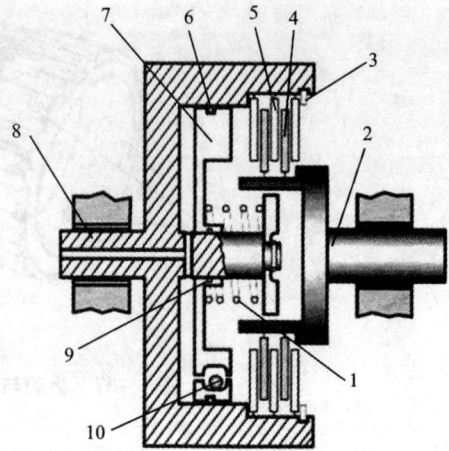

图1-39　湿式多片式离合器

1—回位弹簧；2—输出轴；3—卡环；4—摩擦片；5—钢片
6—活塞密封圈；7—活塞；8—输入轴；9—密封圈；10—单向阀

　　离合器活塞安装在离合器鼓内，它是一种环状活塞，由活塞内外圈上的橡胶密封圈与离合器鼓紧密接触保证密封，从而和离合器鼓一起形成一个密封的环状液压缸，并通过离合器轴颈上的进油孔和控制油道相通。

　　图1-39中单向阀10的作用是保证离合器能够分离彻底而设计的。这是因为当离合器旋转时，将带动液压油产生较大的离心力。当离合器分离时，活塞腔中的一部分油液则由于离心力的作用而残留在液压缸内并对活塞产生一定的压力，这会引起离合器分离不彻底。为了防止此类问题，在活塞的外沿处设有止回阀，如图1-40所示。

(a)

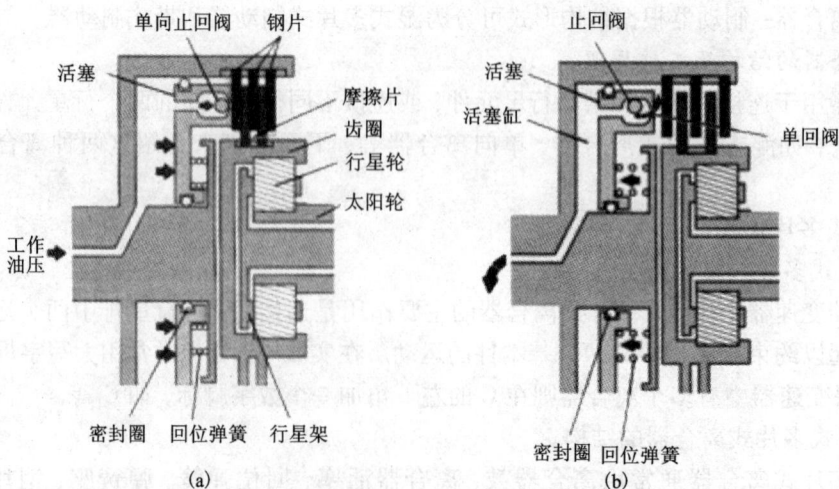

(b)

图1-40　离合器单向止回球阀工作示意图

(a)接合；(b)脱离

当离合器接合时,球阀在油压的推动作用下压紧在阀座上,止回阀处于关闭状态,保证了液压缸的密封,如图1-40(a)所示;当缸体内的油压解除时,缸体内的工作液压力下降,球阀在离心力的作用下离开阀座,使止回阀处于开启状态,残留在液压缸内的液压油在离心力的作用下从止回阀的小孔流出,从而促使离合器快速、完全脱开,如图1-40(b)所示。

(3)湿式多片式离合器的特点。

湿式多片式离合器由于其表面积较大,所传递的转矩也较大,摩擦材料磨损均匀。通过增减摩擦片的数目和改变施加压力的大小,就可以改变其传递功率的大小。这样就可以使同一外形尺寸的变速器适用于不同排量的发动机,从而减少了零件尺寸规格,方便了维修。

2)单向离合器

单向离合器作为离合器的一种特别类型,广泛用于行星齿轮变速器及综合式液力变矩器中。该执行元件是依靠其"单向锁止"原理来发挥固定或连接作用的。当与之相连接的元件受力方向与锁止方向相同时,该元件即被固定或连接;当受力方向与锁止方向相反时,该元件即释放或脱离连接(图1-41)。在汽车维修中,常用大写字母F来表示单向离合器。

单向离合器的工作与否完全由与之相连接元件的受力方向来控制,无须控制机构控制。在与它相连接的元件受力方向发生变化的瞬时即产生接合或脱离,反应迅速、灵敏,可保证平顺、无冲击。单向离合器的使用能大大简化变速器的液压控制系统。

图1-41 单向离合器示意图

行星齿轮变速器中采用的单向离合器基本上都是楔块式单向离合器和滚柱式单向离合器两种。在楔块式单向离合器中内、外圈都是圆形的,利用的是内外圈之间的楔形块来工作,如图1-42所示;而在滚柱式单向离合器中,内圈和滚柱体是圆形的,利用的是滚柱在其外圈上的楔形槽中不同的位置来工作的,如图1-43所示。

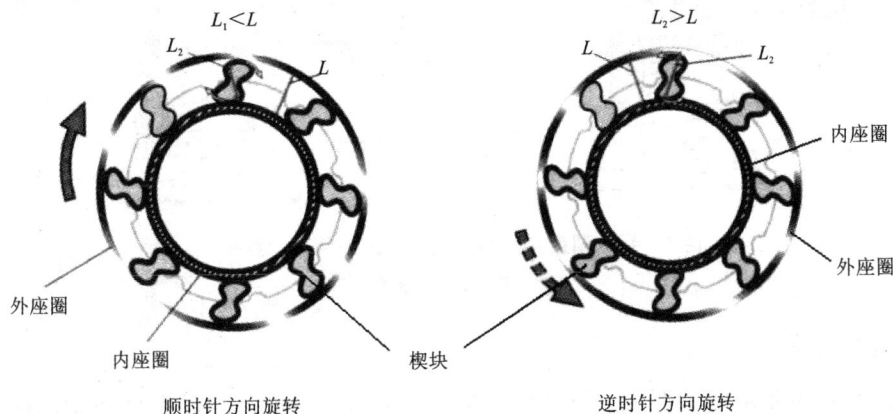

图1-42 楔块式单向离合器工作原理示意图

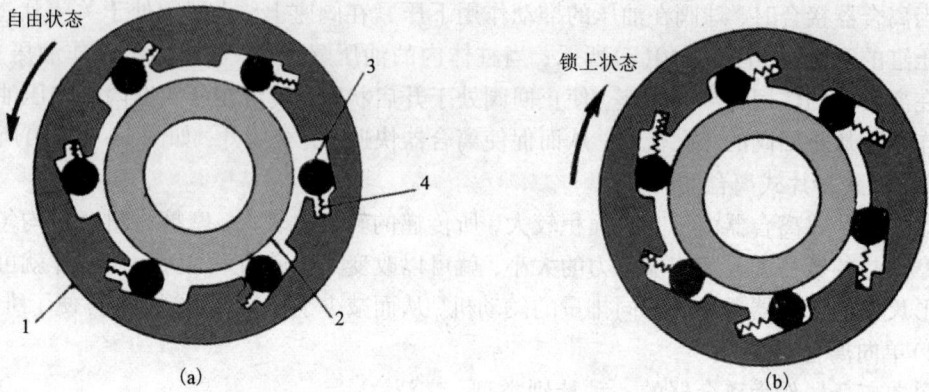

图1-43　滚柱式单向离合器工作原理示意图

2.制动器的结构及工作原理

制动器是用于固定行星齿轮机构中的基本元件，防止其旋转。制动器有多种形式，在自动变速器中常用的有湿式多片式制动器和带式制动器两种。

1）湿式多片式制动器

湿式多片式制动器，实际上与湿式多片式离合器具有相同的结构，其主要的区别在于离合器的壳体是一个运动件，而制动器的壳体和油缸是固定不转动的。

湿式多片式制动器的工作原理和湿式多片式离合器基本相同。当液压油进入活塞缸时，活塞在缸体内向右移动，促使制动器的摩擦片与钢片接触，在两片之间产生摩擦力，与行星架连接的制动器毂被固定，即不能旋转，如图1-44（a）所示；当液压油从活塞缸排出时，回位弹簧将活塞复位至原始位置，导致制动器脱开，制动器毂便可以自由旋转，如图1-44（b）所示。

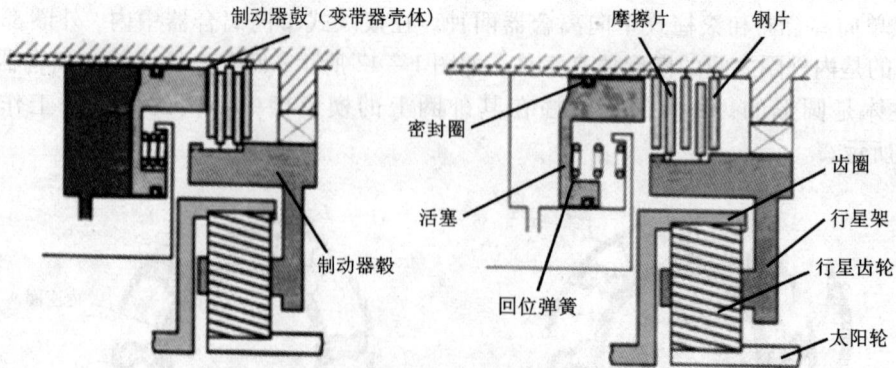

图1-44　圆盘多片湿式制动器工作原理示意图
（a）接合；（b）分离

2）带式制动器

带式制动器主要由制动器鼓、制动带、液压缸及活塞组成。制动带绕在制动鼓的圆周上，一端用销钉固定在变速器壳体上，而另一端与制动缸活塞接触。图1-45所示的调整螺钉的作用是调整制动器自由间隙。现在的自动变速器已经取消了调整螺钉这一结构，自由间隙的调整是通过更换不同长度的推杆来实现的，通常备有两种不同长度的推杆供选用。

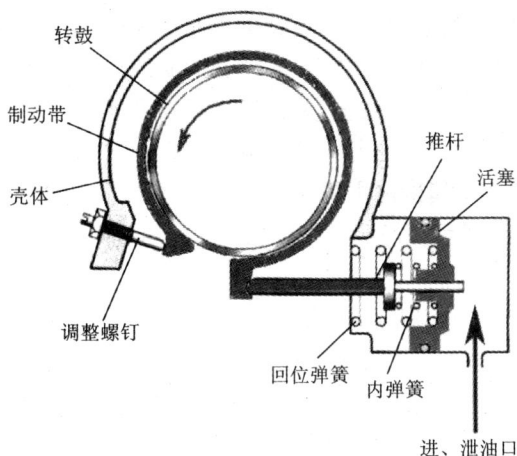

图1-45 带式制动器工作原理图

带式制动器在工作过程中，整个制动过程分为两个阶段：

第一个阶段，当油缸内油压升高时，活塞向左移动推动内弹簧，内弹簧被压缩并将力传给推杆推动制动带夹持制动鼓（注：此时制动力不是很大，所以制动鼓只是降速而没有完全被制动）。

第二个阶段，缸体内的油压继续升高，压缩内、外弹簧推动活塞继续移动。当活塞与推杆垫片接触时，活塞便直接推动推杆，制动带便以更大的制动力夹持制动鼓。此时在制动带和鼓之间产生更大的摩擦力，以促使制动鼓被固定。当液压油从缸体内排出时，活塞和推杆被外弹簧推回，因此制动鼓被释放，制动解除。这样的结构可以非常有效地防止制动器在起作用时产生振动。

离合器与制动器工作原理是相同的——都依靠由夹紧力产生的摩擦力实现两部分物体的连接；离合器与制动器的区别在于——离合器连接的两部分都是可动部分，而制动器连接的两部分则分别为可动部分与不可动部分（通常为壳体）。

3. 执行元件的检修

由前面行星齿轮传动机构的工作原理可以知道，在行星齿轮变速器中，执行元件能可靠地约束行星齿轮机构中的相关元件是变速器能产生确定传动比的前提。如果它们不能正常地约束所要约束的元件，那么变速器就不能正常地实现动力传递，此时就要对相关的执行元件进行检测与维修了。

在所有型号的自动变速器中，其离合器、制动器及单向离合器的工作原理及检查项目都相差无几，但是其具体的结构形式及拆装方式就各不相同了。所以在此仅介绍这三种执行元件的检修方法及检修注意事项而不讲解其拆装过程，只要大家学会这三种执行元件的检修方法，在以后的工作中对此类问题就可以做到一通百通的效果。

1）湿式多片式离合器的检修

湿式多片式离合器装配后，在卡簧和压板之间要预留一定的间隙，称为自由间隙。一般平均每片之间为 0.3~0.5 mm，总间隙因片数不同而不同，一般为 2~5 mm。湿式多片式离合器在使用中必须十分注意离合器的自由间隙。若间隙过小，则离合器分离不彻底；若间隙过大，则当回位弹簧已被压紧至极限状态，离合器仍未完全接合，离合器将严重打滑，不能传递动力。离合器片是易损件，极易磨损。磨损后造成的故障是汽车在行驶中出现离合器打滑，ATF 油温升高这种现象，若自动变速器 ATF 冷却器和发动机冷却器装在一起，可能会引起发动机水温过高。因此自由间隙必须予以正确调整。

对于湿式多片式离合器，其检修主要有以下几个项目：

（1）检查离合器活塞的行程，若不符合要求，应检查每一部件。同时其表面应无损伤或拉毛，否则应更换新件。

（2）检查离合器摩擦片，如果其摩擦层剥落、变色或有烧焦、表面粉末冶金层脱落、翘曲变形等情况应当更换摩擦片。许多自动变速器的摩擦片表面上印有符号，这些符号除了说明摩擦片的规格外还有一个作用，那就是当这些符号已被磨去，说明摩擦片已磨损至极限，必须更换，如图 1-46 所示。

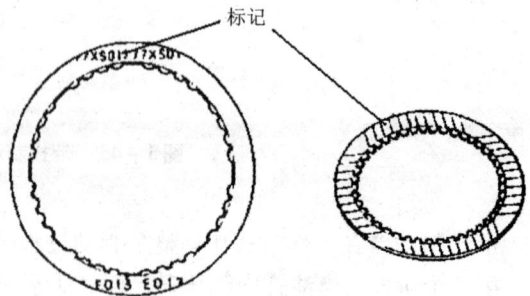

图 1-46　摩擦片外形图

（3）摩擦片的摩擦表面上有一层保持自动变速器油的含油层。新拆下来的摩擦片用无毛布将表面擦干，用手轻按摩擦表面时应有较多的自动变速器油析出；轻按时如不出油，说明摩擦片含油层（隔离层）已被耗尽，无法保持自动变速器油，必须更换。

（4）压盘和从动片上的齿要完好，不能拉毛，拉毛容易造成卡滞。压盘和从动片表面如有蓝色过热的斑迹，则应放在平台上用高度尺测量其高度，可将两片叠在一起，检查其是否变形。出现变形或表面有裂纹的必须更换。

（5）检查离合器活塞密封圈是否已经老化，此件一经拆卸必须更换，即使不经常使用，每隔一年半亦应更换。

（6）活塞止回阀要用压缩空气吹净，不能被脏物堵住，球阀在孔中应活动自如，用煤油检查，应能密封，如图 1-47 所示。

（7）离合器毂外圆表面是否被制动带拉毛，必要时可在外圆磨床上磨修。

（8）回位弹簧是否因不正常使用而变形，若中心线弯曲，则与活塞发生干涉，必要时更换新弹簧。

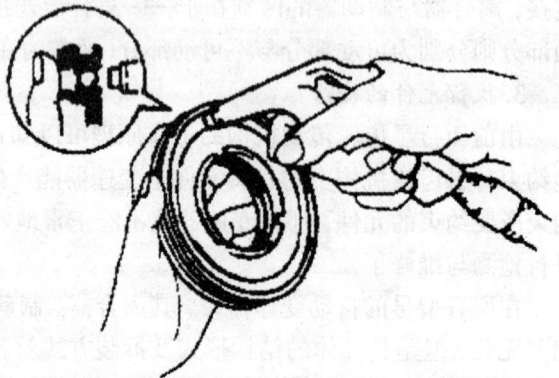

图 1-47　检查离合器活塞单向止回球阀

（9）离合器毂内圆表面进油口两侧与密封环接触处是否被严重拉毛。

（10）装配时，离合器片必须在自动变速器油中浸泡 30 min 以上，否则容易造成表面摩擦材料过早脱落。

（11）每个离合器装配后，都应检查活塞的工作是否正常。可按照分解时的方法，向油道内吹入压缩空气，检查活塞能否向上移动将钢片和摩擦片压紧，如图 1-48（a）所示。若吹入压缩空气后活塞不能移动，则应检查漏气的部位，修复后再重新安装。

（12）用塞尺测量离合器的自由间隙，如图 1-48（b）所示，也可按图 1-48（c）所示方法，用百分表测量离合器的自由间隙，若自由间隙不符合要求，可采用更换不同厚度挡圈的方法来调整至合适间隙。

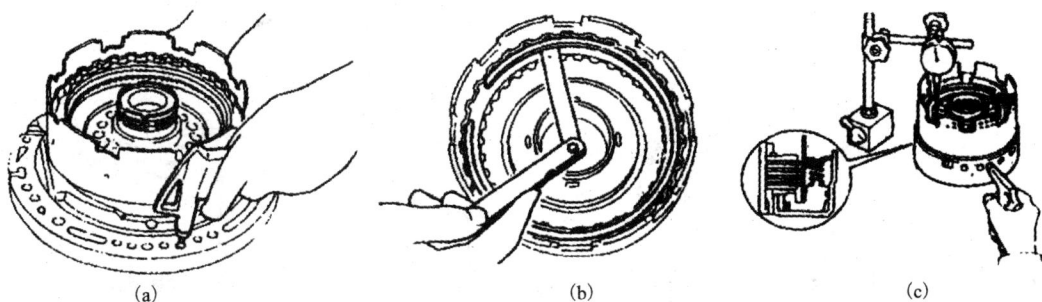

（a） （b） （c）

图 1-48 离合器检修示意图

检测工作行程时，需用空气压缩机、压缩空气枪、百分表和磁力表架。压缩空气保持在 0.4 MPa 的压力。把空气压缩枪对准进油孔，固定好离合器，把百分表抵住外侧压盘。如图 1-48（c）所示开动压缩空气枪，从百分表的摆差可以看出活塞的工作行程。

2）单向离合器的失效形式及检修方法

单向离合器的检查项目：

（1）检查单向离合器的锁止方向。其应在一个方向能够有效锁止，在反方向可自由转动。若在锁止方向打滑或在自由转动方向发卡，都应更换单向离合器。

（2）目测检查内外圈及滚动体有无高温变色、受伤变形、拉伤等情况。

（3）单向离合器沿运动方向旋转时，其转矩必须小于 2.5 N·m，如大于该值就应更换。金属材料的滚柱式单向离合器不仅装配时严禁击打，装前也应认真检查其上、下平面，如发现有凹坑，必须更换。

3）湿式多片式制动器的检修

湿式多片式制动器在维修中，不但规定了制动器允许间隙和最大间隙，而且有的还规定了制动器片的最小厚度。当某一片摩擦片的厚度小于规定值时必须更换。当摩擦片单片厚度尚未小于允许值，而总间隙超过允许值时，应通过选装不同厚度的压板来调整自由间隙使之满足规定要求。

制动器的具体检查项目同湿式多片式离合器一样。不同的是，由于制动器活塞不旋转，所以制动器活塞中没有单向止回球阀，所以在制动器中没有该检查项目。对于制动器的具体检修方法及注意事项不过多进行赘述（参考离合器的检修方法），这里将着重讲述带式制动器的检修。

4）带式制动器的检查

带式制动器的检查项目主要有：

（1）检查制动器的制动衬带是否磨损过度（标记是否清晰）、材料烧焦及有无材料脱落等；检查制动带有无变形。制动带的标记位置如图1－49所示。

用无毛布把制动带表面的油渍擦掉后，用手轻按制动带摩擦表面，应能析出油，析出的油越多，说明摩擦表面含油性越好。如轻压后，没有油析出，说明制动带摩擦表面上的含油层已被磨损，如继续使用将很快被烧蚀，必须更换。

（2）检查制动鼓表面外观有无烧蚀变蓝的痕迹及其变形情况，如有则必须更换制动鼓。检查方式如图1－50所示。

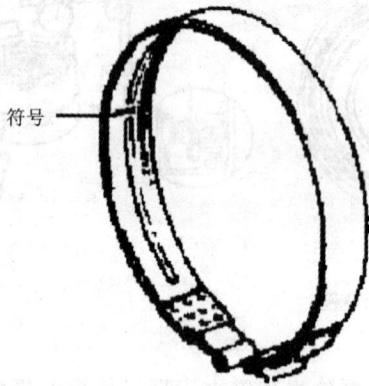

图1－49　制动带的磨损标记符号

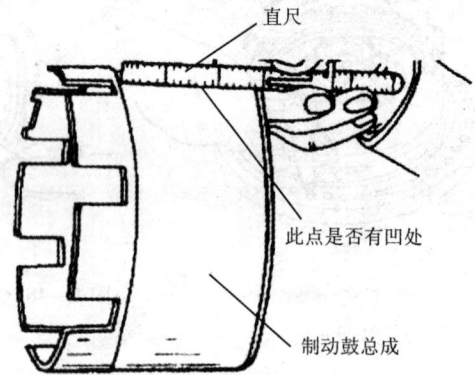

图1－50　制动鼓表面的检查

（3）检查活塞裙部有无裂纹，裙部导向部分有无被缸孔拉毛，皮碗有无老化。

（4）检查密封环在缸孔内间隙是否符合标准。

（5）装配时应在密封环及缸孔表面喷涂自动变速器油。

（6）制动带在装配前应在自动变速器油中浸泡30 min以上。

（7）装配后，要调整制动带与制动鼓之间的间隙。

1.3.3　大众车系行星齿轮变速器传动分析

1. 大众01N自动变速器简介

大众车系行星齿轮变速器的行星齿轮机构为拉维娜结构。为便于大家分析，特将其画成传动简图的形式，如图1－51所示。前已述及，这种行星齿轮变速机构的特点为由一个单行星齿轮式行星排和一个双行星齿轮式行星排组合而成，两个行星排共用一个齿圈和一个行星架。这种行星齿轮机构自20世纪70年代开始应用于许多轿车自动变速器上，特别是前轮驱动式轿车的自动变速器，如奥迪、大众、福特、马自达、奇瑞等车型的自动变速器。该变速器有多种变种，如096、097、098以及由它们分别演化而成的01M、01N、01V等的行星齿轮机构都是这种形式。

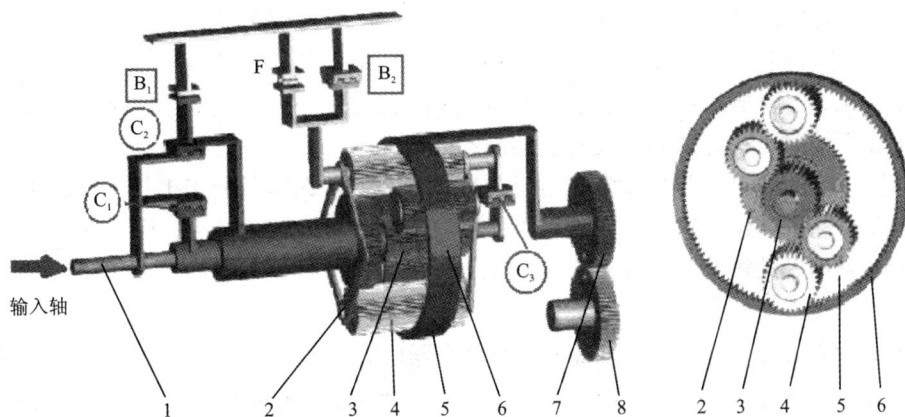

图 1 – 51   01N 行星齿轮部分传动简图

1—输入轴；2—行星架；3—小太阳轮；4—长行星轮；5—短行星轮；6—齿圈；7—输出轴；8—输出中间齿轮

2. 变速器杆位

桑塔纳 2000 俊杰轿车采用 01N 型 4 速电控液力自动变速器，有四个前进挡、一个倒挡。可供换挡杆选择的位置有 P、R、N、D、3、2、1 七个位置。各个挡位的使用说明如下：

1）P 挡（停车挡）。只有在车辆完全停稳时才可挂入该挡，挂入该挡后驱动车轮被机械装置锁止而使车轮无法转动，如图 1 – 52 所示。若想将换挡杆移动到该位置，需踩下制动踏板并按下换挡杆手柄上的挡位锁止解除按钮。

2）R 挡（倒车挡）。只有在车辆静止且发动机怠速运转时才可挂入该挡，按下换挡杆手柄上的锁止按钮，即可将换挡杆移出或移入倒车挡。在车辆前行时，不要误将换挡杆挂入 R 挡。

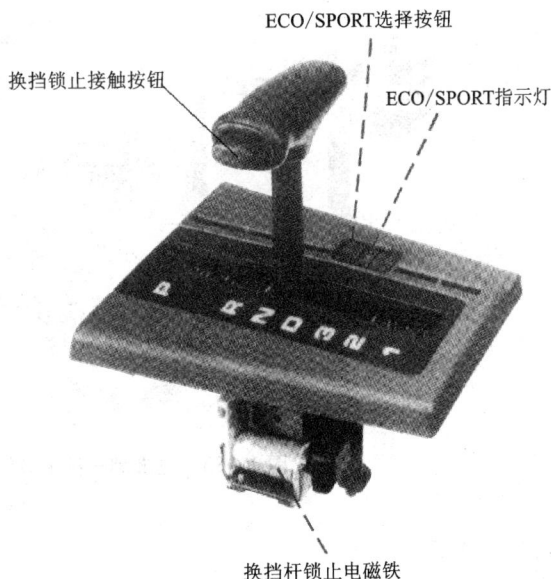

图 1 – 52   换挡手柄外形图

3）N 挡（空挡）。在点火开关打开状态下，车辆静止或车速低于 5 km/h，挂入该挡后换挡杆会被锁止电磁铁锁止。若想移出该挡，需踩下制动踏板，同时按下锁止按钮方可移出。在车速高于 5km/h 只需按下锁止按钮即可将换挡杆移入或移出 N 挡。

4）D 挡（前进挡）。一般情况下选用该挡，变速器控制单元根据车速及发动机负荷等参数，控制变速器在 1~4 挡中自动切换。

5)3挡(坡路挡)。在有坡度的路面上行驶时可挂入该挡,此时变速器会在1~3挡中自动换挡,但不会换入D挡,这样在下坡时可提高发动机的制动效果。

6)2挡(长坡挡)。遇到较长距离的坡路时选用此挡,变速器控制只根据行驶速度及节气门的开度变化,控制车辆在1、2挡之间自动换挡,这样一方面避免了挂入不必要的高速挡,另一方面在下坡时可更好地利用发动机的制动效果。

7)1挡(陡坡挡)。在下非常陡峭的坡路时选用此挡,车辆总处于1挡行驶状态,而不会换入其他3个前进挡位。这样一方面可以保证在爬坡时有足够的动力,另一方面在下坡时可最大限度地利用发动机的制动效果,减轻制动器的负荷。

3. 各挡位的传动路线分析

由图1-54可知,该变速器设置了三个离合器(C_1—第1、2、3挡离合器,C_2—倒挡离合器,C_3—第3、4挡离合器)、两个制动器(B_1—倒挡制动器,B_2—第2、4挡挡制动器)、一个单向离合器(F—第1挡单向离合器),共有六个换挡执行元件,即可成为一个具有四个前进挡和一个倒挡的行星齿轮变速器。下面我们分别来分析各个挡位的工作情况,如图1-53、图1-54所示。

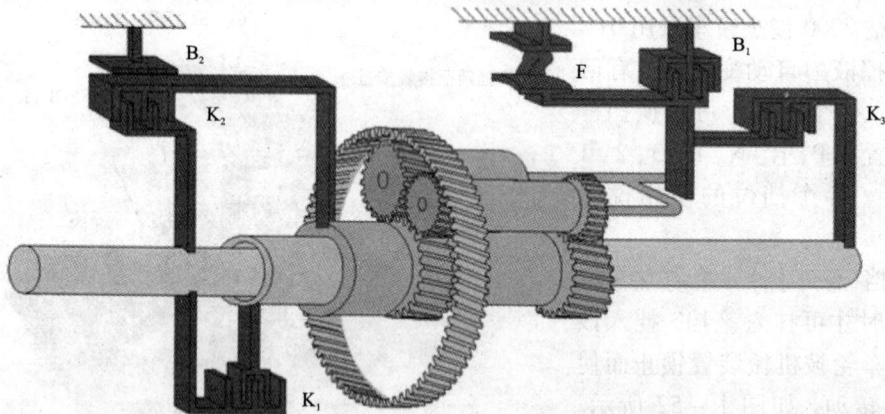

图1-53　拉维娜式行星齿轮变速器结构图

1)D位1挡

在此挡位,离合器C_1和单向离合器F工作(图1-55)。前排相当于一根轴,动力传递到后排,由于行星架在单向离合器F的作用下固定,此时长行星架驱动齿圈输出动力。

2)D位2挡

在此挡位上,离合器C_1和制动器B_2工作(图1-56)。此时在制动器B_2作用下大太阳轮处于固定状态($n_1 = 0$),所以前后排都参与了挡位的形成,对传动比的计算需要联立前后排运动方程:

$$n_1 + \alpha n_2 - (1 + \alpha) n_3 = 0 \tag{1}$$

$$n_1' - \alpha' n_2 - (1 - \alpha') n_3 = 0 \tag{2}$$

$$i = \frac{n_1'}{n_2} = \frac{\alpha + \alpha'}{1 + \alpha}$$

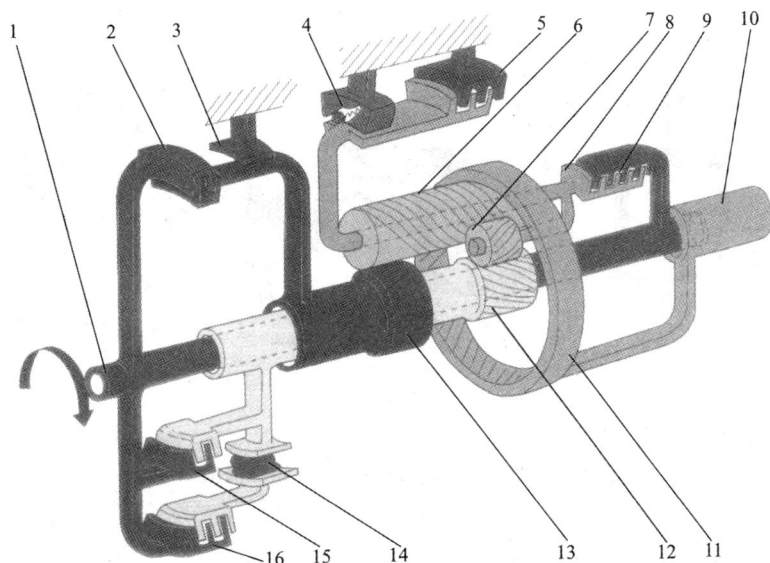

图 1 – 54　四挡拉维娜式行星齿轮变速器结构图

1—输入轴；2—离合器 C_2；3—制动器 B_1；4—单向离合器 F_1；5—制动器 B_2；6—长行星齿轮；

7—短行星齿轮；8—公共行星齿轮架；9—离合器 C_4；10—输出轴；11—公共内齿圈；

12—后排太阳齿轮；13—前排太阳齿轮；14—单向离合器 F_2；15—离合器 C_3；16—离合器 C_1

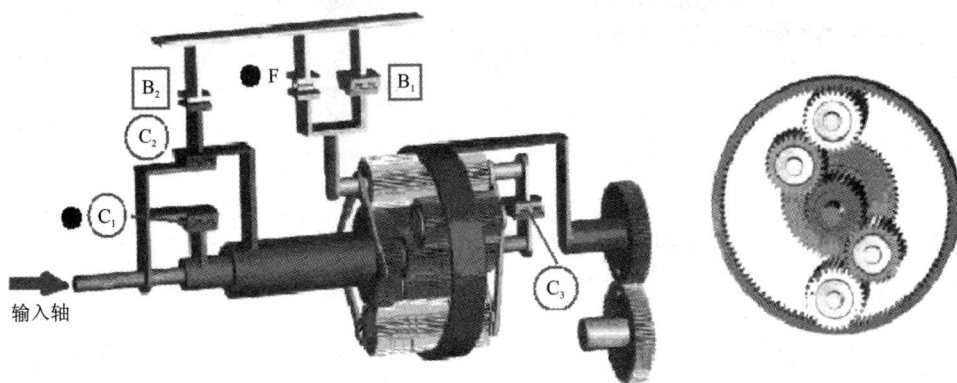

图 1 – 55　D 位 1 挡动力传递运动简图

3）D 位 3 挡

此挡位上，离合器 C_1 和离合器 C_3 工作。

由图 1 – 57 上可以看出，在 D 位 3 挡时离合器 C_1 和离合器 C_3 将行星架和小太阳轮连成一体了，所以此时行星排的各个齿轮之间没有相对运动，即输出轴与输入轴转速和旋转方向一样，为直接挡。

图 1-56　D 位 2 挡动力传递运动简图

图 1-57　D 位 3 挡动力传递运动简图

4)D 位 4 挡

在此挡位上,离合器 C_3 和制动器 B_2 工作(图 1-58)。

由于制动器 B_2 锁定大太阳轮,此时只有前排起作用,长行星齿轮围绕大太阳轮自转带动齿圈运动输出动力。

5)"2"位

"2"位各挡的传动路线与"D"位各挡完全相同。其"2"位各挡的传动比也与"D"位所对应挡位的传动比相同。

6)"1"位

当选挡杆置于"1"位,.以 1 挡行驶时,其与"D"位 1 挡基本相同,其区别在于"1"位 1 档时制动器 B_1 与单向离合器 F 共同起作用,从而使行星排中的行星架固定(既不能顺时针方向转动,也不能逆时针方向转动)。这样既保证按"D"位 1 挡传动路线传动,又保证在下坡时发动机起制动作用;其"1"位 1 挡的传动比与"D"位 1 挡的传动比相同。

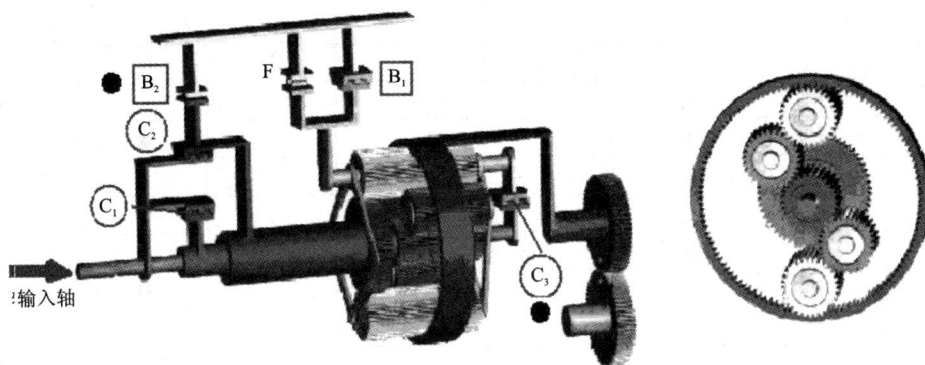

图 1-58 D 位 4 挡动力传递运动简图

7)R 挡

在此挡位上,离合器 C_2、制动器 B_1 工作(图 1-59)。

此时只有前排起作用,由于制动器 B_1 锁定行星架,动力由大太阳轮输入,长行星轮自转带动齿圈逆转形成倒挡。

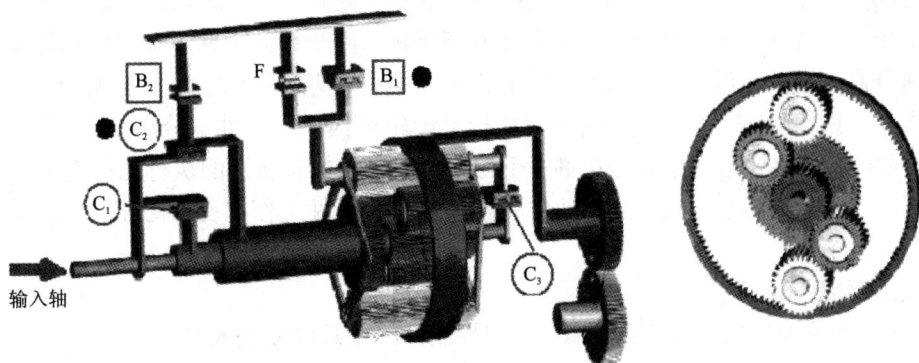

图 1-59 倒挡动力传递运动简图

4.01N 自动变速器执行元件表

经过上面各个挡位的传动路线分析,我们就可以把 01N 这一款自动变速器在工作过程中各个离合器、制动器及单向离合器的工作情况作一个总结。为了方便查阅以及总结执行元件动作规律,我们把执行元件的动作情况制成表格的形式,称为执行元件动作表。

表 1-2　01N 自动变速器执行元件动作表

挡位		离合器			制动器		单向离合器
		C_1	C_2	C_3	B_1	B_2	F
D 位	1 挡	●					●
	2 挡	●				●	
	3 挡	●		●			
	4 挡			●		●	
3 位	1 挡	●					●
	2 挡	●				●	
	3 挡	●		●			
2 位	1 挡	●					●
	2 挡	●				●	
1 位	1 挡	●			●		●
R 位	R 挡		●		●		

注：●表示结合元件工作。

由执行元件表 1-2 可以看出在各挡位时的执行元件，由此可以来确定故障点。这样就在很大程度上减少了工作的盲目性，提高了工作效率。

5. 变速器发生打滑故障的原因及故障排除方法

在自动变速器所有的机械故障中，变速器打滑是常见故障。其故障现象是汽车起步时踩下加速踏板，发动机转速很快升高，但车速升高缓慢；汽车行驶中踩下加速踏板加速时，发动机转速升高，但车速没有相应很快提高；汽车平路行驶基本正常，但上坡无力，且发动机转速异常高。该类故障大都是由于变速器的行星齿轮机构执行元件部分出现问题所导致的，在故障排除时，只要知道变速器是在哪一个挡位打滑和该挡位所用的执行元件就可以大致判断故障所在，再结合其他挡位与故障挡位所公用的执行元件工作状况，就可以非常准确地判断故障所在点了。

1）故障原因

(1)自动变速器油的油面高度太低，致使控制油路中缺油或进入空气。

(2)自动变速器油的油面高度太高，运转中被行星齿轮机构搅动后产生大量气泡，油液中混入空气，致使油液传递压力的性能变差。

(3)离合器或制动器摩擦片、制动带磨损过度或烧伤。

(4)油泵磨损严重或主油路泄漏，造成油路油压过低。

(5)单向离合器打滑。

(6)离合器或制动器活塞密封圈损坏，导致漏油。

(7)减振器活塞密封圈损坏，导致漏油。

2）故障诊断

自动变速器打滑是自动变速器最常见的故障之一。虽然自动变速器打滑往往都伴有离合器或制动器摩擦片严重磨损甚至烧焦等现象，但若只是简单地更换磨损的摩擦片而没有找出打滑的真正原因，则会使修理后的自动变速器使用一段时间后又出现打滑现象。因此，对于出现打滑的自动变速器，不要急于拆卸分解，应先做各种检查测试，以找出造成打滑的真正原因。

(1)对于出现打滑现象的自动变速器,应先检查自动变速器油的油面高度。若油面过高或过低,应先调整至正常后再做检查;若油面调整至正常后自动变速器不再打滑,可不必拆修自动变速器。

(2)检查自动变速器油的品质。若自动变速器油呈棕黑色或有烧焦味,说明离合器或制动器的摩擦片有烧焦现象,应拆修自动变速器。

(3)进行路试,以确定自动变速器是否打滑,并检查出现打滑的挡位和打滑的程度。将换挡操纵手柄拨入不同的位置,让汽车行驶。若自动变速器升至某一挡位时发动机转速突然升高,但车速没有相应地提高,即说明该挡位有打滑。打滑时发动机的转速愈升高,说明打滑愈严重。根据出现打滑的规律,结合执行元件动作表就可以判断产生打滑的是哪一个换挡执行部件。

(4)对于有打滑故障的自动变速器,在拆卸分解之前,应先检查自动变速器的主油路油压,以找出造成自动变速器打滑的原因。自动变速器不论前进挡或倒挡均打滑,其原因往往是主油路油压过低造成的。若主油路油压正常,则只要更换磨损或烧焦的摩擦元件即可。若主油路油压不正常,则在拆卸自动变速器的过程中,应根据主油路油压,相应地对油泵及阀板进行检修,并更换自动变速器的所有密封圈及密封环。

6.变速器异响的原因及故障排除方法

1)故障现象

在汽车运转过程中,自动变速器内始终有异常响声;汽车行驶中自动变速器有异响,停车挂空挡后异响消失。

2)故障原因

(1)油泵因磨损过甚或自动变速器油面位置过低、过高而产生异响。

(2)液力变矩器因锁止离合器、导轮单向超越离合器等损坏而产生异响。

(3)行星齿轮机构异响。

(4)换挡执行元件异响。

3)故障诊断

(1)检查自动变速器油油面高度。若太高或太低,应调整至规定位置。

(2)用举升器将汽车升起,起动发动机。在空挡、前进挡、倒挡等状态下检查变速器产生异响的部位和时刻。

(3)若在任何挡位下自动变速器前部始终有连续的异响,通常为油泵或液力变矩器异响,对此,应拆检自动变速器,检查油泵有无磨损、液力变矩器内有无大量摩擦粉末。如有异常,应更换油泵或液力变矩器。

(4)若自动变速器只有在行驶中才有异响,空挡时无异响,则为行星齿轮机构异响。对此,应分解自动变速器,检查行星齿轮机构各个零件有无磨损痕迹,齿轮有无断裂,单向超越离合器有无磨损、卡滞,轴承或止推垫片有无损坏。如有异常,应予以更换。

1.3.4 丰田车系行星齿轮变速器传动分析

1. 丰田 A341E 自动变速器简介

丰田 A341E 自动变速器是丰田公司专门为 LS400 豪华轿车研发的一款四速后驱变速器,

发动机排量为3.0L，可见该变速器可以传递较大的扭矩。该变速器的行星齿轮变速器部分采用辛普森式行星齿轮机构，共有三个行星排。其中最前面的行星排只在超速挡时才起作用，称为超速排。后面两排行星齿轮在1~3挡时起作用。前已述及，辛普森式行星齿轮机构的特点是：前排行星架与后排齿圈都与输出轴相连（也称前架后圈结构）、前后太阳轮共用，传动路线如图1-60所示。该变速器的执行元件包括四个制动器（B_0—超速挡制动器；B_1—2挡强制动器；B_2—2挡制动器；B_3—低、倒挡制动器），三个离合器（C_0—超速挡离合器；C_1—前进挡离合器；C_2—高、倒挡离合器）和三个单向离合器（F_0—超速单向离合器；F_1—1号单向离合器；F_2—2号单向离合器），共十个执行元件。

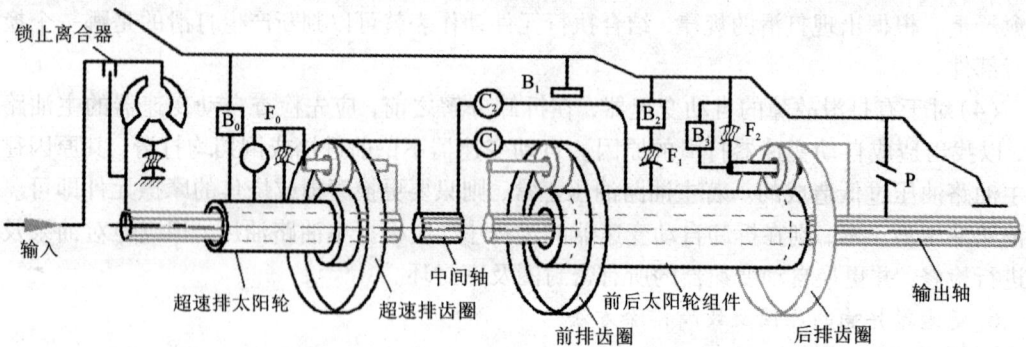

图1-60　丰田A341E自动变速器传动路线简图

2. 变速器杆位

该变速器的换挡杆共有P、R、N、D、2、L六个位置，各个挡位的使用说明如下。

1）P挡（停车挡）

P挡只有在车辆完全停稳时才可挂入该挡，挂入该挡后输出轴被机械装置锁止而使车轮无法转动。若想将换挡杆移动到该位置，需踩下制动踏板并按下换挡杆手柄上的挡位锁止解除按钮。换挡手柄的外形如图1-61所示。

2）R挡（倒车挡）

只有在车辆静止且发动机怠速运转时才可挂入该挡，按下换挡杆手柄上的锁止按钮，即可将换挡杆移出或移入倒车挡。在车辆前行时，不要误将换挡杆挂入R挡。

3）N挡（空挡）

长时间停车时使用，它和P挡两个挡位为安全位置（只有在这两个位置上，发动机才可以起动，其他位置起动机被锁止）。

4）D挡

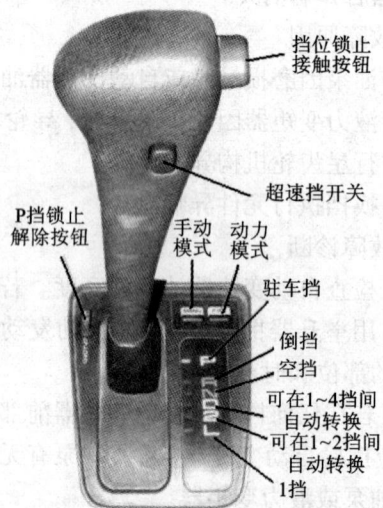

图1-61　丰田A341E自动变速器换挡手柄外形图

一般情况下选用该挡，变速器控制单元根据车速及发动机负荷等参数，控制变速器在 1～4 挡中自动切换。

5）2 位（长坡挡）

遇到较长距离的坡路时选用此挡，变速器只根据车度及节气门的开度变化，在 1、2 挡之间自动换挡，这样一方面避免变速器频繁换挡，另一方面在下坡时可更好地利用发动机的制动效果。

6）L 位（陡坡挡）

在下非常陡峭的坡路时选用此挡，车辆总处于 1 挡行驶状态，而不会换入共他 3 个前进挡位。这样一方面可以保证在爬坡时有足够的动力，另一方面在下坡时可最大限度地利用发动机的制动效果，减轻制动器的负荷。

3. 各挡位传动路线分析

下面我们就来分析变速器在各个挡位上的动力传动路线与执行元件的动作情况。

1）D—1 挡

在此挡位上执行元件 C_0、F_0、C_1、F_2 工作。

其动力传递路径为：动力由液力变矩器（顺时针转动）—超速排输入轴（顺转）—超速行星架（顺转）—此时由于 C_0 接合、F_0 锁定，使得超速太阳轮和行星架成为一体，转速相同，因此超速齿圈也以相同转速转动（顺转）—中间轴（顺转）—前进挡离合器 C_1 接合—前齿圈（顺转）；此时动力分两路走：

（1）前行星架与驱动轮相连，起步前转速为零；前行星轮自转（顺转）—前后太阳轮组件（逆转）—后行星轮（顺转）—（此时由于 F_2 接合）后行星架被锁死—后齿圈（顺转）—输出轴。

（2）起步后其转速也很低，但在前齿圈的驱动下，前行星轮（顺转）公转—前行星架（顺转）—输出轴，如图 1 – 62 所示。

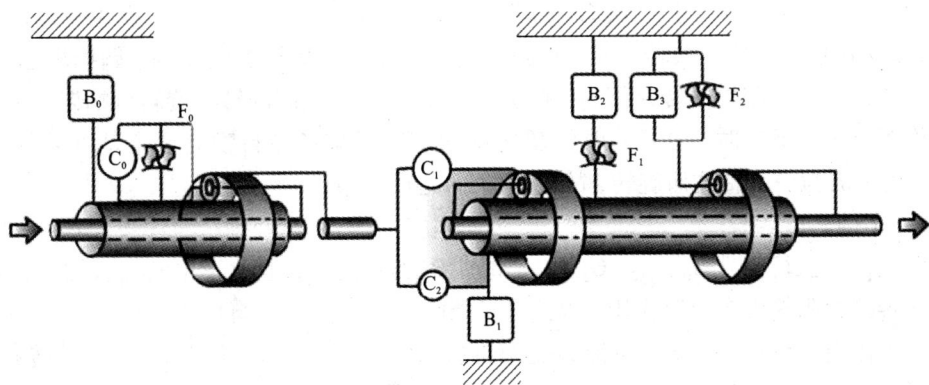

图 1 – 62 D 位 1 挡动力传递简图

此时，变速器的前排行星齿轮与后排行星齿轮同时起作用，我们分别列出两个行星排的传动比计算公式，然后将两个公式联立就可以求出当前挡位的传动比了。

2）D—2 挡

在此挡位上执行元件 C_0、F_0、C_1、B_2、F_1 工作。

其动力传递的路径为：动力自液力变矩器(顺时针转动)—超速排输入轴(顺转)—超速行星架(顺转)—(此时由于 C_0 接合、F_0 作用)使得超速太阳轮和行星架成为一体，因此超速齿圈也以相同转速转动(顺转)—中间轴(顺转)—前进挡离合器 C_1 接合—前齿圈(顺转)—前行星轮(顺自转)—太阳轮(有逆转的趋势，由于 B_2、F_1 的共同作用，其被固定)—前行星齿轮的公转成为了输出的动力—输出轴。此时，变速器只有前排行星齿轮在起作用，如图 1-63 所示。

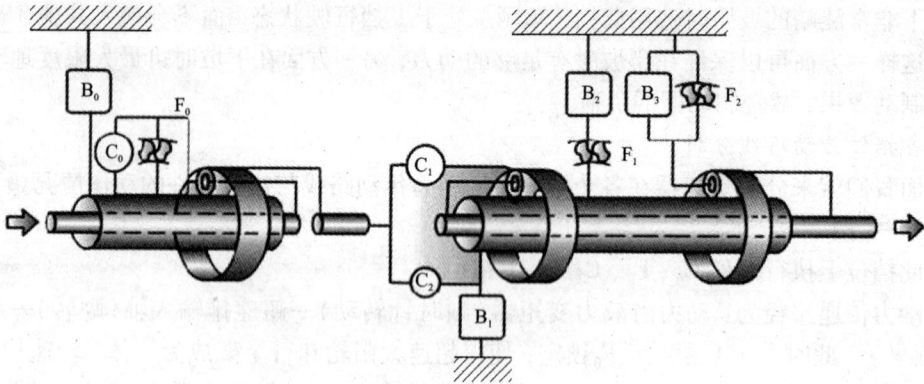

图 1-63 D 位 2 挡动力传递简图

3)D—3 挡

在此挡位上执行元件 C_0、F_0、C_1、C_2 工作(此时 B_2 仍然接合，但由于单向离合器的作用，对顺时针旋转的太阳轮没有约束作用，因此对 3 挡传动比没有影响)。

其动力的传递的路径为：动力自液力变矩器(顺时针转动)—超速排输入轴(顺转)—超速行星架(顺转)—(此时由于 C_0 接合、F_0 作用)使得超速太阳轮和行星架成为一体，因此超速齿圈也以相同转速转动(顺转)—中间轴(顺转)—前进挡离合器 C_1 和高、倒挡离合器 C_2 同时接合—前齿圈和太阳轮的转速相同(顺转)—前行星架以相同的转速旋转(顺转)—输出轴。

当汽车在 3 挡行驶时，由于此时的超速排和前行星排中各自都有两个基本元件相互连接，从而使之成为一个整体而旋转，故此时的传动比 $i_3 = 1$。

4)D—4 挡

在此挡位上执行元件 B_0、C_1、C_2 工作(此时 B_2 仍然接合，但由于单向离合器的作用，对顺时针旋转的太阳轮没有约束作用，因此对 4 挡的传动比没有影响)。

其动力传递的路径为：动力自液力变矩器(顺时针转动)—超速排输入轴(顺转)—超速行星架(顺转)—(此时由于 B_0 接合)使得超速太阳轮被固定—齿圈(增速顺转)—中间轴(顺转)—前进挡离合器 C_1 和高、倒挡离合器 C_2 同时接合—前齿圈和太阳轮的转速相同(顺转)—前行星架以相同的转速旋转(顺转)—输出轴。此时，只有变速器的超速排在起作用。

5)S 位

当选挡杆置于"S"位时，其"S"位的 1 挡与"D"位 1 挡完全相同；"S"位的 2 挡与"D"位 2 挡基本相同，其区别在于"S"位 2 挡时制动器 B_1 与制动器 B_2 和单向离合器 F_1 共同起作用，从而使前后太阳路组件双向固定(既不能顺时针方向转动，也不能逆时针方向转动)。这样既保证按 2 挡传动路线传动，又保证在下坡时发动机制动作用。"S"位 3 挡的传动路线与"D"位 3 挡完全相同，传动比也相同。

6）L 位

当选挡杆置于"L"位时，其"L"位的 1 挡与"D"位 1 挡基本相同，其区别在于"L"位 1 挡时制动器 B_3 与单向离合器 F_2 共同作用，从而使后排行星架双向固定。这样既保证按"D"位 1 挡传动路线传动，又保证在下坡时发动机起制动作用；"L"位的 2 挡与"D"位 2 挡完全相同。同样，其"L"位各档的传动比也与"D"位所对应挡位的传动比相同。

7）R 位（倒车挡）

在此挡位，执行元件 C_0、F_0、C_2、B_3 工作。

其动力传递路线为：动力自液力变矩器（顺时针转动）—超速排输入轴（顺转）—超速行星架（顺转）—（此时由于 C_0 接合、F_0 的作用），使得超速太阳轮和行星架成为一体，因此超速齿圈也以相同转速转动（顺转）—中间轴（顺转）—高、倒挡离合器 C_2 接合—太阳轮组件（顺转）—低、倒挡制动器 B_3 接合（后行星架被固定）—后行星轮（逆自转）—后齿圈（逆转）—输出轴。

1.3.5　德国 ZF-9HP 自动变速器的传动分析

ZF-9HP 自动变速器（图 1-64）由当今世界上主要的传动系统产品专业制造厂家之一德国采埃孚集团公司（ZF）设计制造，代表着行星齿轮式自动变速器发展的最高水平。本节主要分析 ZF-9HP 自动变速器各挡位的动力传递路线。

图 1-64　ZF-9HP 自动变速器

1. ZF-9HP 自动变速器结构特点

在当今汽车市场自动变速器挡数主要为 6 挡及 6 挡以下时，拥有变速器最大市场份额的德国采埃孚集团公司（ZF）已经研发出专门适用于横置发动机的 9HP 自动变速器。它在尺寸和质量上与传统的 6AT 相当，但是挡位数更多，换挡更加平顺。

ZF-9HP 自动变速器的核心结构是四组单行星轮行星排和两个爪形离合器，两个离合器，两个制动器。如图 1-65 所示，其结构特点是第一排齿圈 R_1 和第二排太阳轮 S_2 连为一体，第三排齿圈 R_3 和第一排、第二排行星架 PC_1、PC_2 连为一体，第三排行星架 PC_3 和第四

排齿圈 R_4 连为一体，第三排太阳轮 S_3 和第四排太阳轮 S_4 连为一体。因此第三排和第四排是典型的辛普森结构，且第四排行星架 PC_4 为输出构件。

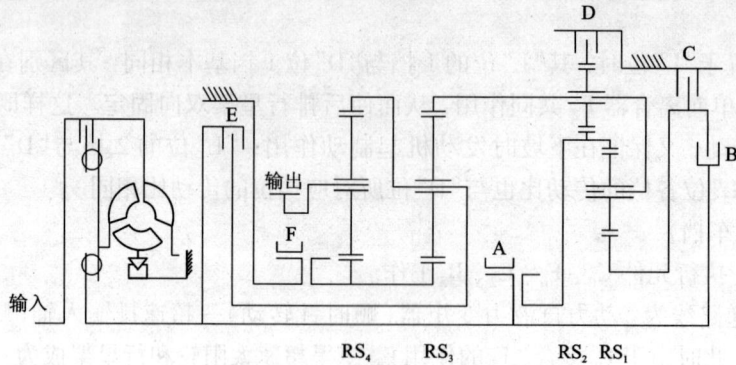

图 1 – 65　ZF – 9HP 自动变速器传动简图

六个接合元件中，爪形离合器 A 连接输入轴和第一排齿圈 R_1、第二排太阳轮 S_2，爪形离合器 F 制动第三排太阳轮 S_3 和第四排太阳轮 S_4，离合器 B 连接输入轴和第一排太阳轮 S_1，离合器 E 连接输入轴和第三排行星架 PC_3、第四排齿圈 R_4，制动器 C 制动第一排太阳轮 S_1，制动器 D 制动第二排齿圈 R_2。

2. ZF – 9HP 自动变速器各挡动力传递路线分析

表 1 – 3　ZF – 9HP 自动变速器各挡换挡元件工作表

挡位	制动器		离合器		爪形离合器		齿比	齿比间隔
	C	D	B	E	F	A		
1		○			○	○	4.70	1.65
2	○				○	○	2.85	1.49
3			○		○	○	1.90	1.38
4				○	○	○	1.38	1.38
5				○		○	1.00	1.24
6	○			○		○	0.80	1.16
7		○		○		○	0.70	1.21
8	○	○		○			0.58	1.21
9		○	○	○			0.48	Total9.81
R	○		○		○		– 3.80	

注：○表示接合元件工作

如表所示，ZF – 9HP 自动变速器各挡动力传递路线分析如下：

ZF – 9HP 自动变速器 1~5 挡动力传递分析时将第一排和第二排看作一个变速器，而将第三排、第四排看作另一个变速器。在 1 挡、2 挡和 5 挡时，动力流从一二排传给三四排，符合动力从前向后传递的规律。因此得 ZF – 9HP 自动变速器 1~5 挡动力传递分析如下：

1 挡：爪形离合器 A 接合，将输入轴动力传至第二排太阳轮 S2 和第一排齿圈 R_1，制动器

D 制动第二排齿圈 R_2，第二排行星架 PC_2 减速输出至第三排齿圈 R_3；爪形离合器 F 制动第三排和第四排太阳轮 S_3、S_4，因此第三排行星架 PC_3 减速输出至第四排齿圈 R_4；因为第四排太阳轮 S_4 被制动，所以第四排行星架 PC_4 减速输出。1 挡时形成三级减速。

2 挡：爪形离合器 A 接合，将输入轴动力传至第二排太阳轮 S_2 和第一排齿圈 R_1，制动器 C 制动第一排太阳轮 S_1，第一排行星架 PC_1 减速输出至第三排齿圈 R_3；爪形离合器 F 制动第三排和第四排太阳轮 S_3、S_4，同理第四排行星架 PC_4 减速输出。2 挡时也形成三级减速。

3 挡：爪形离合器 A 接合，将输入轴动力传至第二排太阳轮 S_2 和第一排齿圈 R_1，同时离合器 B 结合，将输入轴动力传至第一排太阳轮 S_1，因此第一排行星架 PC_1 整体输出至第三排齿圈 R_3；爪形离合器 F 制动第三排和第四排太阳轮 S_3、S_4，同理第四排行星架 PC_4 减速输出。3 挡时形成二级减速。

4 挡：离合器 E 接合，将输入轴动力传至第三排行星架 PC_3 和第四排齿圈 R_4，爪形离合器 F 制动第三排和第四排太阳轮 S_3、S_4，第四排齿圈 R_4 驱动第四排行星架 PC_4 减速输出，形成一级减速。此时虽然第三排行星架 PC_3 会驱动第三排齿圈 R_3 和第二排、第一排行星架 PC_2、PC_1 转动，且爪形离合器 A 将输入轴动力传至第二排太阳轮 S_2 和第一排齿圈 R_1，但是由于第一排太阳轮 S_1 和第二排齿圈 R_2 自由，所以第一排和第二排不参与动力传动。4 挡时形成一级减速。

5 挡：爪形离合器 A 接合，将输入轴动力传至第二排太阳轮 S_2 和第一排齿圈 R_1，同时离合器 B 结合，将输入轴动力传至第一排太阳轮 S_1，所以第一排行星架 PC_1 整体输入至第三排齿圈 R_3，又因为离合器 E 将输入轴动力传至第三排行星架 PC_3 和第四排齿圈 R_4，此时第三排太阳轮 S_3 整体输出，即第四排太阳轮 S_4 也与输入轴同速，最终第四排行星架 PC_4 整体输出。5 挡时为直接挡。

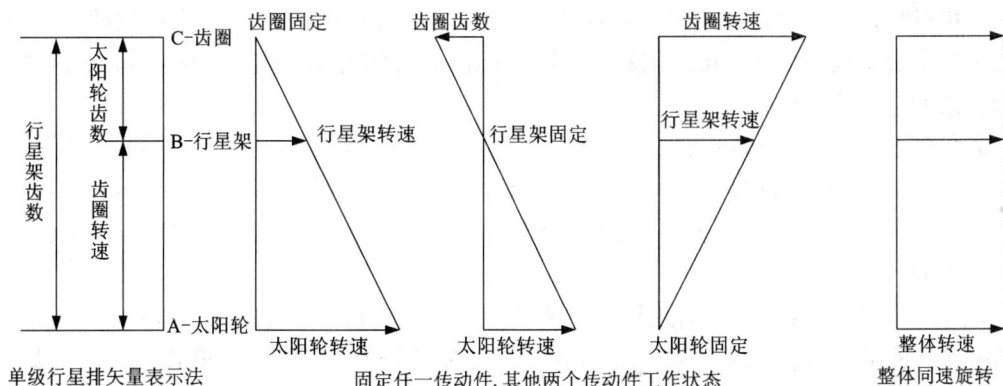

图 1-66 用矢量表示单级行星齿轮机构运动规律

ZF-9HP 自动变速器在 6～9 挡和 R 挡时，将第一排和第二排组成的变速器看作一个制动器，部分约束第三排齿圈，因此引入矢量表示法。如图 1-66 所示，A、B、C 分别代表太阳轮、行星架和齿圈；线段 AB、BC、AC 分别表示齿圈、太阳轮和行星架齿数。在单级行星排中用单箭头的线段表示构件的转速和方向。可得到一个构件固定的情况下，其他两个构件的转动情况。

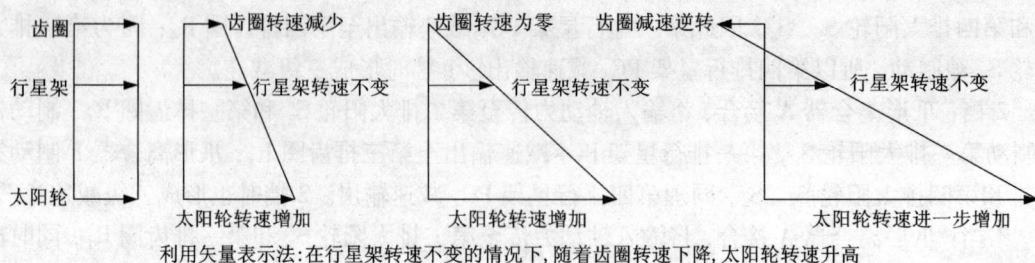

利用矢量表示法:在行星架转速不变的情况下,随着齿圈转速下降,太阳轮转速升高

图 1 - 67 行星架转速不变,减少齿圈转速达到增大太阳轮转速目的

同时通过矢量表示法可以很容易理解三个构件同时旋转但转速和方向各异的情况。如图 1 - 67 所示,当齿圈和行星架转速相同时,将驱动太阳轮同速输出;当齿圈转速减少、为 0 甚至逆转而行星架转速不变时,太阳轮转速将增加。因此,ZF - 9HP 自动变速器 6 ~ 9 挡和 R 挡动力传递分析如下:

6 挡:爪形离合器 A 接合,将输入轴动力传至第二排太阳轮 S_2 和第一排齿圈 R_1,制动器 C 制动第一排太阳轮 S_1,第一排行星架 PC_1 减速输出至第三排齿圈 R_3;离合器 E 结合,将输入轴动力传至第三排行星架 PC_3 和第四排齿圈 R_4,由于第三排是两个输入,一个输出的工作情况,所以由矢量表示法可知第三排太阳轮 S_3 增速输出,即第四排太阳轮 S_4 增速输出;又由于第四排齿圈 R_4 与输入轴转速相同,所以第四排也为两个输入,一个输出的工作情况,因此第四排行星架 PC_4 增速输出。

7 挡:爪形离合器 A 接合,将输入轴动力传至第二排太阳轮 S_2 和第一排齿圈 R_1,制动器 D 制动第二排齿圈 R_2,第二排行星架减速输出至第三排齿圈 R_3;离合器 E 接合,将输入轴动力传至第三排行星架 PC_3 和第四排齿圈 R_4,因为第三排是两个输入、一个输出的工作情况,所以由矢量表示法可知第三排太阳轮 S_3 增速输出,即第四排太阳轮 S_4 增速输出;同理第四排行星架 PC_4 增速输出。

8 挡:制动器 C 制动第一排太阳轮 S_1,制动器 D 制动第二排齿圈 R_3,则第一、第二排相当于被制动,所以第三排齿圈 R_3 转速为 0。离合器 E 结合,将输入轴动力传至第三排行星架 PC_3 和第四排齿圈 R_4,第三排太阳轮 S_3 增速输出,即第四排太阳轮 S_4 增速输出;同理第四排行星架 PC_4 增速输出。

9 挡:离合器 B 接合,将输入轴动力传至第一排太阳轮 S_1,此时第一排行星轮逆转,驱动第一排齿圈 R_1 逆转,即第二排太阳轮 S_2 逆转,制动器 D 制动第二排齿圈 R_2,所以第二排行星架 PC_2 逆转输出至第三排齿圈 R_3;离合器 E 接合将输入轴动力传至第三排行星架 PC_3 和第四排齿圈 R_4,由于第三排是两个输入,一个输出的工作情况,所以由矢量表示法可知第三排太阳轮 S_3 增速输出,即第四排太阳轮 S_4 增速输出;同理第四排行星架 PC_4 增速输出。

倒挡:离合器 B 接合,将输入轴动力传至第一排太阳轮 S_1,制动器 D 制动第二排齿圈 R_2,与 9 挡时相同第二排行星架 PC_2 逆转输出至第三排齿圈 R_3;爪形离合器 F 接合制动第三排太阳轮 S_3 和第四排太阳轮 S_4,因此第三排行星架 PC_3 减速逆转;同理第四排行星架 PC_4 减速逆转。

注:以上所述减速、整体输出、增速均相对输入轴转速而言。

1.3.6　大众 OAM 直接换挡自动变速器

双离合器式自动变速器（Dual Clutch Transmission）简称 DCT，基于双轴式常啮齿轮，由手动变速器演变而成，它保留了结构简单、传动效率高的优点，并升华为电控液动换挡控制，改善了换挡品质，降低了油耗、故障率和制造成本，它已在大众车系和福特车系中成功地使用。又因继承性好，降低了加工设备的投资，适合我国国情，前景十分可观。

1. 大众 OAM 自动变速器简介

大众 OAM 直接换挡自动变速器（图 1 - 68）是典型的电控机械式自动

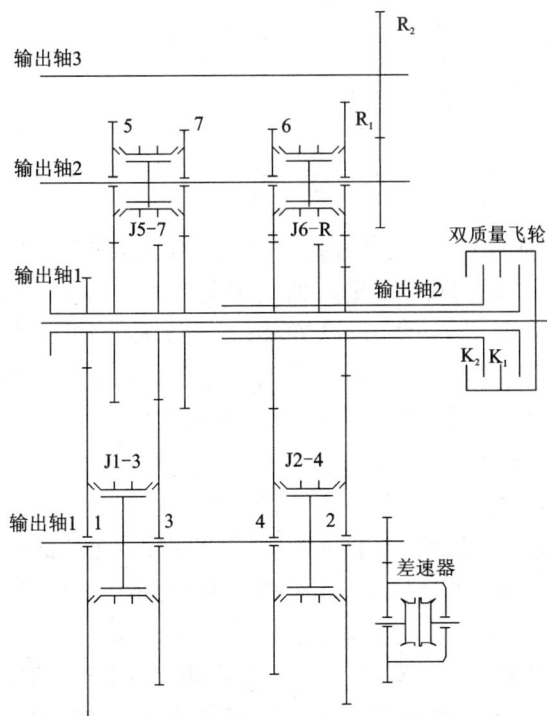

图 1 - 68　大众 OAM 直接换挡自动变速器

速器（AMT），又称为双离合器机械自动变速器（DCT 或 DSG）。其换挡时传动动力不间断，从而为乘员提供相当好的乘坐舒适性。大众 OAM 直接换挡自动变速器采用干式双离合器设计，拥有两个输入轴和三个输出轴，其结构简图如图 1 - 69 所示。

图 1 - 69　大众 OAM 直接换挡自动变速器结构简图

由图 1-69 可知大众 OAM 自动变速器的结构特点如下：

OAM 自动变速器具有两个干式离合器 K_1、K_2，可以分别与双质量飞轮接合，将发动机输出转矩传递至变速器输入轴 1 和输入轴 2。输入轴 1 贯穿于空心的输入轴 2 中。两根输入轴通过球轴承支承在变速器壳体上。其中输入轴 1 上制有 1 挡、3 挡、5 挡和 7 挡齿轮；输入轴 2 上制有 2 挡、4 挡、6 挡和 R 挡齿轮；输出轴 1 上空套有 1 挡、2 挡、3 挡和 4 挡输出齿轮；输出轴 2 空套有 5 挡、6 挡、7 挡和 R_1 齿轮，制有 R 挡惰轮；输出轴 3 上制有 R 挡输出齿轮 R_2。

2. 大众 OAM 自动变速器换挡过程分析

表 1-4　大众 OAM 自动变速器各挡结合元件工作表

结合元件		离合器		结合套			
		K_1	K_2	J1-3	J2-4	J5-7	J6-R
挡位	1	○		○(左)			
	2		○		○(右)		
	3	○		○(右)			
	4		○		○(左)		
	5	○				○(左)	
	6		○				○(左)
	7	○				○(右)	
	R		○				○(右)

由表 1-4 可知，大众 OAM 自动变速器各挡位换挡过程如下：

1 挡：K_1 离合器接合，动力传动至输入轴 1，固连于输入轴 1 的 1 挡齿轮带动空套在输出轴 1 上的 1 挡输出齿轮转动，结合套 J1-3 左移，将动力传至输出轴 1。

2 挡：K_2 离合器接合，动力传动至输入轴 2，固连于输入轴 2 的 2 挡齿轮带动空套在输出轴 1 上的 2 挡输出齿轮转动，结合套 J2-4 右移，将动力传至输出轴 1。

3 挡：K_1 离合器接合，动力传动至输入轴 1，固连于输入轴 1 的 3 挡齿轮带动空套在输出轴 1 上的 3 挡输出齿轮转动，结合套 J1-3 右移，将动力传至输出轴 1。

4 挡；K_2 离合器接合，动力传动至输入轴 2，固连于输入轴 2 的 4 挡齿轮带动空套在输出轴 1 上的 4 挡输出齿轮转动，结合套 J2-4 左移，将动力传至输出轴 1。

5 挡：K_1 离合器接合，动力传动至输入轴 1，固连于输入轴 1 的 5 挡齿轮带动空套在输出轴 2 上的 5 挡输出齿轮转动，结合套 J5-7 左移，将动力传至输出轴 2。

6 挡：K_2 离合器接合，动力传动至输入轴 2，固连于输入轴 2 的 6 挡齿轮带动空套在输出轴 2 上的 6 挡输出齿轮转动，结合套 J6-R 左移，将动力传至输出轴 2。

7 挡：K_1 离合器接合，动力传动至输入轴 1，固连于输入轴 2 的 7 挡齿轮带动空套在输出轴 2 上的 7 挡输出齿轮转动，结合套 J5-7 右移，将动力传至输出轴 2。

R 挡：K_2 离合器接合，动力传动至输入轴 2，固连于输入轴 2 的 R 挡齿轮带动空套在输出轴2上的 R_1 齿轮转动,结合套 J6 – R 右移,将动力传至固连于输出轴2的 R 挡惰轮,进而带动固连于输出轴3的 R 挡输出齿轮 R_2 转动,动力由输出轴3输出。

大众 OAM 自动变速器在奇数挡和偶数挡之间换挡时,可以通过预先接合结合套(同步器),再转换离合器 K_1、K_2,从而保证动力不间断,实现平稳换挡。但其在奇数挡之间或偶数挡之间转换时仍然是同步器切断动力换挡,将对换挡响应和换挡操作产生一定的不利影响。

1.3.7 本田 Smatic 定轴式自动变速器

1. 本田 Smatic 定轴式自动变速器结构简介

在当今绝大多数液力机械式自动变速器(HMT)采用行星齿轮变速器的趋势下,本田 Smatic 自动变速器仍然采用定轴式结构。它由三根轴(输入轴、中间轴和输出轴),4 个换挡离合器和一个结合套组成,可实现 4 个前进挡,1 个后退挡。其中 4 个前进挡采用摩擦接合元件换挡,可实现不切断动力,从而不停车换挡。前进挡与倒挡之间的转换是通过结合套实现的。由于采用前轮驱动,自动变速器和驱动桥合为一体,因此动力传递路线短,结构更紧凑。

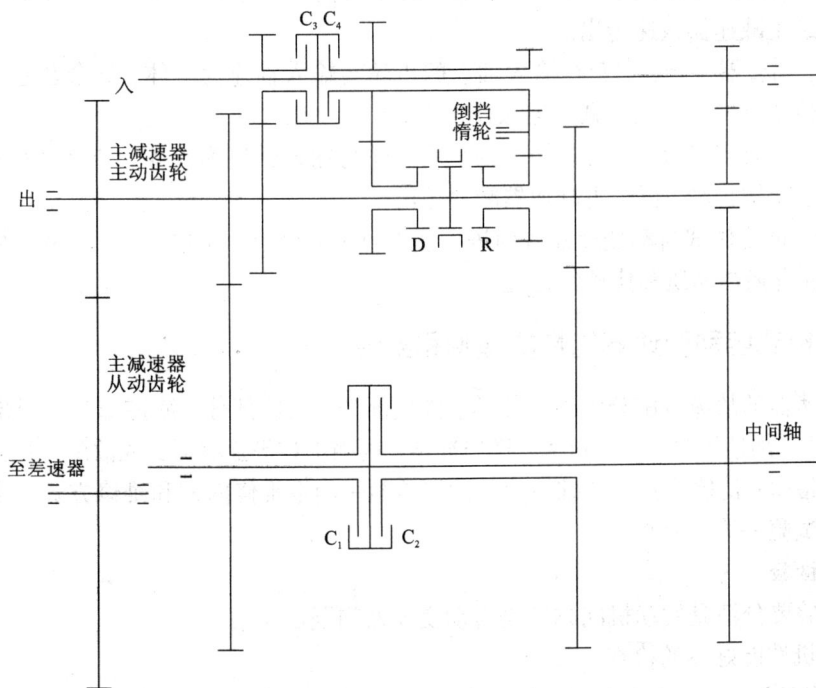

图 1 – 70 本田 Smatic 定轴式自动变速器传动简图

2. 本田 Smatic 定轴式自动变速器换挡过程分析

表 1 – 5　本田 Smatic 定轴式自动变速器各挡结合元件工作表

结合元件		离合器			结合套		
		C1	C2	C3	C4	D	R
挡位	1	○					
	2		○				
	3			○			
	4				○	○	
	R				○		○

由表 1 – 5 可知，本田 Smatic 定轴式自动变速器各挡位换挡过程如下：

1 挡：动力由输入轴齿轮传递至空套在输出轴上的齿轮，再传递到中间轴，此时 C_1 离合器接合，空套在中间轴上的齿轮与中间轴连为一体，带动与之啮合的输出轴齿轮转动，动力经主减速器主动齿轮传出。

2 挡：与 1 挡时类似，C_2 离合器接合，空套在中间轴上的齿轮与中间轴连为一体，带动与之啮合的输出轴齿轮转动，动力经主减速器主动齿轮传出。

3 挡：C_3 离合器接合，空套在输入轴上的齿轮与输入轴连为一体，动力由输入轴直接传递至输出轴经主减速器减速传出。

4 挡：C_4 离合器接合，空套在输入轴上的齿轮与输入轴连为一体，结合套左移，动力由输入轴直接传递至输出轴经主减速器减速传出。

R 挡：C_4 离合器接合，空套在输入轴上的齿轮与输入轴连为一体，结合套右移，动力经倒挡惰轮传递至输出轴，再经主减速器减速输出。

本田 Smatic 定轴式自动变速器各前进挡换挡时只需变换一个接合元件，从而可有效减小换挡冲击，提升换挡品质和换挡舒适性。

1.3.8　电控式自动变速器的性能检测和维修

自动变速器的故障范围分为液力传动、机械部分、电控部分、液控部分。当出现起步困难、行驶无力、加速不良、油耗过大、换挡冲击、换挡困难等症状时，或故障灯已点亮时，应按下列程序检验：初始检验—基础检验—性能检验—确定维修内容和维修方式—维修后性能检验—道路试验—竣工交车。

1. 初始检验

初始检验要分清是发动机问题还是自动变速器问题。

1）发动机性能好坏的检查

（1）怠速正常、点火正常良好，各转速下，不缺火、断火、交叉点火。

（2）单缸功率良好，汽缸压力大于 800 kPa；进气管真空度 Δp_x 大于 60 kPa；单缸断电、断油转速跌落值大于 100 r/min 或 Δp_x 的跌落值大于 5 kPa。

（3）冷却液温度正常、排放值正常，无异常症状，ECU 故障灯不亮。

2）底盘性能好坏的检查

（1）传动系统和行路机构运转状态良好，四轮转动灵活，轮胎尺寸和气压正常，制动器无阻滞现象。

（2）自动变速器性能状态如何？有无异响和高温？如果 AT 故障灯已点亮，可直接读取代码，转入对 AT 的重点检验。

（3）自动变速器故障码的检取和消除。当代乘用车故障码的检查连接器都采用统一的 OBD II 型，可采用人工取码方法或检码器取码方法。

2．基础检验

基础检验是排除了发动机问题后，转入对自动变速器好坏的检验。

1）液位高低的检验

将汽车停于水平地面上，发动机处于热起怠速状态，各挡位转换 1～2 次，再回到 P 挡，用油尺检查液位的高低，液位应在高油位和低油位标记之间为好。

液位过低时应补油，补油时品种应合适，以保证良好的使用性能。否则，因缺油行驶，控制油压降低，润滑不良或混入空气，会造成过热、磨损加大、执行元件打滑并伴有换挡冲击。

液位过高时应放油。否则，因阀体排油孔被阻挡，排油不畅，换挡不灵敏，产生冲击，影响挡位灵敏平顺地转换。即前一挡位的控制油液还未排净，后一挡位已经充油完毕，瞬时存在两个挡位，车速将明显下降，甚至发动机被憋得熄火。

（1）行星齿轮系统自动变速器液位的检验。因换挡系统含油空间大，采用动态检查方法，即怠速运转下检查液位的高低。

（2）常啮斜齿轮系统自动变速器液位的检验。如本田车系，因换挡系统含油空间小，采用静态检查方法，即熄火后 1 min 内拔出油尺检查液位的高低。

（3）无油尺的自动变速器液位的检验。如大众车系，拧下自动变速器油底上的专用油面检查螺钉，应能流出油液为好。

2）油质好坏的检验

（1）油质的好坏，以色泽、杂质、磨料、黏度、纯度、油温、胶质、异味、乳状泡沫等为检验的标准。

（2）ATF 油液的色泽为猩红色或淡黄色，杂质和磨料混入即变为黑褐色。高温氧化和时效变质，易产生胶质和怪味，黏度变坏，影响动力的传递和油压的稳定性，并使滑阀不能灵活地移动。当油中有乳状泡沫时，为油水混合，多为散热器中的冷油器漏泄造成或涉水时从壳体的通气孔侵入造成，应及时换油。

（3）油液的更换周期为 40000 km，应制止只添不换的做法。必须换用指定的 ATF 油，或使用 Dexron－II 型或 III 型通用油液。多数变矩器上无放油螺塞，有近 1/3 的油不能放出，对过脏或进水的 AT 应多次换油清洗或拆下清洗。

3）挡位开关的检验

（1）手柄在任何挡位，仪表盘上的指示灯应对应同步点亮显示。

（2）换挡手柄拉索的松紧可以调节，它影响各挡位滑动开关的触点是否到位导通。如果 ECT－ECU 失去了挡位信号，AT 即不再自动换挡，只能在 1 挡或 R 挡行驶。

（3）P/N 挡起动开关好坏的检查。手柄在 P/N 挡时，起动机应能导通起动，其他挡位不应导通，以确保安全。

（4）有超速挡开关的车系。起速挡开关打开或关闭时，其指示灯应同步点亮显示。

3.性能检验

性能检验是确诊故障的前提。在未确诊前，不要盲目拆下自动变速器进行维修（明显故障除外）。实验内容如下：

1）失速实验

失速试验能发现多项故障，是确定故障性质和维修方式的重要实验。

（1）目的：

①检查发动机输出功率的大小。

②检查变矩器性能的好坏（主要是导轮的 F 轮）。

③检查油泵性能的好坏。

④检查 D1 挡和 R 挡离合器及制动器的好坏（其他挡位的好坏，依靠路试来检查）。

（2）方法：

①发动机冷却液温度和自动变速器油温正常，正常怠速运转。

②用驻车制动和行车制动将车轮制动死（实为将涡轮制动死，$n_w = 0$）。手柄分别在 D 挡和 R 挡位置，进行试验。

③猛踩一脚加速踏板，加速时间 <5 s，试验次数不超过 3 次，间隔时间应 >1 min，防止油温过高，损坏相关元件。

④读出发动机失速时的转速，规定值为 2000 r/min 左右为好。各车系的失速转速大小各异，一般在 1800 ~ 2500 r/min 内，应因车而异，以《维修手册》的实际规定值为分析根据。

（3）分析：

此时 $n_w = 0$，为失速状态，发动机转速此时称为失速转速。发动机和泵轮的液体能量全部加在涡轮上，冲击和摩擦热很大，故有限制时间和次数的要求。

①如 D 挡和 R 挡的转速相同，都略低于规定值，为发动机输出功率不足，应从发动机方面来排除故障。

②如果转速低于规定值达 600 r/min 以上时（或熄火），为变矩器中导轮 D 的单向自由轮 F 打滑。此时，泵轮 B 的油液冲击涡轮 W，因导轮 D 不能锁止，又直接冲击泵轮 B 的正面而加载造成的，如图 1－71 所示。

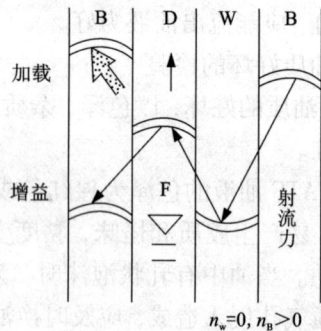

图 1－71　导轮的单向离合器打滑时射流路线

例如：失速转速的规定值为：2000 r/min；测得失速转速为 1800 r/min，为发动机无力。测得失速转速为 1200 r/min 或更低或熄火，为导轮的单向自由轮 F 打滑对 B 轮加载所致。

③如 D 挡和 R 挡的转速都超过规定值，为滤油器脏堵、油泵油压低、油质变坏、主油路调压阀失效、控制油压低、离合器 C 和制动器 B 密封件失效打滑等多种原因造成的。

④如 D 挡高于规定值，而 R 挡正常或相反时，是该挡的控制油压低，相关的离合器 C 或制动器 B 打滑所致，与油泵、变矩器、滤油器、油质等原因无关。

2）时滞实验

（1）目的：

进一步检查离合器、制动器的磨损情况及控制油压是否正常。它是利用换挡时泄油和充油的时间差来分析故障，是对失速试验结果的进一步验证。

（2）方法：

发动机冷却液温度正常、ATF油温正常、怠速运转正常。

①手柄在N挡位，拉紧驻车制动器。

②分别从N挡换入D挡和R挡，间隔时间为10s以上，以便使离合器和制动器恢复全开状态。

③同时，用秒表测量有横向振动感时的时间：$N-D-1.2\,s$，$N-R-1.5\,s$。

④横向振动感又称挂挡振动，是在怠速工况挂入D挡或R挡，加上额外负荷所致。又因发动机是弹性支撑，换挡时必然横向振动，如图1－72所示。

（3）分析：

①时滞时间过长，是因为离合器和制动器的摩擦片间隙过大或控制油压过低。

②时滞时间过短，是因为离合器和制动器的摩擦片间隙过小或摩擦片翘曲变形，也可能是控制油压过高。

图1－72　时滞实验的时间差

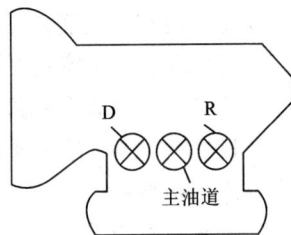

③保持正常的时间差，使前一挡位油液排净分离，后一挡位充油结合，可防止"换挡冲击"，还可防止在阻力无常的路面行驶时忙乱换挡，减小摩擦片的磨损。

④R挡时滞时间应略长于D挡，这是因为R挡时的行星排转速低，其控制活塞上的快速排油球阀，因离心力小排油较慢所致。

3）液压实验

自动变速器外壳上有测压孔，多少和位置因车而异。一般规律是：在D挡和R挡都出油的，为主油路测压孔；只在D挡出油的，为前进挡控制油路测压孔；只在R挡出油的，为R挡控制油路测压孔，如图1－73所示。

例如：本田车系自动变速器外壳上，不仅有主油路测压孔，还有1、2、3、4挡离合器控制油道的测压孔。

（1）目的

检测主油道油压、各挡离合器和制动器控制油压，用来判定油泵、主油路调压阀、离合器及制动器密封性能的好坏。

图1－73　测压孔的布置

（2）方法

①将车举起，或将驱动轮举起，塞好非驱动轮。

②在测压孔上装油压表（量程为0～2000 kPa）。

③测出D挡和R挡在怠速工况和失速工况的油压值。

④在D挡使转速上升到2500 r/min，各挡油压值应不低于怠速油压值。

各种自动变速器的主油路油压值一般规律如表1－6所示。

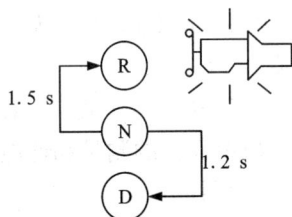

表 1-6　自动变速器的主油路油压值

发动机工况	D 挡	R 挡
怠速	400～500 kPa	600～800 kPa
失速	900～1200 kPa	1300～1600 kPa

注：新款本田车系的主油路油压及各挡控制油压值为：850～910 kPa

（3）分析

有四种症状：

①D 挡和 R 挡油压都低，为油泵故障、主油路调压阀故障（犯卡、不关闭）。

②D 挡和 R 挡油压都高，为主油路调压阀故障（犯卡、不开启）。

③只 D 挡油压低，为前进挡相关离合器和制动器密封件漏泄，与油泵和主油路调压阀无关。

④只 R 挡油压低，为 R 挡离合器或制动器密封件漏泄，与油泵和主油路调压阀无关。

4）电元件的测量和性能实验

（1）目的：

电元件参数的检测是判定电元件好坏的根据，它包括电元件本身、线路、ECT-ECU 中的相关电路。多数电元件为体外拆检式或拆下油底即可检测，应利用《维修手册》线路图和电元件参数就车测量。

（2）方法：

检测各电元件的电阻值、电压值、通断动作声，判定其好坏。检测内容如下：

①各种电磁阀的电阻值、电压值是否正常。

②各种电元件的电路是否正常。

③传感器的输出信号是否正常。

④执行元件通、断电实验时，动作是否清脆灵活。

⑤发动机和自动变速器的搭铁线回路的电阻值是否正常（应 <1 Ω）。这一点往往被忽视，致使回路不畅而控制失灵。

4. 确定维修内容和维修方式

通过性能试验，还可通过道路试验进行验证，故障内容基本确定，维修方式即可确定。维修方式有两种：

1）就车维修方式

属局部小修方式。有调整、换件的内容，作业难度较小。其内容为电控系统的各种电元件、液压系统的滤油器、各种滑阀和阀体总成（本田车系维修液压系统需离车维修）。

2）离车维修方式

属解体大修方式。维修内容多、作业难度大，应采用目测、电测、尺寸测量三结合方式进行维修，力求一次成功。出现以下情况需离车维修：

（1）凡有机械噪声、高温故障、无法行驶等故障时。

（2）变矩器故障、油泵故障、换挡离合器及制动器故障。

（3）行星齿轮机构故障，包括了支承件、定位件、密封件等。

5. 自动变速器故障判断分析表

为了便于判断故障，确定维修内容和维修方式，表 1-7 以普遍规律原理，分项说明。

表 1 - 7　故障判断分析表

现象	原因	排除方法	维修方式
油质发黑、变色、变质	(1)高温氧化结胶变臭，失去传力、控制、润滑能力； (2)磨料污染，变质、变色； (3)油水混合，有乳状物而变质	4 万 km 定期换油或视情换新油	就车修理
空挡爬行	(1)怠速过高； (2)手控阀位置不准(拉索失准)； (3)离合器、制动器分离不彻底	调整 调整 拆换	就车修理 就车修理 离车修理
起步、加速不平顺（犯闯）	(1)发动机弹性支座损坏； (2)车轮制动器阻滞力大(拔劲)； (3)TPS 失准或 1、2 换挡电磁阀失灵； (4)油位低、油压低、油质变坏、传力不良； (5)低速挡的离合器、制动器、F 轮失效； (6)变矩器 D 轮的单向自由轮 F 打滑	拆换 调整 换件 换油 拆换 拆换	就车修理 就车修理 就车修理 就车修理 离车修理 离车修理
冷车行驶、热车不走	(1)发动机过热，ATF 油温过高； (2)使用了劣质代用 ATF 油； (3)油泵磨损，离合器及制动器密封件老化漏油	检查 换油 拆换	就车修理 就车修理 离车修理
只能高转速、低车速行驶；不能高速行驶	(1)高速挡离合器及制动器失效； (2)变矩器 TCC 失效； (3)高速挡换挡电磁阀失效； (4)TPS 和 VSS 失效	拆换 拆换 拆换 拆换	离车修理 离车修理 就车修理 就车修理
换挡冲击和噪声	(1)发动机弹性支座损坏； (2)调压阀失效，控制油压过高； (3)蓄压器或止回节流阀失效； (4)TPS 或 VSS 失灵； (5)行星排轴向定位件松旷或换挡用 F 轮失灵	拆换 拆换 拆换 拆换 拆换	就车修理 就车修理 就车修理 就车修理 离车修理
挂入 D 挡或 R 挡，无驱动反应	(1)手控阀不到位； (2)滤油器脏堵，无油压； (3)1、R 挡离合器及制动器损坏； (4)油泵损坏，变矩器 F 轮损坏； (5)换低挡用 F 轮损坏	调整 拆换 拆换 拆换 拆换	就车修理 就车修理 离车修理 离车修理 离车修理
只能前进、不能后退，或相反	(1)1 挡或 R 挡离合器及制动器失效； (2)换低挡用相关 F 轮失效	拆换 拆换	离车修理 离车修理
升挡、降挡时滞过长	(1)换挡控制油压低，摩擦片过薄，密封元件漏泄； (2)换挡电磁阀或液压换挡阀动作失灵； (3)TPS 或 VSS 信号不良	拆换 拆换 检测	离车修理 就车修理 就车修理
高速行驶、频繁跳挡	(1)高速挡液压换挡阀漏泄失灵； (2)高速挡相关离合器及制动器密封件失效； (3)发动机动力不足	拆换 拆换 检测	就车修理 离车修理 就车修理

6. 自动变速器的故障规律和检修过程中的注意事项

自动变速器的故障范围分为液力传动、机械部分、电控部分、液控部分。自动变速器离车解体换件维修是大修过程。拆装顺序和检验标准应按照《维修手册》进行施工。总的原则是：视情修理、换件为主、清洗彻底、密封当头、全面覆盖、力争一次成功。

1）变矩器的检测

（1）变矩器只能随变速器一块拆下或装上，不能只拆下变速器，不拆下变矩器，维修过程中也包括了对变矩器的清洗和检查。如分别拆时，很难使其驱动爪对正油泵齿轮的爪孔，易损坏油泵。

（2）变矩器 F 轮的好坏，应通过清洗后进行检查。方法是：将它立起为 90°位置，用专用花键棒转动导轮的内齿圈，顺时针转动应自由，逆时针转动应阻尼锁止（本田车相反），不能有打滑现象。

（3）变矩器的故障分四个方面：

①F 轮打滑，不再变矩，严重时造成起步熄火。

②泵轮、导轮、涡轮间的止推件磨损或飞散，造成传力噪声或卡死，出现挂挡熄火。

③减振弹簧疲劳或损坏，造成传力噪声或卡死，也会出现挂挡熄火。

④摩擦面料耗尽，不起锁止作用。

2）油泵的检测

油泵的好坏是自动换挡的根本，凡在检测油压时，油压值较低，必须对油泵的好坏进行检查。应按《维修手册》的数据值，测量它的各部间隙（齿隙、端隙、背隙）。并检查泵壳内表面的摩擦印痕，超标时一律换新。油泵损坏的原因是换油不及时，油质变坏造成（油中磨料太多）。

3）行星齿轮机构

（1）行星齿轮是常啮传力，啮合量大，不易发生机械故障。但最怕缺油和油质变坏，造成润滑、冷却不良而烧毁，或者是离合器、制动器打滑产生高温而烧毁。其齿轮系统的支承件、轴向定位件、密封件、转动滑套等部件损坏率最高，损坏规律是先有噪声后烧毁。

（2）它的齿轮机构及径向支承件、轴向止推件、密封件、单向自由轮 F 的磨损和松旷，都是噪声源和漏泄源，应一律换新。

（3）各元件间及输入轴、中间轴、输出轴间的轴向间隙，靠轴向止推件的尺寸来保证，装合后无法检查其大小，一旦发现有磨损现象，应一律换新。

（4）输入轴、中间轴、输出轴多为空心轴，形成液压控制油道，其轴间连接处，设有隔离密封环（铸铁环或尼龙环），应一律换新。应严格检查其接触部位，不能有痕槽。否则，应成对地更换，以确保密封性能良好。

（5）各挡位行星排中的单向自由轮，如不损坏，不要轻易拆下，以保证它的单向锁止功能的方向不发生错误，防止失去行驶能力和反拖能力。

4）离合器及制动器

（1）离合器、制动器摩擦面料变薄、变质，制动带弹性变小，控制活塞密封圈漏损，是主要故障，应一律换新。

（2）摩擦片、制动带、密封件，应使用 ATF 浸泡 30 min 后装复，片和带的厚度和间隙应正常。

（3）换新后应进行漏气试验和动作试验（气压 500 kPa）。因漏气实验的专用夹具因车而异，不少维修人员不进行这一实验，往往造成多次返工。

5）液压阀体总成

（1）其阀体结构紧凑、加工精密、配合间隙极小，最怕油温过高，油质变坏，使阀体内的滑阀胀死，失去换挡和调节能力。一般通过清洗除垢后可以排除，不轻易更换。

（2）拆检清洗时，单向止回钢球的数目和位置不能装错。各滑阀一律拨动，实验其动作灵敏度。接合平面不能变形缺垫，防止漏油。

（3）曾因缺油烧毁过离合器、制动器、齿轮系统，其相邻的液压阀体也会翘曲变形，不能再使用，应视情况换新。

6）冷油器

冷油器多在水箱的下部，利用冷却水的冷热交换来保持油温的正常。同时利用冷却液温度表的显示，监控自动变速器油温是否正常。冷油器外表面受冷却液的腐蚀情况很难发现，只能通过清洗后进行 200~300 kPa 的气压检验，水箱加水口处没有漏气为好。

7）各种传感器和电磁阀及电元件

（1）电控系统的故障集中在 ECT – ECU 和各种电磁阀、电开关、传感器和控制电路及接口等方面。主要故障是断路、短路、线圈烧毁、信号不良、接触不良、脏堵、动作不灵。只要充分利用自诊系统和正确的电测量手段，采用换件对比的维修方法，即可迅速排除其故障。

（2）应对各种电磁阀、电开关、传感器、电接头进行测量，检查其电阻值、电压值、信号发生量，通、断电动作试验，按《维修手册》规定，不达标者，一律换新。

8）严格把好装配关

应参照《维修手册》进行装配，装配过程中的清洗质量、安装方向、关系位置、松紧情况、相对间隙、密封质量应符合标准。确保不错装、不漏装、不松不紧、运转正常。

9）先进行原地运转实验

自动变速器装车后，将车支起原地运转实验，这是不可缺少的检查调节过程，最好用扫描仪监控运转。各挡位转换正常，无噪声和高温，走合运转 1~2 h 后，达到"三不漏"的要求，即不漏油、不漏水、不漏电。确认无误后，再进行道路实验。

7.自动变速器的故障规律和检修过程中的注意事项

1）目的

应视情在维修前或维修后进行，目的是进一步检查自动变速器的使用性能。即起步加速性能、换挡性能、TCC 锁止性能、驾驶模式性能及有无噪声、发热、打滑、振动等方面的故障。道路实验有助于故障的确定和维修质量的监控。

2）监控方法

监控道路实验的方法有两种：一是用扫描仪，它能定量地、及时地显示动态下的升挡点、降挡点、锁止点对应的车速值等参数，但冲击、振动、噪声、漏油等故障尚需依靠人的感觉来判定。二是依靠人的感觉，定性地参照转速表和车速表对应配合转换情况，检查其升挡、降挡性能。

为此，试车人员应具备较高的技术素质。

3）实验的条件

发动机和底盘技术状况良好；轮胎尺寸和气压正常；冷却液温度和自动变速器油温正常

（90℃左右）；道路平坦，交通流量少。

　　4）实验的内容

　　多为正常驾驶模式中的 D 挡、OD 挡、R 挡、L 挡、P 挡全部内容。必要时对其他驾驶模式也应进行试验。

　　5）实验方法

　　(1) D 挡时升挡、降挡、换挡规律的实验。

　　节气门开度和车速的对应关系称为"换挡规律"。不同的节气门开度，必然对应不同的换挡点，其换挡时的车速值与节气门开度的大小呈正比关系。即小开度、低车速降挡；大开度、高车速才升挡。为此，可采用节气门半开或全开状态下路试，将加速踏板固定在半开位置，以 TPS 输出的电压值为准。例如，本田雅阁自动变速器的节气门全开输出电压为 4.5 V，半开输出电压为 2.25 V。

　　①升挡实验。连接好仪器（检测仪），道路平坦，手柄在 D 挡，打开超速挡开关，踩下加速踏板，起步加速行驶直至节气门全开或半开，到达规定的最高车速。试出此过程中升挡时和锁止时，所对应的车速值。要求：发动机转速一般不高于 3500 r/min；无噪声、发热、冲击、脱挡现象；各挡的升挡点符合该车《换挡规律表》的规定值，这是竣工交车的依据。

　　②降挡实验。节气门应以全开状态实验，打开超速挡开关，在平路上加速行驶。当达到最高车速后，即转入连续上坡的道路上加速行驶，进行自动降挡实验。试出上坡过程中，TCC 锁止、断开和降挡时对应的车速值。如因很难找到合适的连接坡道，多依平路升挡实验时，全开和半开的两次数据为准，即可免试。

　　不能以缓慢制动减速，检查 OD - 3 - 2 - 1 降挡转换，这只是利用制动开关信号强制降挡实验，不是自动降挡实验。

　　③必要的说明：

　　ⓐ相邻两挡的降挡车速比升挡车速低 10 ~ 15 km/h，此差值为迟滞值。迟滞的目的是为了防止当车速接近换挡点时，出现"忙乱换挡"现象，保持稳定车速，减小离合器及制动器摩擦片的磨损，这是所有自动变速器的换挡规律。

　　ⓑ如无检测仪监控，可根据转速表和车速表两指针的瞬时变化情况，粗略地查出升挡、降挡的反应。这是因为齿轮系统各挡的传动比有一定差值，转换时呈阶梯式变化，因有液力传动效应，级差影响不是明显，但从两个表针上能反映出征候来，如图 1 - 74 所示。例如：升挡时，车速表明显上升，转速表明显下降，此为对道路适应能力的反应。降挡时，车速表明显下降，转速表明显上升，此为行驶阻力增大的反应。

　　ⓒ如不符合规定值，应检查控制油压、电元件、离合器及制动器的好坏。

　　(2) 换挡冲击实验。

　　在平坦路上等速行驶，突然放松加速踏板，接着又加速行驶，会出现挡位的转换，转换时应平顺柔和，发动机振动小。如冲击过大，说明换挡品质差。原因是换挡控制油压过高、蓄压缓冲器失效、止回节流阀失效、离合器及制动器摩擦片磨损、行星排轴窜量过大、TPS 和 VSS 信号失准等故障。

　　(3) 变矩器锁止离合器性能实验。

　　在 D 挡行驶，车速达 100 km/h 以上时，锁止离合器应已接合。急促加速，转速表和车速表应同步地快速上升，这是传动效率（η）提高的反应。如车速表上升幅度不大，而转速表上

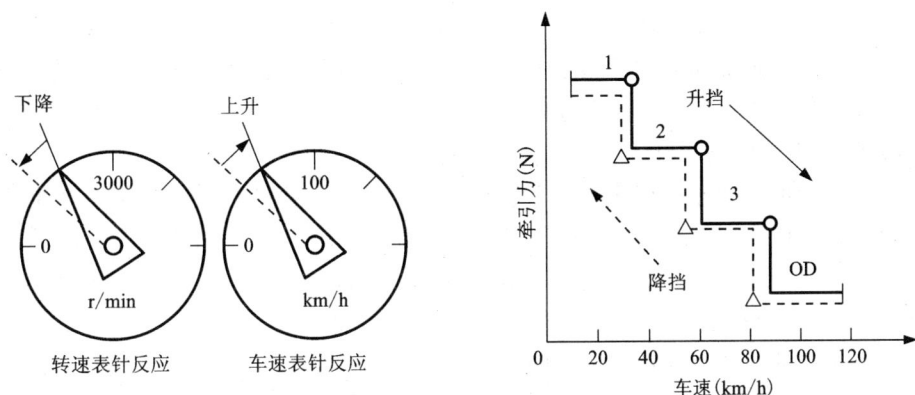

图 1－74 粗略检查升挡和降挡规律

升幅度较大，证明锁止离合器没有接合。原因是锁止离合器片过度磨损或锁止控制系统故障，应更换变矩器或检修锁止离合器阀和液压锁止滑阀。

（4）手动 2 挡和 L 挡性能实验：

①手柄在 1 挡位，起步加速行驶，不应有升入 2 挡的显示或感觉，只能是高转速、低车速行驶。松开加速踏板，应有明显的反拖降速感觉，即"发动机制动作用"良好。否则，说明 1 挡离合器、制动器及相关的单向自由轮 F 打滑。

②在 1 挡位行驶中，可将手柄移入 2 挡位，车速应明显地提高，不应有再升挡或降挡的显示或感觉。否则，说明 2 挡离合器、制动器及相关的单向自由轮 F 打滑或换挡信号有误。

③在 D 挡行驶中，车速不超过 50km/h 时，也可将手柄移至 2 挡和 1 挡，汽车应明显地降速增扭，并有更大的反拖制动感觉为好。

（5）倒挡 R 性能实验。

汽车停稳后，手柄移入 R 挡，略踩加速踏板，应能迅速倒车为好。否则，说明 R 挡离合器及制动器打滑。

（6）驻车挡 P 性能实验。

将车停在大于 9% 的坡道上，手柄移入 P 挡，松开驻车制动器，以不溜车为好。否则，说明是 P 挡制动爪的机械故障。

1.3.9 自动变速器正确的维护和操作方法

1. 电控式自动变速器的正确维护

使用自动变速器的乘用车，应定期、定点地进行维护，而日常维护是出车前、行车中和收车后不间断地进行，由驾驶员本人来完成，这是衡量驾驶员素质高低的指标。维护内容如下：

（1）自动变速器油面的高低和油质的好坏。

出车前除检查其他系统的工作介质外，还应检查自动变速器的油面高度。油面高度过低或过高，应查找原因排除。添油时应使用同类型的指定的 ATF 油。油质的色泽为猩红色或淡黄色，无异色、无杂质、无异味、无泡沫，如有刺鼻的怪味，应及时换油并找出原因。

（2）定期更换新 ATF 油。换油周期为 4 万 km，到维修厂换新油，换油时必须更换新的滤芯(本田车除外),不能只添不换或换油不换芯。

(3)行车中应不断地监控水温表的高低。因自动变速器的冷油器多装在散热器中(水箱),和冷却液进行热量交换。当发动机冷却液温度表异常时,应立即检查维修,防止由此引起发动机过热和自动变速器过热而损坏相关机件。

(4)行车中应不断地监控转速表和车速表的显示状态。换挡性能的好坏,可通过两个表针的升降变化来判定,其规律是:升挡时,车速表明显上升,转速表明显下降,是适应性的反映。降挡时,车速表明显下降,转速表明显上升,是阻力变化的反映。车速达 100 km/h 时,转速一般在 3000 r/min 左右为正常。如果出现高转速、低车速现象,即为故障征兆。

(5)行车中自动变速器故障灯点亮时或工作状态异常时(如噪声、高温、犯闯等),应立即去维修厂检修,不要带病工作造成病情恶化,扩大故障范围。

(6)汽车在雨季涉水后,应及时检查 ATF 油质,及时换新,以防从自动变速器通气孔中进水,使油质变坏而加速磨损。

2.电控式自动变速器的正确操纵方法

1)正确选用手柄位置

P - 停车挡,停车时或驾驶员离车时使用,在坡道上起步时也使用。在该挡位可以起动发动机运转。

R - 倒车挡,车停稳后挂入倒挡倒车。

N - 空挡,可以起动发动机运转,多在行车中熄火起动用。

D - 前进自动挡位,1~4 挡自动转换,应在平坦的路上使用。有的车有 D3 挡位,1~3挡自动转换,多在稍坏的道路使用。

2 - 手动 2 挡,固定于 2 挡。多在坏路上、爬长坡、下长坡时使用。目的是防止频繁地跳挡,减少自动变速器中离合器和制动器的磨损。

L - 手动 1 挡,固定于 1 挡,在最坏的道路上使用或长距离的上下坡时使用。目的也是防止频繁跳挡,减少离合器和制动器的磨损。下长坡时,可充分利用反拖发动机制动,减少行车制动系统的磨损。

2)正确使用超速挡开关

有的车在 D 挡位附加 1 个超速挡开关,对超速挡进行锁止。好路时,打开超速挡开关可升入超速挡,传动比小、车速高、省油、发动机磨损小。如关闭超速挡开关,只能在 1~3 档自动转换,在稍坏的道路上使用,防止频繁跳挡,减少高速挡离合器和制动器的非正常磨损。

3)正确使用驾驶模式开关

根据车种和挡次的不同,驾驶模式在电脑中有不同的编程,并利用开关控制,应正确使用这些开关。

Norm—正常模式,好路使用,它有固定的换挡点和锁止点。一般在 2 挡或 3 挡变矩器即锁止,传动效率高、省油。

Pwr—动力模式,坏路时用,它的换挡点和锁止点比正常模式迟后,动力性好、费油。

Econ—经济模式,换挡点和锁止点较早,好路时用,省油。

Winter 或 Snow—冬季滑路或雪地驾驶模式,按下开关后,只能用 2 挡起步,3 挡行驶,防止车轮打滑,车速达 80 km/h 后,自动解除。

Hold - 保持驾驶模式,手柄在 D 挡行驶时,按下此开关 Hold,即保持在某一挡位,不再自动换挡。

4)先热起、后行车、先慢后快

发动机冷却液温度、自动变速器的传动液温度，是衡量行车前车辆技术状况好坏的关键参数。正常的工作温度可保证最佳配合间隙、润滑油膜的建立以及液力传动油最佳黏度效率的建立。为此，行车前需有一个预热过程(2 ~ 3 min)，待冷却液和传动液温度达60℃以上时，才能起步行驶，先慢后快地过渡到高速状态。

5)少用四急工况

高速公路的出现，急起步、急加速、急转向、急制动工况，不仅费油，还加大了轮胎、转向系统、制动系统的磨损，自动变速器的离合器及制动器，也因频繁地转换而磨损。应平稳操纵加速踏板加减速度，节气门位置传感器无较大的加速率和减速率信号，避免了异步喷射的发生，因而省油。

6)轮胎气压正常

气压的高低会影响轮胎尺寸的大小，它直接影响车速值和牵引力值，胎压过高是通病，应该纠正。

7)保持经济车速

乘用车的经济车速为100 ~ 120 km/h，这是汽车发动机的技术特性所决定的，这也是高速公路上规定的安全车速。超过这极限值高速行驶，不仅使发动机和变速器磨损加大，也会加大燃油和润滑油的消耗量，交通事故率也会升高。

8)抬加速踏板提前升挡法和猛踩加速踏板提前降挡法

电控式自动变速器的换挡规律和锁止规律，已设定在电脑 ECU 中，它是利用 SP、TPS、VSS 逻辑信号来触发，产生换挡和锁止指令。节气门开度电压信号 TPS 和车速电压信号 VSS 共同控制着液压换挡滑阀两端的换挡电磁阀，实现挡位的自动转换，一旦两个电压信号出现差值，即会产生换挡动作，这是提前换挡的基本机理。又因为节气门开度与车速间有固定不变的对应关系。即小开度、低车速降挡；大开度、高车速升挡。了解换挡规律是正确使用自动变速器的前提。

例如：本田时韵乘用车自动变速器的换挡规律是：TPS 电压 4.5 V 时，1 挡升 2 挡—58 ~ 63 km/h；TPS 电压为 2.25 V 时，1 挡升 2 挡—33 ~ 39 km/h；TPS 电压为 0.8 V 时，1 挡升 2 挡—17 ~ 19 km/h。

为此，当道路条件良好时，可利用节气门开度 TPS 和车速 VSS 的电压差信号，人工创造换挡时机，改变原来设定的换挡点，提前升挡或提前降挡，达到省油的目的。

(1)抬加速踏板提前升挡法。D 挡起步(D1)，稍踩加速踏板，加速到 20 km/h 左右时，抬加速踏板即提前升入 2 挡；继续缓踩加速踏板，加速到 40 km/h 左右时，再抬起加速踏板，即提前升入 3 挡；加速到 60 km/h 左右时，再抬加速踏板，即提前升入 4 挡。

(2)猛踩加速踏板提前降挡法。D 挡行驶，达到较高车速时，如需减速行驶，猛踩一下加速踏板，即降一个挡位，再猛踩一下，又降一个挡位，车速会明显下降，不必踩制动减速，减少了行车制动系统的磨损。特别是在下长坡时可充分利用发动机的反拖制动作用减速，并利用其电喷断油功能而额外省油。

复习思考题

1. 简述行星齿轮机构的结构和类型。
2. 简述单排单行星齿轮机构的八种传动方案。
3. 辛普森式和拉维娜式行星齿轮机构的结构特点各是什么？
4. 行星齿轮变速器的换挡执行元件有哪些？
5. 如何检测行星齿轮变速器的换挡执行元件？
6. 大众 01N 自动变速器的各挡位动力传递是如何实现的？
7. 丰田 A341E 自动变速器的各挡位动力传递是如何实现的？
8. ZF-9HP 自动变速器的结构特点有哪些？各挡位动力传递是如何实现的？
9. 大众 OAM 自动变速器和本田 Smatic 自动变速器结构特点是什么？
10. 电控式自动变速器性能检测的内容有哪些？
11. 简述自动变速器的维护和操作方法。

任务二　电控无级变速器

采用直径可变的摩擦式传动可以获得连续可变的传动比，这早在一百多年以前就被发明并且成功地应用到实际中。比如 V 型带式的无级变速器在小型摩托车上被广泛采用过；目前，在 250 mL 的踏板摩托车上仍然有采用这种变速器的。但由于 V 型带式无级变速器其传递的功率有限，寿命较短，所以带式无级变速器真正在汽车上被大量地采用则是近几年才开始的，其关键原因是传动带的材料改善及制作成本的降低。与所有的自动变速箱一样，无级变速器可以满足汽车对变速器的以下基本工作要求：

（1）允许发动机在车辆停止且变速箱处于行车挡的状态下怠速运转。

（2）允许车辆从停车状态开始加速（起步），尤其是当车辆处于坡道上时。

（3）能提供连续的传动比，以允许发动机在最高的扭矩转速范围内工作。

（4）允许车辆以可变车速巡航，同时具有优良的燃油经济性。

现在车用无级自动变速器由两部分结构组成，即起步时用的自动离合器部分和无级变速器部分。V 型皮带无级变速器传递的扭矩有限，只适用于摩托车或者传递功率不大的场合。现在由于传动带制造技术的进步，特殊金属制造的钢带已能批量生产了。用特制的钢带代替传统的橡胶 V 型带，这才将带式无级变速器真正应用到汽车上来。

现今汽车上使用的自动变速器大都是液力变矩器和行星齿轮变速器组合而成的液力自动变速器，这种变速器在主要的汽车制造商生产的乘用车中装车比例已接近 70%。但是该种变速器有其固有的缺点就是，传动比变化不连续，只能在一定范围内无级变化；而且低速时液力变矩器的传动效率较低等，这些都影响了整车的动力性和燃油经济性。如果通过增加行星齿轮变速器的挡位数来扩大无级变速的范围，那么必将会使变速器的结构更加复杂，自身质量增加。所以无级变速器被认为是当前汽车行业最有发展前途的变速器形式之一。它可以使传动系与发动机达到最佳的匹配，从而提高整车的动力性和燃油经济性，方便驾驶员操作并提高乘员的乘坐舒适性。

1.4 电控无级变速器的检修

1.4.1 本田飞度CVT无级变速器

广州本田公司生产的"飞度"轿车装用了本田的无级变速系统,在汽车的尾部可以看到写着"FIT"和"CVT"的英文标签。"FIT"即"飞度"轿车的英文名字;而后面的"CVT"即是本田公司对其无级变速技术的命名。"CVT"是一个英文名字的缩写,它的全称是"Continuously Variable Transmission",意思是"传动比可以连续变化的变速器"。如果用我们专业英语来翻译,那就是"无级变速器"。值得注意的是,这里所说的"级",放在手动变速器里就是"挡位"的意思。所谓无级并不是没有挡位,而是指它有无数个挡位,所以称为无级变速器。

1. CVT自动变速器的特点

广州本田飞度(FIT)轿车装用了无级自动变速器(CVT),它具有结构紧凑、传动效率高的特点;具有前进挡无级变速和倒挡二级变速功能,简化了操纵;手/自动一体的驾驶模式提高了驾乘的乐趣。与其他结构形式的自动变速器不同,它取消了液力变矩器,增加了起步离合器,完全可以满足对汽车自动变速器的普通要求。

1) CVT自动变速器的基本原理

在CVT自动变速器内部没有固定传动比的齿轮,有一个主动带轮和一个从动带轮,通过液压来改变主、从动带轮的有效直径,来改变传动比。钢带在两个带轮间起动力传递的作用。在升速传动比时,主动带轮的直径增大;从动带轮的直径减小,如图1-75(a)所示。在降速传动比时,主动带轮的直径减小而从动带轮的直径增大,如图1-75(b)所示。CVT自动变速器的控制系统也是采用了电控、液压控制模式,由动力系统控制模(PCM)采集各传感器的信息,然后操作电磁阀,以控制液压滑阀的动作,从而实现离合器的接合或分离,以及向主、从动带轮施加大小不同的油压。

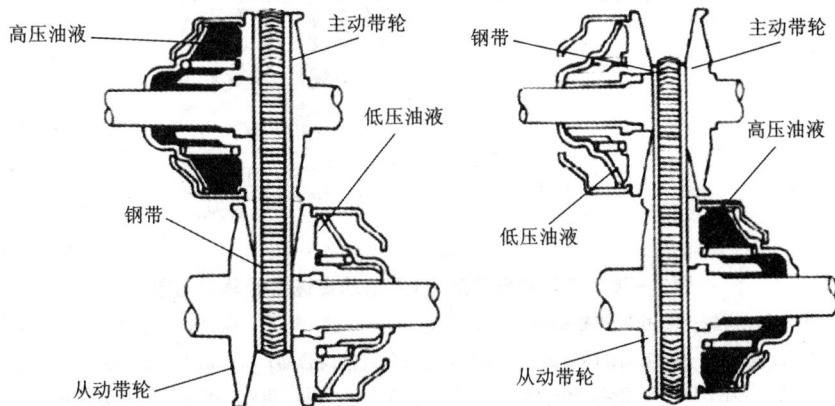

图1-75 CVT变速器传动原理示意图

(a)升速传动比;(b)降速传动比

2) 广州本田飞度轿车 CVT 自动变速器的结构特点

广州本田飞度 CVT 自动变速器的总体构造如图 1-76 所示，其机械部件主要是 4 根平行布置的轴，包括如下部件：

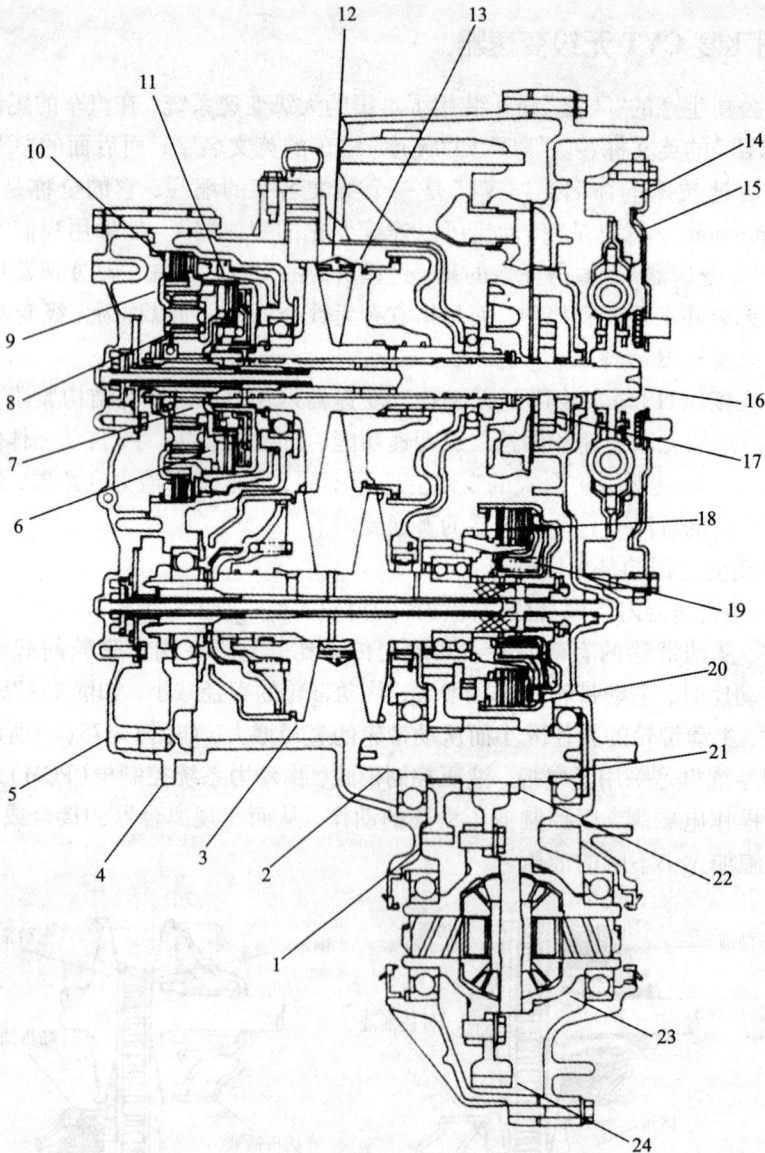

图 1-76　广州本田飞度 CVT 自动变速器的总体构造

1—中间从动齿轮；2—中间齿轮轴；3—从动带轮；4—中间壳体；5—端盖；6—齿圈；7—太阳轮；
8—行星轮；9—行星架；10—倒挡制动器；11—前进挡离合器；12—钢带；13—主动带轮；
14—飞轮；15—传动盘；16—输入轴；17—油泵；18—驻车齿轮；19—中间主动齿轮；
20—起步离合器；21—主减速主动轴；22—主减速器主动齿轮；23—差速器；24—主减速从动齿轮

（1）输入轴。与飞轮相连接，包括太阳轮、行星轮和行星架。

（2）主动带轮轴。包括主动带轮和前进挡离合器以及与驻车齿轮为一体的中间从动齿轮。

（3）从动带轮轴。包括从动带轮、起步离合器和中间主动齿轮。

（4）主传动轴（中间齿轮轴）。包括中间从动齿轮和主减速器主动齿轮。

2．CVT 无级自动变速器的主要机械部件

1）带轮

广州本田飞度 CVT 自动变速器有两个带轮，即主动带轮和从动带轮，它们通过钢带连接在一起。每个带轮都包括一个固定部分和一个活动部分，两部分组合在一起构成一个具有 V 型槽的带轮，槽中夹有钢带，如图 1-77 所示。

在液压力的作用下，带轮的有效直径是可变的，这是传动比变化的关键。主动带轮空套安装在输入轴上，并且在前进挡时由前进挡离合器将其与输入轴连为一体。在倒挡时，由于倒挡制动器的作用，主动带轮的旋转方向与前进挡相反。从动带轮直接安装在从动带轮轴上，主动带轮通过钢带驱动从动带轮，从动带轮再驱动起步离合器。带轮实物结构如图 1-78 所示。

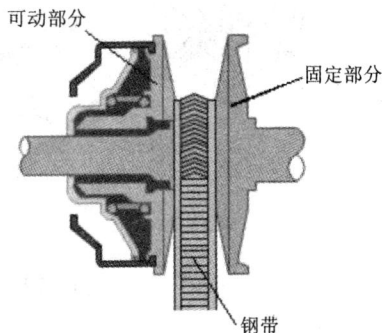

图 1-77　带轮结构示意图

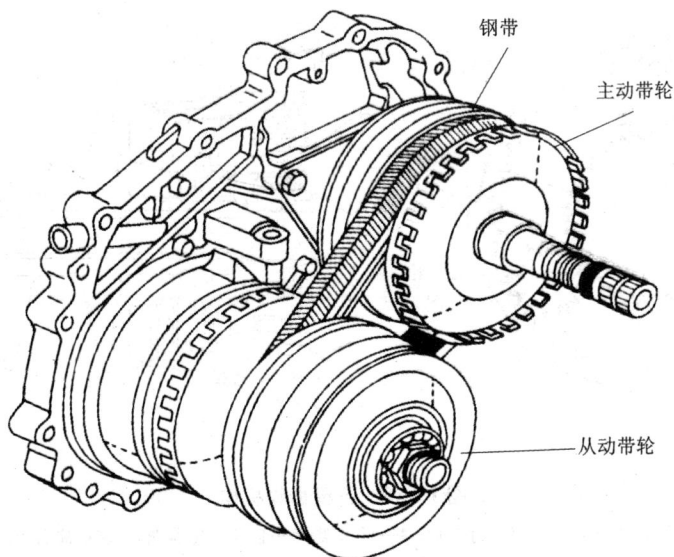

图 1-78　广州本田飞度 CVT 自动变速器带轮

2）钢带

钢带用于在两个带轮之间传递动力，它由两组钢质环形带组成，如图 1-79 所示。每组环形带各有 12 层，采用约 400 个钢质联接构件将它们组装在一起。钢带部件因受主、从动带轮的运动载荷而压缩在一起。压力使钢质构件产生宽度方向的微量变形，这也增加了钢带与带轮表面的摩擦力，防止打滑。

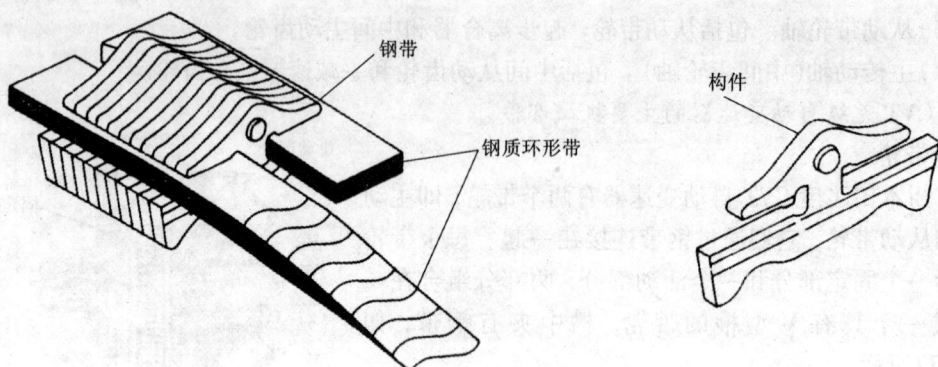

图1-79　广州本田飞度CVT自动变速器钢带

3. CVT无级自动变速器的动力传递部分结构

1)行星齿轮机构

在广州本田飞度CVT自动变速器的内部,有一组单排单级行星齿轮机构,用于形成前进挡和倒挡,如图1-80所示。太阳轮通过花键与输入轴相连,同时,它又是前进挡离合器的内毂;行星架同时是倒挡制动器的内毂;齿圈通过凸舌与前进挡离合器外鼓啮合。

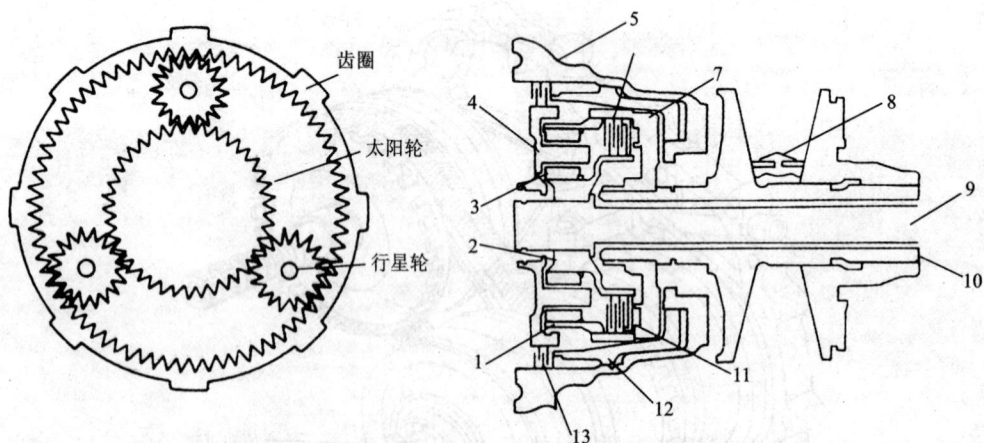

图1-80　行星齿轮机构

1—齿圈;2—太阳轮;3—行星轮;4—行星架;5—自动变速器壳体/倒挡离合器外鼓
6—前进挡离合器;7—前进挡离合器毂;8—钢带;9—输入轴;10—从动带轮轴
11—前进挡离合器活塞;12—倒挡制动器活塞;13—倒挡制动器

行星齿轮部分的传动示意如图1-81所示。其传动原理前已述及。

需要特别说明的是,当前进挡离合器或倒挡制动器发生故障时会有特别明显的故障现象。如果前进挡离合器打滑,会出现加速不良的故障;如果前进挡离合器因卡滞而无法分离时,会出现车辆在前进挡、驻车挡及空挡均正常,但无倒挡或倒挡时熄火的故障;当倒挡制动器卡住无法分离时,会出现在任一个前进挡车辆无法行驶,但倒挡正常的故障。

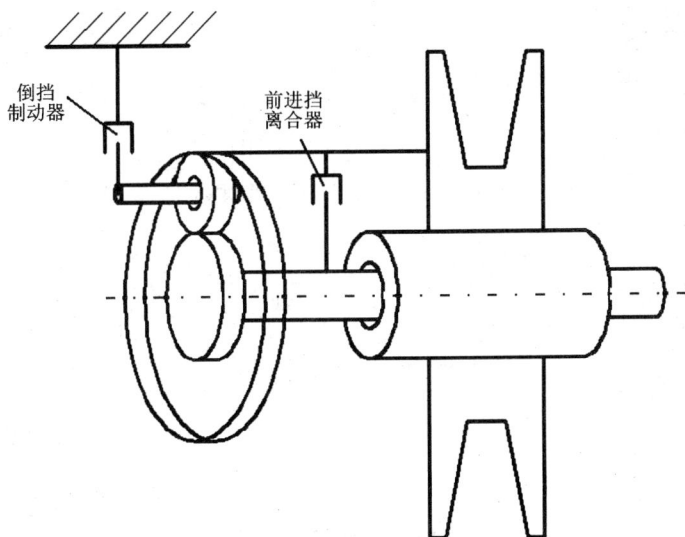

图 1－81　变速器行星齿轮部分传动简图

2）起步离合器

起步离合器安装在从动带轮轴上，它可以将从动带轮上的动力传给中间轴的主动齿轮。其功用相当于普通自动变速器的变矩器。起步离合器是一个湿式多片式离合器，如图 1－82 所示。起步离合器有如下功用：

（1）滑转状态。车辆在不摘挡、发动机处于怠速的情况下处于静止状态。

（2）蠕动状态。即在不摘挡停车或通过使用制动器使车辆以较低的速度行驶。

（3）加速。在车辆起步加速过程中，允许离合器有一定的受控打滑。

（4）正常行驶。车辆正常行驶时，离合器完全锁定，以便最大限度地向车轮传递动力。

在挂挡停车时，如果起步离合器卡滞不能分离，发动机会熄火。起步离合器回位弹簧采用周布多弹簧取代了中央螺旋弹簧，使工作更加平稳。尤其是在蠕动等要求精确控制的工作范围内，起步离合器的可控性得到提高。起步离合器采用大流量压力润滑，在离合器鼓上的油孔允许大流量油液流出，如图 1－82 所示。

3）驻车制动系统

广州本田飞度 CVT 自动变速器的驻车机构包括驻车齿轮、驻车止推爪、驻车制动锥形推杆等组成，如图 1－83 所示。换挡操纵手柄换入 P 位时，驻车制动锥形推杆将驻车止推爪推入驻车齿轮，驻车齿轮被固定，中间主动齿轮被固定，车辆不能移动。

4. CVT 无级自动变速器的传动路线分析

1）P/N 位

当操纵手柄位于 P 位时，没有液压作用于前进离合器、起步离合器和倒挡制动器，故没有动力传递到主动带轮、从动带轮和中间主动齿轮；在 P 位，驻车齿轮被锁定，车辆不能移动。

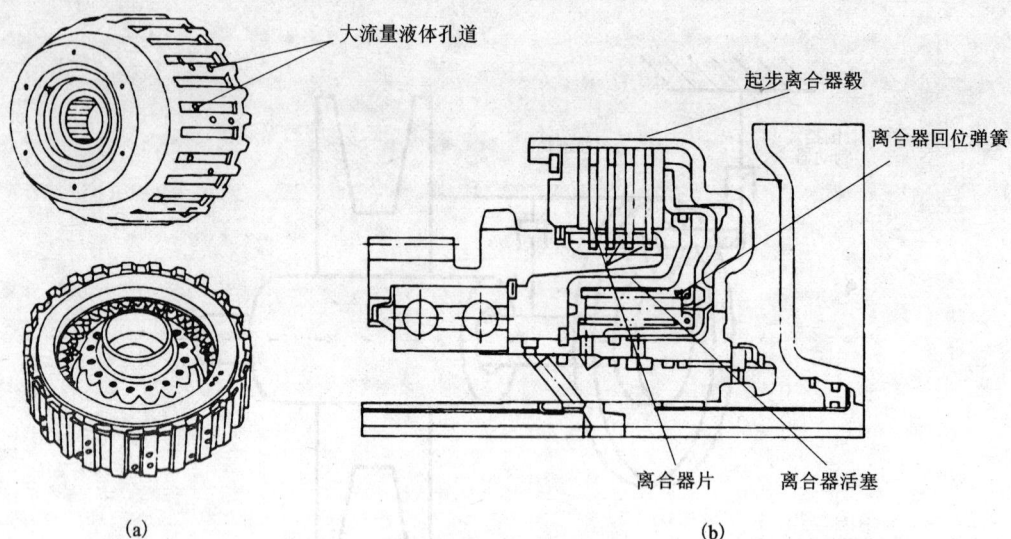

图 1-82　起步离合器
(a)结构；(b)离合器毂

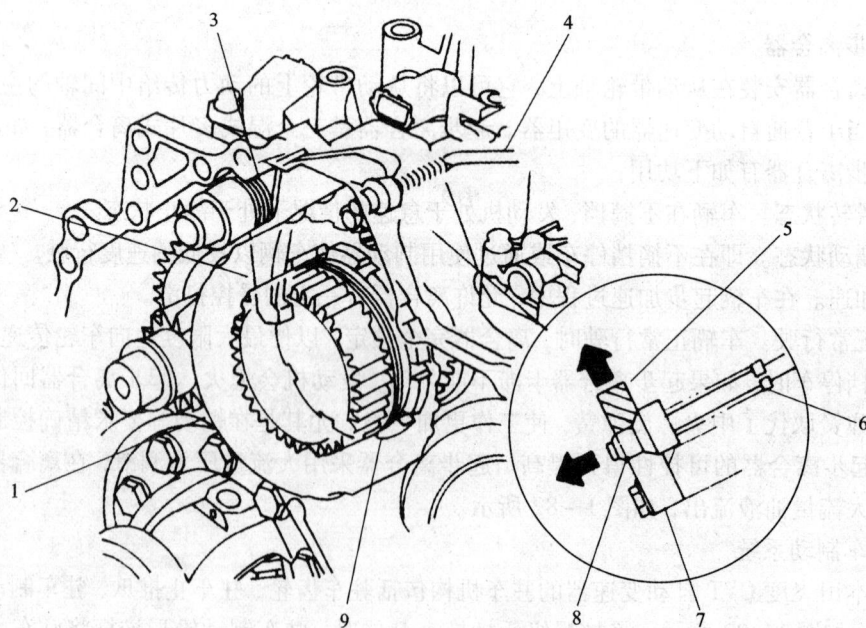

图 1-83　驻车制动机构
1—起步离合器；2—驻车锁止爪；3—驻车锁止爪弹簧；4—驻车杆；5—驻车锁止爪
6—驻车杆弹簧；7—驻车杆支架；8—驻车制动锥形推杆；9—驻车齿轮

2）D、S、L 位

当操纵手柄位于 D、S、L 位时，即前进挡动力传递路线。前进挡离合器工作，动力传递路线如图 1-84 所示。

前进挡离合器接合时，动力由输入轴→太阳轮→前进离合器→内齿圈同向输出→主动带

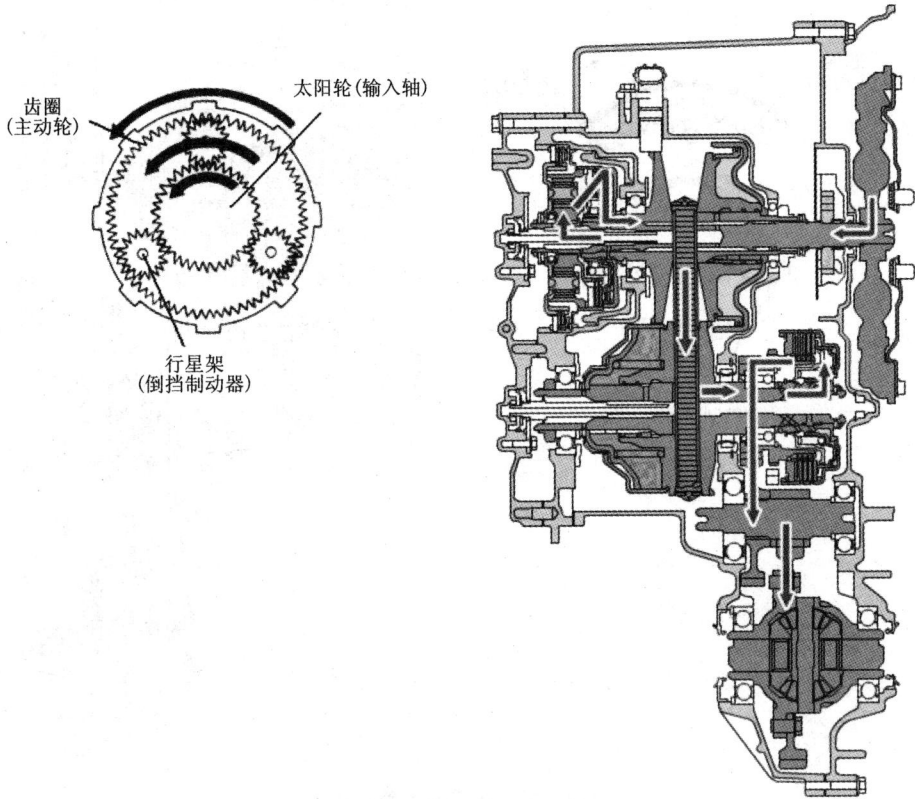

图 1-84 D 位传动路线示意图

轮→钢带→从动带轮。同时，起步离合器接合，动力由从动带轮轴→起步离合器→中间主动齿轮→中间从动齿轮→主减速器→输出。

3）R 位动力传递路线

倒挡时，倒挡制动器工作，动力由输入轴→太阳轮→倒挡制动器固定行星架，内齿圈反向减速输出→主动带轮→钢带→从动带轮。同时，起步离合器接合，动力由从动带轮轴→起步离合器→中间主动齿轮→中间从动齿轮→主减速器→输出。传动路线如图 1-85 所示。

5.CVT 无级自动变速器电控系统的检修

1）故障码诊断

如果动力系统控制模块（PCM）检测到输入信号或输出控制部件有故障时，会记忆相应的故障码，同时控制仪表上的挡位指示灯 D 会闪烁，如图 1-86 所示。如果仪表板上的"D"或故障指示灯（MIL）启亮，可用本田专用故障诊断工具 PGM 对电控系统进行诊断。广州本田飞度轿车诊断插座位于仪表板转向盘的下方，如图 1-86 所示。CVT 自动变速器故障码表见 1-8表 。

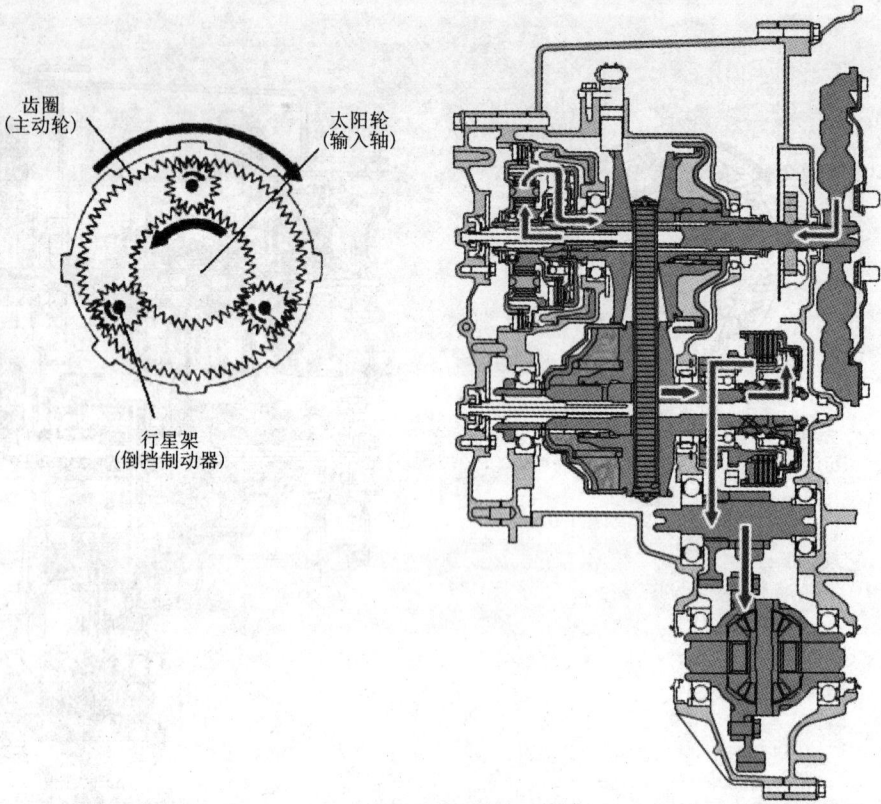

图 1 - 85   倒挡传动路线简图

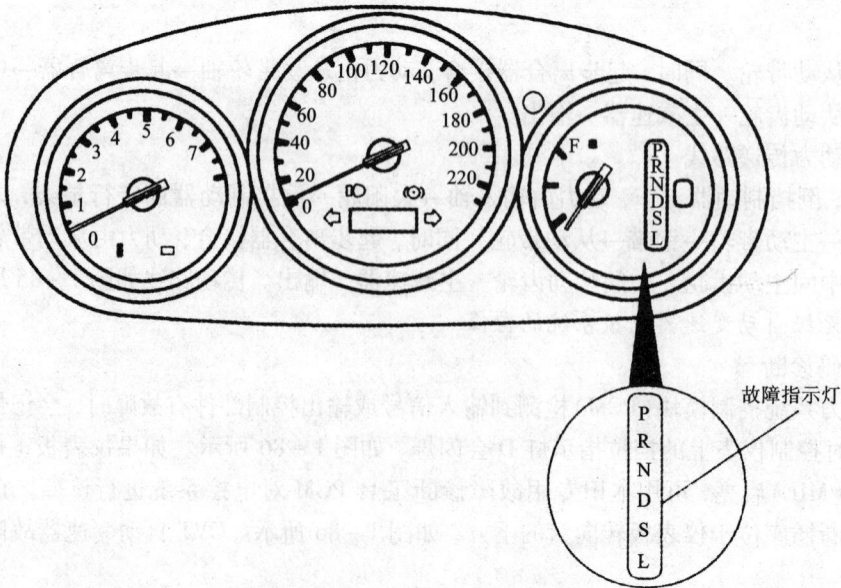

图 1 - 86   自动变速器故障指示灯

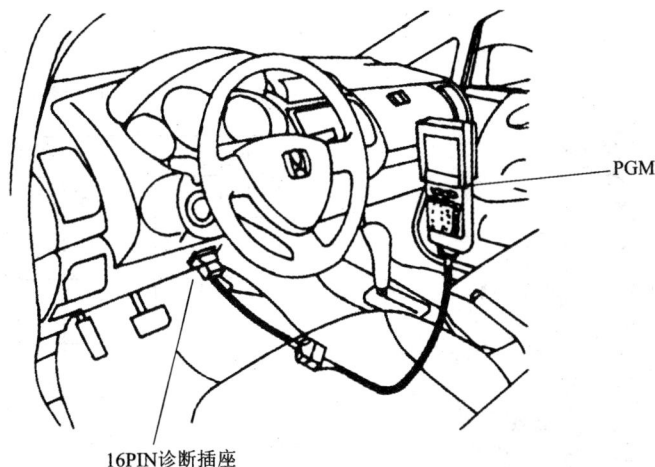

PGM

16PIN诊断插座

图1-87 连接故障诊断议PGM

表1-8 本田CVT自动变速器故障表

故障码	变速器故障灯"D"	故障指示灯(MIL)	故障说明
P1705	闪烁	ON	变速器挡位开关(对地短路)
P1706	OFF	ON	变速器挡位开关(断路)
P1879	闪烁	ON	起步离合器压力控制阀
P1882	闪烁	OFF	限止电磁阀
P1885	闪烁	OFF	主动带轮转速传感器
P1886	闪烁	OFF	从动带轮转速传感器
P1887	闪烁	ON	VABS电路(带ABS车辆)
P1888	闪烁	ON	CVT转速传感器
P1890	闪烁	ON	换挡控制系统
P1891	闪烁	ON	起步离合器控制系统
P1894	闪烁	ON	主动带轮控制电磁阀电路
P1895	闪烁	OFF	从动带轮控制电磁阀电路

2)电控系统相关元件的检测

(1)挡位开关(PN开关)的检查与更换。挡位开关由操纵手柄通过拉索控制。对挡位开关的检查主要是测量其各端子在操纵手柄处于不同的位置时是否导通,挡位开关的电气插头端子视图如图1-88所示,当操纵手柄处于不同挡位时,各端子的导通状态见表1-9。

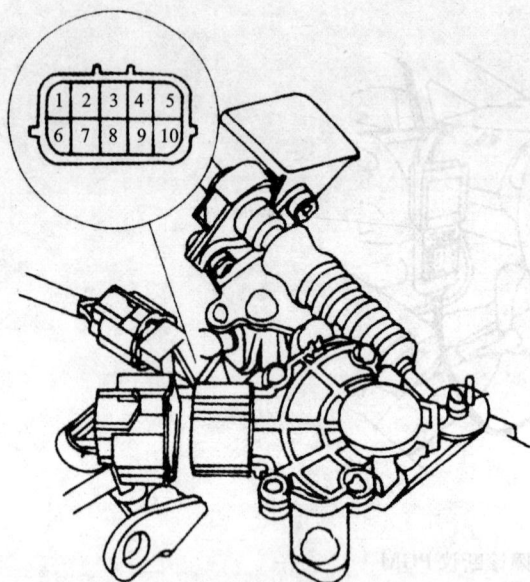

图1-88　挡位开关的电气插头端子视图

表1-9　挡位开关的导通性

挡位	端子									
	1	2	3	4	5	6	7	8	9	10
P				○—|—|—○					○
R							○—	—○		○
N		○—	—	—○						○
D								○—	—○	○
S		○								○
L									○—	—○

拆装挡位开关时，须首先将操纵手柄置于 N 位。安装 P/N 开关时，用一个 2mm 厚的塞尺将切口 A 和 B 对准，如图 1-89 所示。再安装并紧固 PN 开关，连接电气插头。安装后再试车，确认仪表显示和操纵手柄位置正确，操纵手柄在 P 和 N 位时能够起动发动机，操纵手柄位于 R 位时能接通倒车灯。

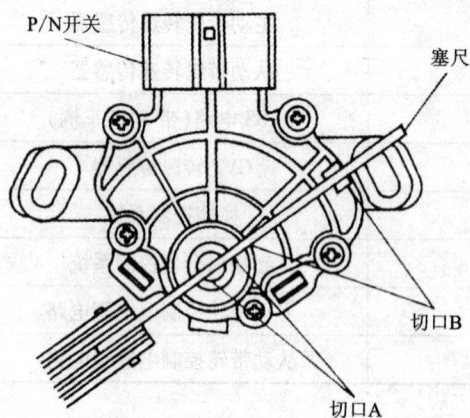

图1-89　挡位开关的安装

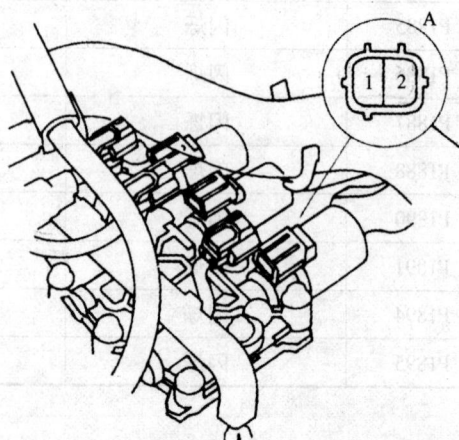

图1-90　起步离合器压力控制阀的测试

（2）起步离合器压力控制阀的测试。断开起步离合器压力控制阀电气插头，用万用表欧姆挡测量电磁阀的阻值，规定值为 3.8～6.8 Ω。也可以将蓄电池正极接电磁阀端子 1，将端子 2 短暂接地，应能听到"咔哒"声。端子图如图 1-90 所示。

（3）主动带轮压力控制阀的测试。断开主动带轮压力控制阀电气插头，用万用表欧姆挡测量电磁阀的阻值，规定值为 $3.8 \sim 6.8\ \Omega$。也可以将蓄电池正极接电磁阀端子 1，将端子 2 短暂接地，应能听到"咔哒"声。

（4）从动带轮压力控制阀的测试。断开从动带轮压力控制阀电气插头，用万用表欧姆挡测量电磁阀的阻值，规定值为 $3.8 \sim 6.8\ \Omega$。也可以将蓄电池正极接电磁阀端子 1，将端子 2 短暂接地，应能听到"咔哒"声，如图 1 - 91 所示。

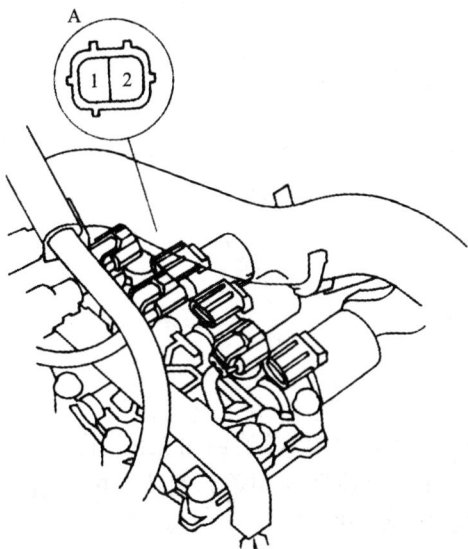

图 1 - 92 从动带轮压力控制阀的检测

图 1 - 91 主动带轮压力控制阀的检测

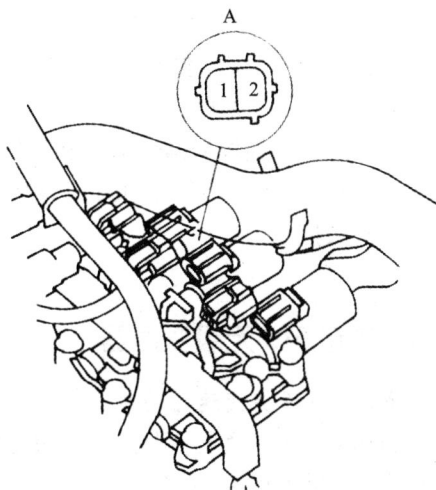

（5）限止电磁阀的测试。断开限止装置电磁阀电气插头，用万用表欧姆挡测量电磁阀的阻值，规定值为 $11.7 \sim 21.0\ \Omega$。也可以将蓄电池正极接电磁阀端子 2，将端子 1 短暂接地，应能听到"咔哒"声，如图 1 - 92 所示。如果不符合上述要求，应更换限止电磁阀。

其他的例如转速传感器等元件跟电控发动机中的转速传感器的检测方式一样，这里就不过多说明。

6. CVT 无级自动变速器的常见故障诊断

由于无级自动变速器构造较齿轮式有级自动变速器的构造简单，其控制部分也较其他类别自动变速器的电控系统简单，因此其故障类别也少得多，判断故障也比齿轮式有级自动变速器要容易得多。现将本田飞度轿车无级自动变速器的主要故障及其原因分述如下：

1）主油压不足

主油压不足的主要原因有自动变速器油液不足、油泵磨损过甚、泵油量不足、主调压阀失控、电脑控制系统不良、执行元件（离合器、制动器）活塞缸泄油等。

2）无前进挡和倒挡

造成汽车不能行走的主要原因有起步离合器压力控制电磁阀失控、换挡限止阀卡死、起步离合器油压过低、起步离合器摩擦片打滑及起步离合器电控系统不良。

3）汽车只能低速行驶，不升挡

电脑起动保护功能，使主动带轮调压电磁阀断电，造成 DRC 油压升高至超限，致使换挡限止在 DRC 油压作用下左移，使离合器减压阀油压送主动带轮压力控制阀的左侧，向右推动带轮压力控制阀，以减小主动带轮的压力，与此同时，电脑控制从动带轮油压，使其直径增大，以确保汽车只能低速行驶，由此可见，电控系统有故障或主动带轮控制电磁阀断电，搭铁不良等，均会起动保护功能。

4）只有前进挡无倒挡

倒挡制动器磨损打滑，倒挡限止阀卡滞，倒挡限止装置电磁阀控制系统或电磁阀不良。

5）有倒挡无前进挡

前进挡离合器损坏、漏油，前进挡离合器控制系统或油路系统不良。

6）停车时，D 位无爬行

在 D 位时，电脑根据挡位信号和节气门位置信号控制主动带轮和从动带轮控制电磁阀，使主从动带轮直径调整到只能爬行的程度，若电控系统不良，则爬行失控。起步离合器压力控制电磁阀失控。

1.4.2　奥迪 01J 无级变速器

1. 奥迪 01J 无级变速器的构造

奥迪 01J 无级变速器主要由飞轮减振装置、倒挡离合器、辅助减速齿轮、主链轮装置、副链轮装置、行星齿轮系、前进挡离合器、液压控制单元和变速器控制单元组成。电子液压控制单元和变速箱控制单元集成为一体，位于变速箱壳体内，其结构如图 1－93 所示。

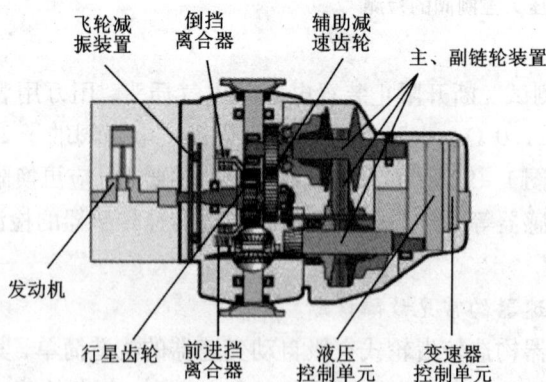

图 1－93　奥迪 01J 无级变速器结构

无级变速器主要的传动部分为钢带式无级变速器。在钢带无级变速器上，使用钢带传递两个钢质带轮的动力。两个带轮的结构相同，通过钢带轮的带槽宽度变化，改变钢带和钢带轮的接触位置，从而改变了钢带轮的有效直径。就这一点来说，它和 V 型带式无级变速器是一样的，关键部分则是它的传动钢带。

钢带的结构如图 1－94 所示，它由两组钢质环形带和无数个构件构成。每组钢质环形带由几层构成，构件则有几百个（依据其中心距的大小而不等）。钢带传递动力时，两个侧面起传动作用（像三角带传动）。由于钢带是一种选配件，所以钢制构件/连接件的实际数量可能会有所变化。钢带构件因主动带轮和从动带轮的运动载荷而被压缩在一起。必须注意的是通过构件压缩，这种钢带结构将产生相互挤压作用，而不像其他车用传动带那样产生拉伸作用；这些相同特性的共同效果是，使得构件的宽度增大，增加了钢带对带轮两侧面的摩擦力，从而减少了打滑。传动带磨损过度将引起打滑，并最终导致发动机高转速时的加速性丧失或不良。

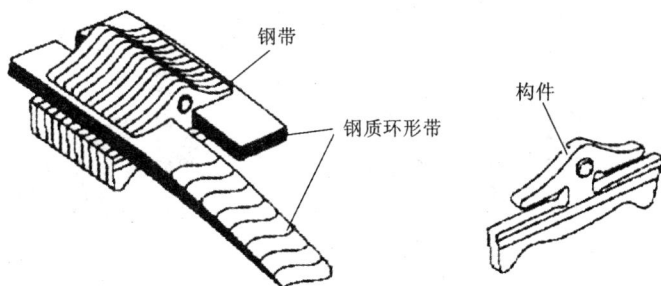

图 1 - 94 钢带结构图

2. 无级变速器的工作原理

发动机的动力经过飞轮减振装置→变速器的输入轴→行星齿轮→辅助减速齿轮→主动链轮(带轮)→从动链轮(带轮)→前进挡离合器→主减速器→输出轴。其中关键的部分是主、从动带轮的结构，主、从动带轮都是由两个盘组成，分为可动盘和静止盘。可动盘与静止盘都是锥面结构，两个盘对装起来就形成一个 V 型带轮结构。可动盘可以沿着它的固定旋转轴线轴向移动，从而改变两个带轮盘之间的轮槽宽度。由于钢带宽度不变，所以只能带轮与传动带啮合的工作位置发生变化，也就改变了带轮的工作半径。带轮结构如图 1 - 95 所示。

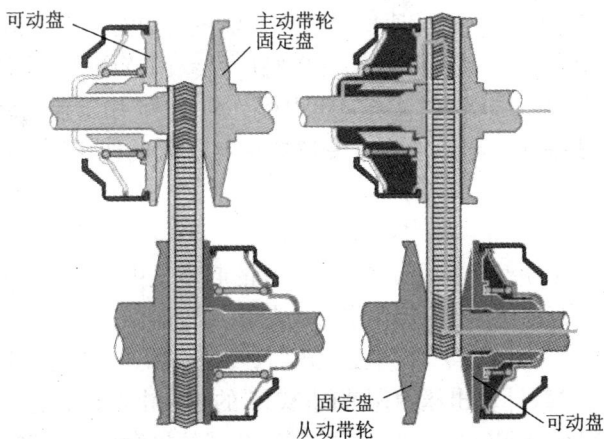

图 1 - 95 无级变速器工作原理示意图

带轮直径的变化是靠改变可动盘上的液压缸中油压的大小来实现的。变速器控制单元根据驾驶员的操纵意图(挡位、车速、节气门开度等各个传感器的信号)来对变速器液压控制单元发出指令,使之改变主、从动轮可动盘的液压油缸中油压的大小,从而实现传动比的连续变化,如图1-96所示。

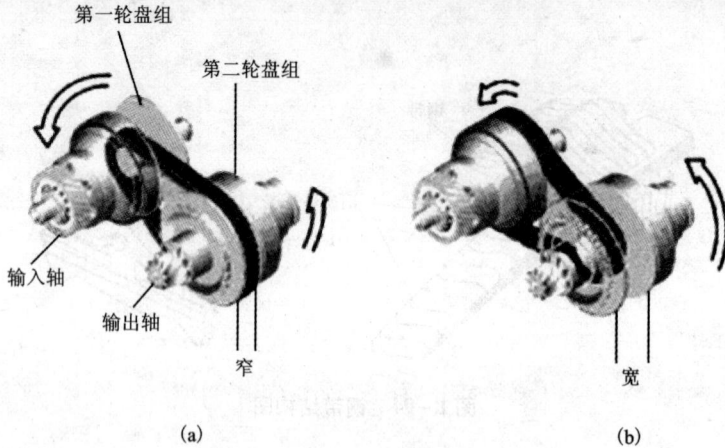

图1-96　无级变速器带轮传动图

(a)降速传动比;(b)升速传动比

3.奥迪01J变速器的控制电路

与其他电控系统一样,奥迪无级变速器的控制电路也是由传感器、执行器及控制单元三大部分组成。电路图如图1-97所示。

奥迪01J变速器的电子控制部分主要由开关、电磁阀、传感器、继电器以及Multitronic控制单元等组成。电路中,传感器G182用于检测带轮1处变速箱的实际输入转速,控制单元根据实际值与设定值之间的比较,计算压力调节阀N216的控制电流,从而控制减压阀的位置。传感器G182和G195及发动机转速信号主要实现对换挡的监控。施压阀VSPV用于控制系统的压力,在特定功能下,始终提供足够的接触压力或调节压力;电磁阀N88用来控制离合器冷却阀(KKV)和安全阀(SLV)的工作;压力调节阀N215用于控制离合器控制阀(KSV);压力调节阀N216用于控制减压阀。另外,变速器控制单元的作用则是根据各个传感器的信号实现以下控制。

1)离合器控制

无级变速器不再有液力变矩器或者离合器,它的起步是由变速器控制单元控制的离合器来实现的,所以离合器在该无级变速器中也称为起步离合器。

变速箱控制单元根据发动机转速、变速箱输入转速、加速踏板位置、发动机扭矩、制动力、变速箱油温等这些参数计算出压力调节阀N215的控制电流值,通过调整N215的工作状态从而控制离合器控制阀(KSV)的位置,可控制离合器的接合压力。离合器控制阀(KSV)控制离合器压力,也就调整了离合器所能够传递的扭矩。在起步时,压力调节阀N215控制离合器控制阀给离合器一个较小的压力,此时离合器处于一个半打滑的状态;控制单元根据输入转速传感器G182和输出转速传感器G195来判断变速器的起步情况。当起步完成后,控制单元便逐渐增大离合器的控制油压。本次起步完成后,控制单元将记录该油压用于下次起

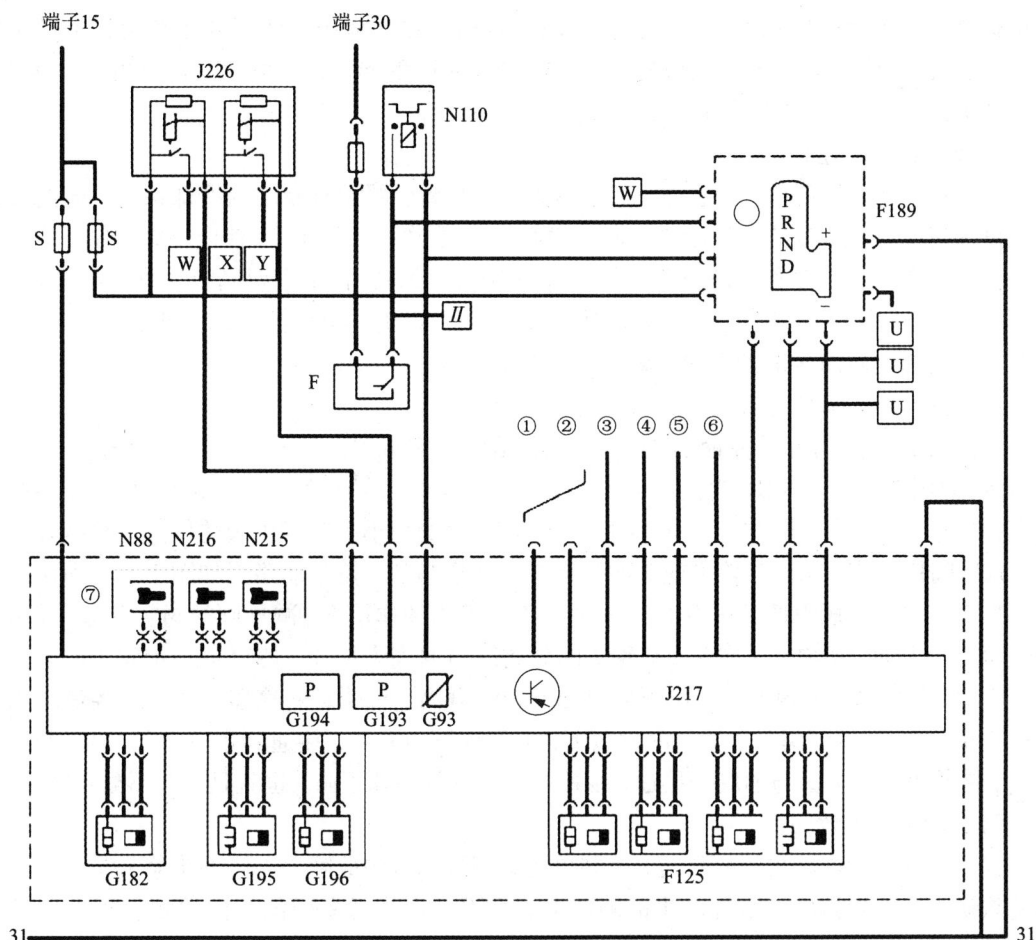

图 1 - 97　奥迪 01J 无级变速器电路图

F—制动灯开关；F125—多功能开关；F189—Tiptronic 开关；G93—变速箱油温传感器；G182—变速箱输入转速传感器；

G193—自动变速箱液压传感器 1(离合器压力)；G194—自动变速箱液压传感器 2(接触压力)；

G195—变速箱输出转速传感器；G196—变速箱输出转速传感器 2；88—电磁阀 1(离合器冷却/安全切断阀)；

N110—换挡杆锁止电磁阀；N215—自动变速箱控制阀 1(离合器控制)；N216—自动变速箱控制阀 2(变速器控制)；

J217—Tiptronic 控制单元；J226 —启动锁止和倒车灯继电器；S—保险丝；U—至 Tiptronic 方向盘(选装)；

V—来自接线柱 58；W—倒车灯；X—来自点火开关接线柱 50；Y—至启动机接线柱 50；Z—至倒车灯；

①—传动系 CAN 总成(低)；②—传动系 CAN 总成(高)；③—换挡指示信号；

④—车速信号　⑤—发动机转速信号　⑥—诊断插头；⑦—位于液压控制单元

步。所以，无级变速器在装配完成后，需要对控制单元进行自适应学习过程，以使控制单元记忆离合器在起步时所需要的油压值，便于下次起步。

离合器压力又油通过安全阀(SIV)传到手动换挡阀(HS)上。手动换挡阀再将油压传到前进挡离合器或倒挡离合器上。如果换挡位置位于 N 和 P 位时，手动换挡阀切断供油，前进挡离合器和倒挡离合器的油路都与油底壳相通，变速器也就自然没有动力传递。

2)离合器安全切断控制

在变速器工作时，液压传感器 G193 实时监测离合器实际压力。将离合器中的实际压力与变速器控制单元计算的额定压力进行比较。若离合器实际压力明显高于离合器的额定压力，则不论手动换挡阀处于任何位置，变速器控制单元都会给电磁阀 N88 发出指令，使安全阀(SIV)工作，确保离合器快速分离，以保护控制系统。

3）离合器冷却控制

在变速器工作过程中，为了防止离合器过热，对离合器设有专门的冷却系统。若离合器的温度超过 95℃时，变速器控制单元向电磁阀 N88 提供一额定电流，使电磁阀控制压力控制离合器冷却阀(KKV)工作。离合器冷却阀将压力油从冷却油回油管引到吸气喷射泵，吸气喷射泵工作，将油液喷到离合器上，从而对离合器进行冷却。等离合器温度回复到规定值时，控制单元切断电磁阀 N88 的电源，离合器冷却系统停止冷却。

4）奥迪 01J 无级变速器换挡控制机构

变速器的工作执行元件最后都是由液压元件来完成的。变速器工作时，输导控制阀(VSTV)向压力调节阀 N216 提供一个约 5 bar($1\ bar = 1 \times 10^5\ Pa$)常压。电磁阀 N216 根据变速箱控制单元计算的控制电流产生控制压力，该压力的大小决定减压阀的位置。根据控制压力，减压阀将调节传递到带轮 1 或 2 的分离缸上的压力油，控制油路图如图 1 - 98 所示。当控制压力在当控制压力低于压力 1.8 bar 时，在弹簧力的作用下，减压阀的阀芯左移，压力油接通至带轮 1 的分离缸上；同时，链轮 2 的分离缸与油底壳接通，使得主动带轮 1 的直径变大，从动带轮 2 的直径减小，变速器输出轴的转速升高，也就是变速器升挡。当控制压力大于 2.2 bar 时，减压阀阀芯在油压的作用下，克服弹簧力右移，接通到带轮 2 的分离油缸上；同时，链轮 1 的分离缸与油底壳接通，变速器输出轴的转速下降，也就是变速器处于降挡。

5）自诊断及失效保护

当变速器控制电路出现故障时，控制单元会记录相应的故障码以协助维修人员快速查找故障根源。当变速器电控系统产生故障码时，可用大众公司专用的故障诊断仪 V. A. S5051 通过诊断座读取控制单元的故障信息。当电控控制系统发生影响变速器工作的严重故障时，变速器控制单元会启动失效保护控制(跛行回家)，此时变速器会锁定在一个固定的传动比上，直至故障被排除。

4. 奥迪 01J 无级变速器的阀体

变速器的阀体主要由手动换挡阀、9 个液压阀和 3 个电磁阀组成。其作用是：控制前进挡和倒挡离合器、调节离合器压力、冷却离合器、为接触压力控制提供压力油、控制传动、为飞溅润滑油罩盖供油。为了保护液压控制部件不损坏，液压控制部分中的限压阀(DVB1)将最高压力限制在 82 bar，超过此压力，限压阀将控制油路与油底壳接通。

在最近的十几年中，无级变速器技术已经向前迈进了一大步，使得无级变速器比有着超过 100 多年历史的机械变速器(MT)和有着超过 50 多年历史的自动变速器(AT)更有竞争力。无级变技术正处在寿命周期的开始，无级变速器的特性将进一步提高，现在世界正在进行无级变速器产品的研究和计划，无级变速器的装车数量也在不断增加，在 2005 年已经接近 300 万辆。CVT 与 MT、AT 相比性能更佳，能与发动机形成理想的匹配。

钢带无级自动变速器优点很多，例如变速无冲击，不用变换啮合齿轮，外形尺寸小等，其缺点是钢带传动容易打滑，一般只能用于小功率的四轮汽车，大功率汽车还不能使用。链轮传动的无级变速原理与此类似，但是链轮式无级变速器可以保证没有打滑现象，也正因为

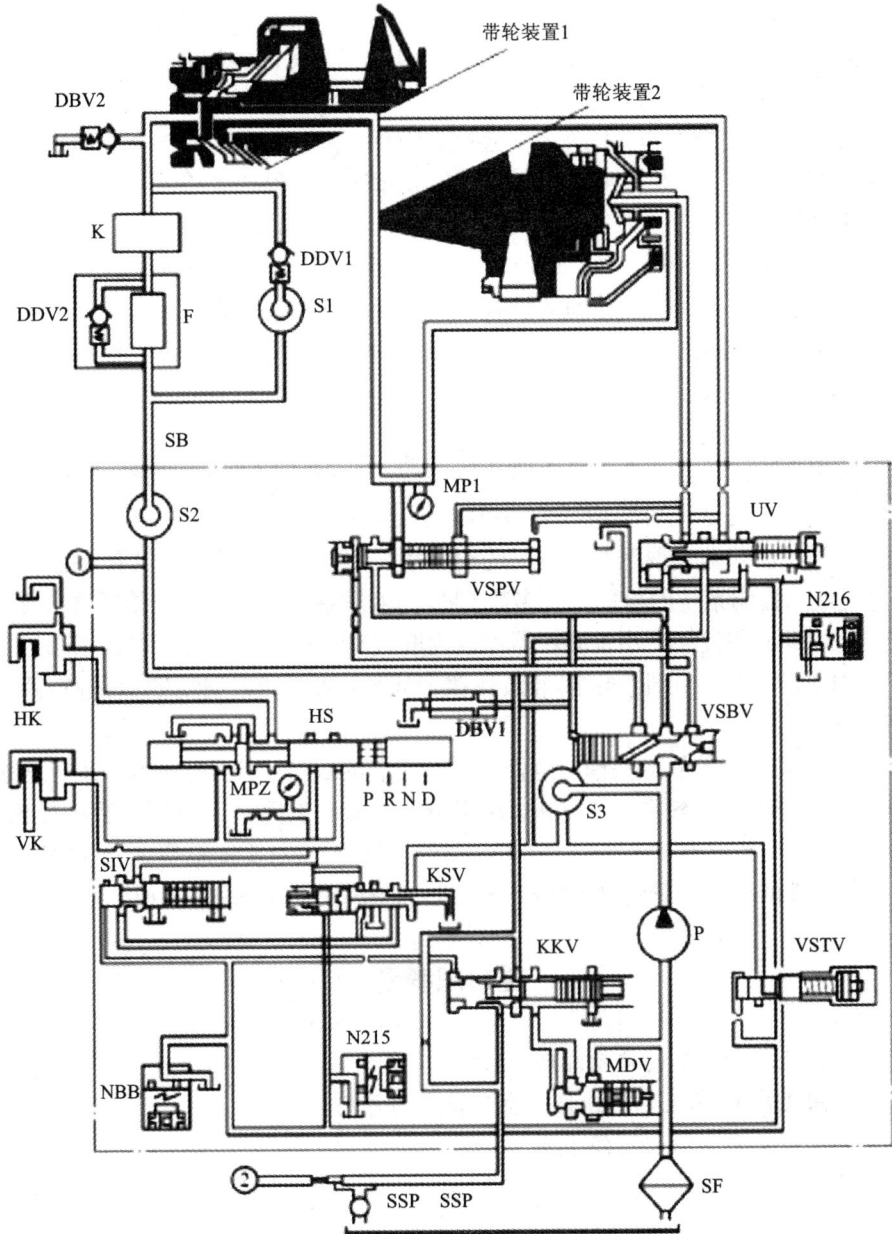

图 1-98 奥迪 01J 无级变速器控制油路图

DBVl—限压阀 1；DBV2—限压阀 2；DDVl—差压阀 1；DDV2—差压阀 2；F—ATF 滤清器；HS—手动换挡阀；K—ATF 冷却器；KKV—离合器冷却阀；KSV—离合器控制阀；MDV—最小压力阀；MP1—接触压力测试点（由 G194 监测）；MP2—离合器压力测试点（由 G193 监测）；N88—电磁阀 1（离合器冷却/安全切断阀）；N215—自动变速箱控制阀 1；N216—自动变速箱控制阀 2；P—油泵；PRND—换挡杆位置；RK—倒挡离合器；S1—ATF 过滤器 1；S2—ATF 过滤器 2；S3—过滤器 3；SB—链轮润滑/冷却液喷孔；SF—ATF 进油过滤器；SIV—安全阀；S—吸气喷射泵（吸气泵）；UV—件压阀；VK—前进挡离合器；VSBV—体积改变率限制阀；VSPV—施压阀；VSTV—输导压力阀；①飞溅润滑油罩盖；②到离合器

这个原因，链条式无级变速器在起步时需要采用一个附加的特别结构。

1.4.3　无级变速器故障的检修

无级变速器与液力自动变速器的故障维修在电控方面有诸多的共同特征；但与机械液压系统的故障检修是截然不同的。

无论是使用液力变矩器作为汽车动力连接装置的 CVT，还是使用多片式离合器作为起动装置的 CVT，其电控系统、机械液压控制系统的故障诊断流程基本有以下几个环节：

（1）问诊。技术人员通过对车主的询问来了解故障信息的来源，故障发生前的故障征兆，故障发生过程、时间及各种因素等，以便对下一步检测维修提供更有效的依据。

（2）基本检查。主要是一些外围的检查，包括发动机转速的检查、变速器油面高度的检查、油质的检查、外围连接部件的检查以及利用专用检测仪器的诊断，特别是奥迪 01J 型 CVT，其电控单元与传感器集成在一起，因此对其传感器的检查不能再利用传统检测工具，只能利用专用检测仪器进行检测。

（3）维修前的路试。路试是进一步确认故障信息的最佳、最有效途径，同时还可以验证初步判断的故障信息是否与客户所描述的故障信息完全吻合。通过路试可以初步确认故障部位，并通过专用检测仪器读取汽车行驶时的动态数据，为下一步维修提供有效的帮助。

（4）电子液压控制系统的检修。大多数 CVT 的液压系统是通过油压传感器来反映变速器内部油压的，因此必须使用专用检测仪器通过读取汽车运行状态下的动态数据来进一步确认故障信息。对于液压控制元件（阀体）和液压执行元件（离合器或制动器）可进行液压测试和解体检查。

CVT 电子控制系统的故障检修与电控自动变速器的故障检修几乎一样，均可通过专用检测仪器作故障码分析、动态数据流分析、波形分析、电脑电路以及对网络数据通信的分析。同时可对电子元件（传感器、开关、电磁阀）进行元件测试、对比试验等来进行故障排除。

（5）机械元件的检修。只能做解体检查或进行故障部位的修理和更换。

复习思考题

1. 简述电控无级变速器的传动原理。
2. 简述本田飞度 CVT 无级变速器起步离合器的作用。
3. 简述无级变速器故障的检修方法。

任务三　电控液力自动变速器的控制系统

1.5　电控液力自动变速器的控制系统检修

1.5.1　概述

由前面任务的学习，我们已经知道只要控制相应的离合器或制动器的接合与断开，行星齿轮机构就可以实现变速比的变化，也就可以实现变速器最基本的换挡要求。图 1 – 99 所示是自动变速器的动力及控制流程示意图。

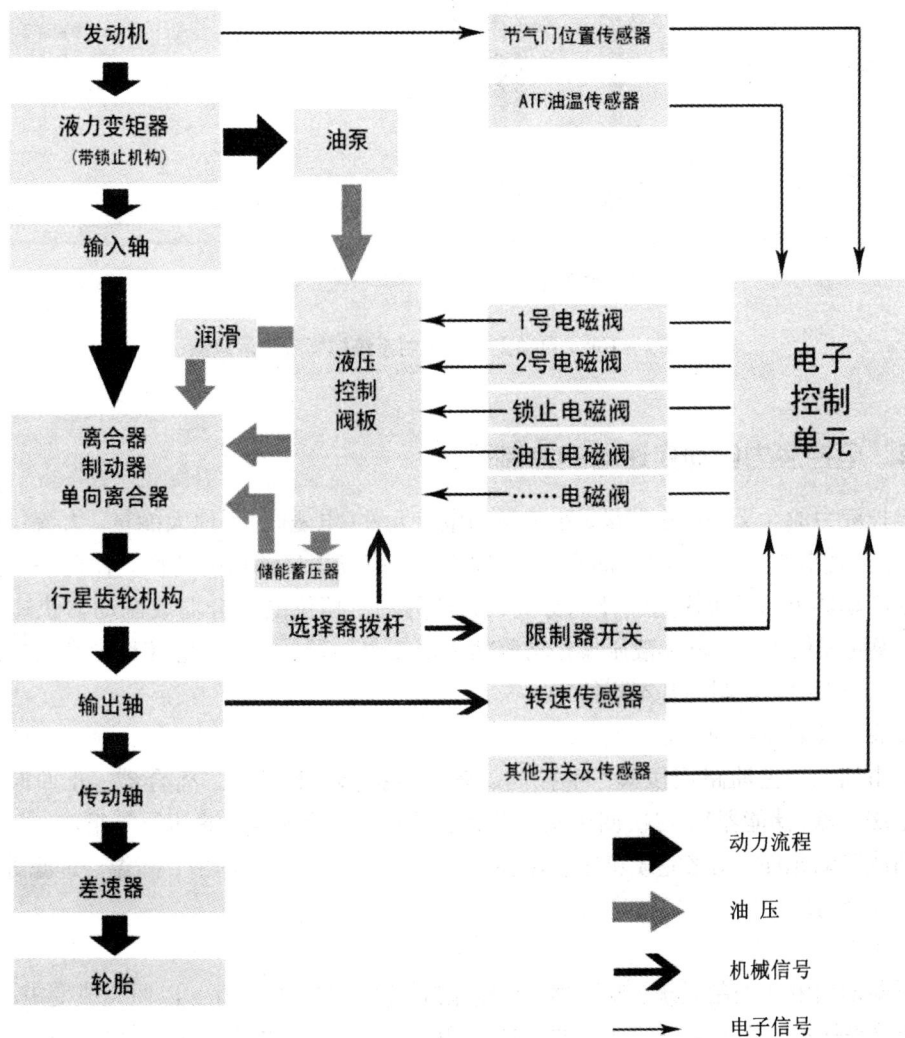

图 1 – 99 自动变速器的动力及控制流程图

由图 1 – 99 可以看到，电控自动变速器的控制主线为：传感器（信号传输）→ECU（控制）→电磁阀开闭（影响）→液压滑阀位置（改变）→压力油走向（实现）→离合器/制动器动作→行星齿轮系改变传动比。

此控制链可以人为地分为串联的三个阶段：第一阶段为手动阀及换挡阀对执行器的控制；第二阶段为电磁阀对换挡阀的控制；第三阶段为电子控制单元对电磁阀的控制。

自动变速器控制系统控制流程如图 1 – 100 所示。

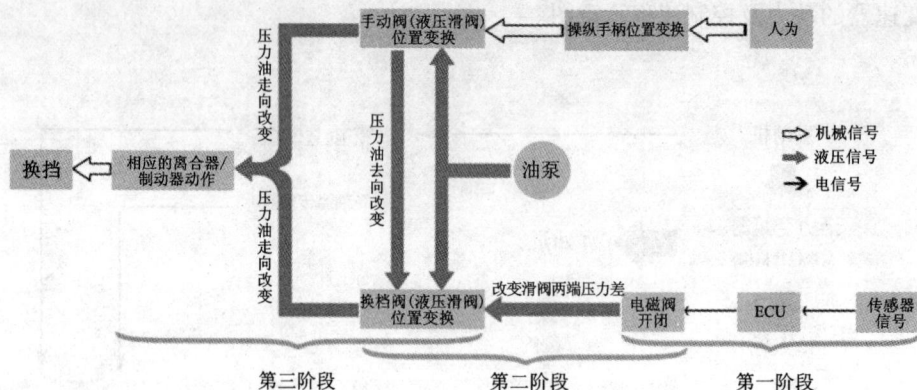

图 1-100　自动变速器控制系统控制流程示意图

1.5.2　电控液力自动变速器的控制系统

电控液力的含义是用小能量、小流量的电控元件(电磁阀)促使大能量、大流量的液控元件(液压换挡滑阀及制动器 B、离合器 C)起作用,完成挡位油路的转换。使前一个挡位的离合器或制动器中的油压快速泄掉而分离;又使另一个挡位的离合器或制动器快速充油而接合,转换时间仅为 1~2 s。液压换挡滑阀实为液压继动器,它分为电控部分和液控部分两个系统,这是自动化控制的基本规律。

1.液压控制系统的原理

它由油泵、主油路调压阀、手控阀、液压换挡阀、制动器、离合器、止回阀、节流阀(孔)、缓冲器(储能器)、二次调压阀、变矩器锁止阀、冷油器、滤油器等组成,多为精密配合滑动或转动元件,用来完成建压、调压、传力、换挡、缓冲、润滑、降温、过滤等任务,如图 1-101 所示。

1)油泵

不断地向液压控制系统、变矩器、齿轮系统、冷油器提供油压,以便完成变矩、控制、润滑、降温等任务。它是油压的动力源,多为同轴驱动的齿轮式内转子泵或叶片式泵,由变矩器的泵轮外壳凸沿驱动。在转速为 1000 r/min 时,其排量可达 15~20 L/min;常用压力为 500~1000 kPa;最大使用压力可达 1500~2000 kPa,以满足液压控制系统的需要。

(1)构造。它由泵壳、隔墙、内外齿轮、端盖组成。其工作原理:偏心的内齿轮被泵轮外壳的凸沿驱动,带动外齿圈转动,油泵进油口的油液分两路被泵走,产生吸油力;而出油口因两路油液的堆积,产生压力不断输出,如图 1-102 所示。

(2)油泵的检验标准:

①齿轮平面与壳体间的间隙为 0.02~0.05 mm。

②从动齿轮外沿与壳体的间隙为 0.10~0.15 mm。

③主动齿轮与月牙墙之间的间隙为 0.10~0.30 mm。

④被动齿轮与月牙墙之间的间隙为 0.05~0.10 mm。

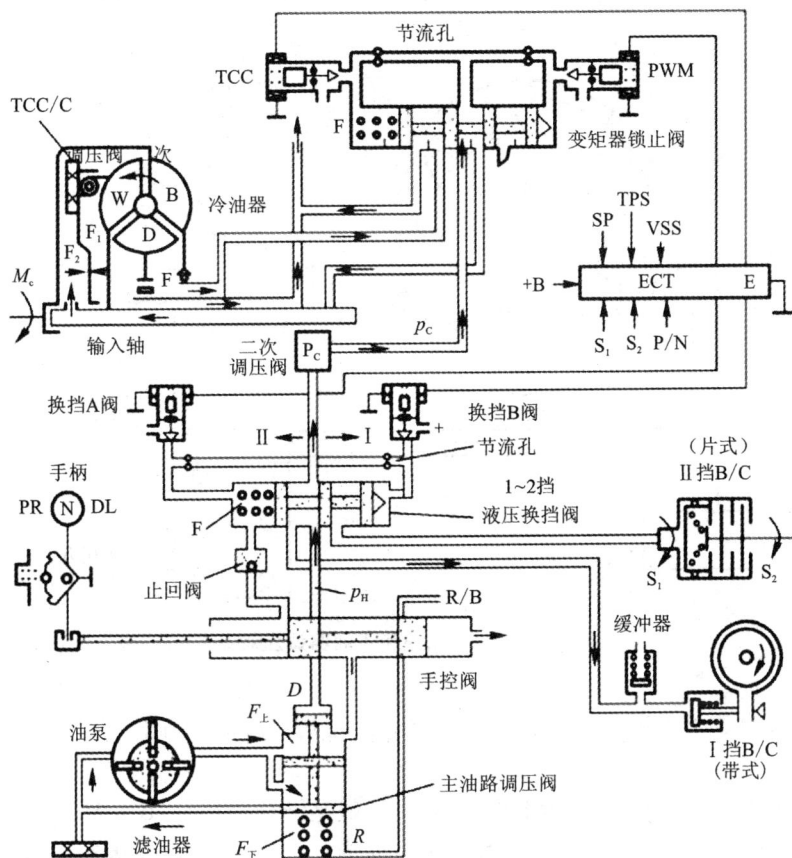

图 1-101　电控液动换挡系统组成原理图

⑤油泵是用泵轮的外壳凸沿驱动,泵轮的转动摆差不能大于0.3 mm,否则油泵的月牙墙等处即损坏,油泵将报废。

(3)说明几个问题:

①发动机不运转时,油泵不工作,无传力、控制、润滑等功能。发动机起动,只能依靠起动机,不能利用推车反拖起动。

②汽车因故被长距离拖动时,因无润滑功能,拖车距离应小于80 km;牵引速度应小于30 km/h。如系后轮驱动的可将传动轴脱开牵引;如系前轮驱动的可将前轮悬空牵引。否则,自动变速器的齿轮系统会缺油烧毁。

③油泵是易损件,损坏原因多为换油不及时,油质变差,油中含磨料过多,泵件磨损,造成油压降低而失效。有时是装配方法有误,造成人为损坏。例如,变矩器和变速器应一体拆下或装上,分开装配易使油泵主动齿轮损坏。

2)主油路调压阀

利用弹簧和滑阀配合,使主油路油压(p_h)稳定,并控制在一定范围内。怠速时应大于500 kPa;高速时应达1200~1400 kPa;倒车时因地形难料,油压应达1600~1800 kPa。其结构有简有繁,多为阶梯形滑阀,可接收多路油压的变化,满足工况的需求,其调压原理如下:

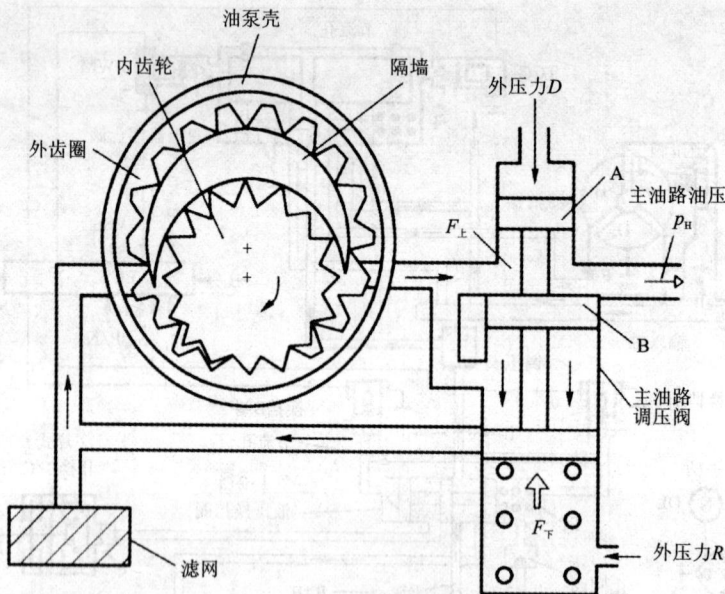

图 1 – 102　油泵和主油路调压阀

（1）由于 B 环面 > A 环面，产生 $F_上$；当 $F_上 > F_下$ 时，泄油、调压；$F_上 < F_下$ 时，不泄油、稳压。

（2）当加上外压力 D 时，主油路油压下降，一般是维持在 0.5 ~ 0.8 MPa。

（3）当加上外压力 R 时，主油路油压上升，维持在 0.8 MPa 以上（因车而异，倒车油压高是地形难料的需要）。

（4）不少车系的油泵系统，主油路油压恒定，调压阀结构简单。有专门的油压开关和油压调节电磁阀 PWM，随工况和油温的变化，ECT – ECU 以占空比方式调节离合器和制动器的控制油压，使离合器和制动器平顺接合，控制油压按折线关系升压变化，即"始而快、中而慢、后而快"的变化规律，减小换挡冲击，如图 1 – 103 所示。为此，可省掉缓冲器（储能器）（如三菱车系等自动变速器）。

（5）本田车系的主油路调压阀与其他车系不同，其阀体下方与变矩器导轮 D 的导管摆臂靠接，成为导管的反力支撑，导管可以微量转动，阀的调压弹簧 $F_下$ 接收导轮 D 射流力的反馈值，使阀的 $F_下$ 随发动机工况而变化。满足了小转矩、低油压，大转矩、高油压的需求，油压值可达 850 kPa，如图 1 – 104 所示。

①泄油控制。发动机怠速运转，油泵也运转，调压阀上的压力室油压升高，调压阀下移，压缩软弹簧，B 孔开大而泄油，主油道和控制油道中的液压极低，油泵为无负载状态。

②升压控制。当发动机转速升高时（加速或爬坡），变矩器内导轮 D 上的射流力加大，摆臂产生反作用力矩，压缩软硬弹簧使阀上移，关小 B 孔使油压升高。液压的调节是根据导轮 D 的转矩反馈值来实现的，最大可达 850 kPa 以上，满足了大转矩、高油压传力的需求，这是本田车系自动变速器的又一结构特点。

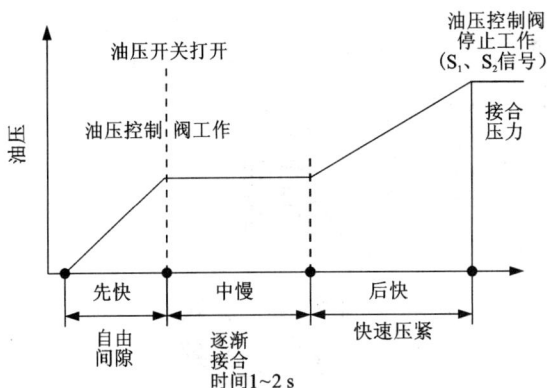

图1-103 控制油压的变化

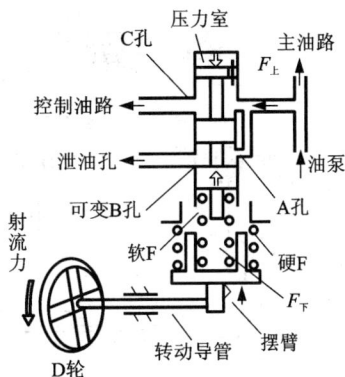

图1-104 转矩反馈调压阀(本田车系)

3)手控阀

扩大挡位的转换范围,实现驻车P、倒车R、空挡N、自动前进挡D(1、2、3、4)、手动换挡2或L的油路转换。不少车系的手控阀具有对L挡和R挡的直通特性,目的是提供失效保护功能。它分为两柱式和三柱式两种形式,以控制挡位油路的多少而定。它的另一项功能,是在其阀体的一端设有总排油孔,通过它排掉不使用管路中的压力油液。

P—停车挡,停车时或驾驶员离车时使用,在坡道上起步时也使用。在该挡位可以起动运转。R—倒车挡,车停稳后挂入倒车。N—空挡,可以起动运转,多在行车中熄火起动用。D—前进自动挡位,1~4挡自动转换,应在好路上使用。有的车有D3挡位,1~3挡自动转换,多在稍坏的道路使用。2—手动挡,固定于2挡。多在坏路上、长坡、下长坡时使用。目的是防止频繁跳挡,减少自动变速器中离合器和制动器的磨损。L—手动1挡,固定于1挡,在最坏的道路上使用,或长距离上、下坡时使用。目的也是防止频繁跳挡,减少离合器和制动器的磨损。下长坡时,可充分利用反拖发动机制动,减少行车制动系统的磨损。

4)液压换挡阀和换挡电磁阀

(1)它为多柱式滑阀,完成充油和排油的任务,能实现两个挡位的自动转换。换挡阀两端作用着由电脑ECT-ECU控制的换挡电磁阀A、B的控制油压。当两端油压升高或降低时,换挡阀发生位移,油路即改变,使不同的离合器、制动器起作用,从而改变行星齿轮的组合,实现换挡。换挡阀一端弹簧力F的作用是,保证无油压时,滑阀能单向位移,保持在低挡位置,如图1-105所示。

(2)3个液压换挡阀,能实现4个挡位的自动转换。即:1~2挡换挡阀;2~3挡换挡阀;3~4挡换挡阀。它控制着多路换挡油道,相互沟通、截止或锁止。

(3)3个液压换挡阀的两端,作用着两个换挡电磁阀A、B的控制油压,其A、B阀的通断组合方式因车而异。4个挡位用两个换挡电磁阀控制,有8种组合,如表1-10所示。

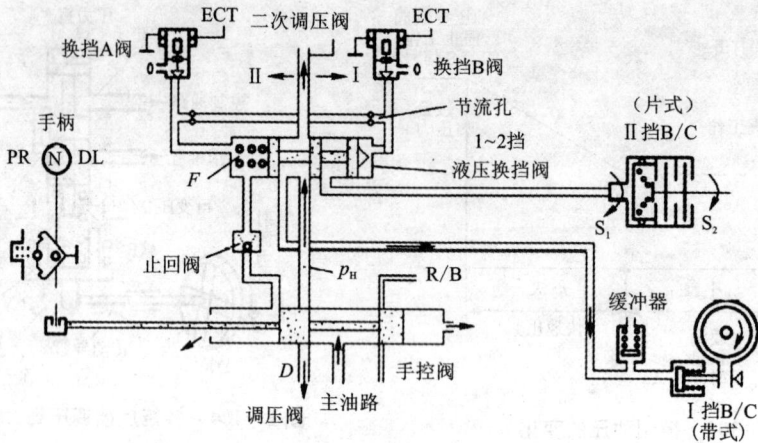

图 1-105　电控液动换挡原理

表 1-10　A、B 阀的通断组合方式

丰田车系			通用车系		
电磁阀　挡位	A 阀	B 阀	电磁阀　挡位	A 阀	B 阀
D_1	ON(通)	OFF(断)	D_1	ON	ON
D_2	ON	ON	D_2	OFF	ON
D_3	OFF	ON	D_3	OFF	OFF
D_4(OD)	OFF	OFF	D_4(OD)	ON	OFF

（4）以丰田车系为例，分析电磁阀和其控制电路损坏后的故障现象（其他车系类同）：A 阀一直 ON 时，无 3、4 挡；A 阀一直 OFF 时，无 1、2 挡。B 阀一直 ON 时，无 1、4 挡；B 阀一直 OFF 时，无 2、3 挡。

可见，1 个电磁阀损坏，不是失去起步加速性能，就是失去高速性能。如 A、B 阀都损坏，只有 OD 挡（或 D3）。为此，保留了 L 挡和 R 挡从手控阀的直通特点，一旦电磁阀失效，仍有 L 挡和 R 挡，此为失效保护功能。了解这个现象很重要，有利于诊断自动变速器的故障。

（5）换挡电磁阀可用 2 个、3 个、4 个、5 个。4 挡变速器，2 个阀的为 8 种组合；3 个阀的为 12 种组合；5 个阀的为 20 种组合。从而扩大了油路的控制范围和共控能力，防止了换挡冲击和频繁跳挡，改善了使用性能。它可采用换挡、调压为一组电磁阀，保证平顺地接合；保位、定压为另一组电磁阀，保证可靠地接合。

（6）电控液动系统的发展趋势——由于计算机技术的进步和软件系统智能控制功能的开发，加大了电控元件的数量和功能，减少了液动元件的数量，简化了液压阀体，热态漏泄和运动犯卡的故障大幅度减少，电元件的报警、自诊功能进一步强化，提高了诊断、维修的方便性。

奥迪 A6 自动/手动 01V – AT 电控元件布局如图 1 – 106 所示。

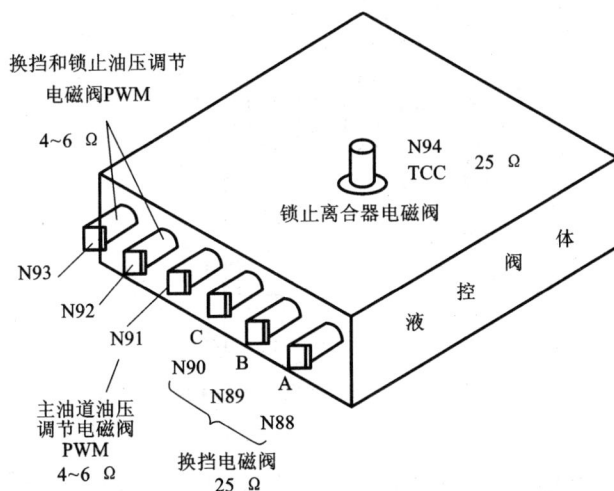

图 1 – 106 奥迪 A6 – 01V – AT 电控元件布局

①N88 – N90(A、B、C)换挡电磁阀电阻为 25 Ω。

②N91 主油道油压调节阀电阻为 4 ~ 6 Ω。

③N92 – N93 换挡油压调节阀电阻为 4 ~ 6 Ω。

④N94 锁止离合器电磁阀电阻为 4 ~ 6 Ω。

⑤磁电式输入轴和输出轴转速传感器 S1、S2。

⑥NTC 油温传感器(包扎在电缆中)。

5)离合器

(1)作用。离合器用来连接输入轴、中间轴、输出轴和多组行星齿轮元件,实现转矩的传递,是行星排的传力器,其数量决定于轴数和挡位的多少,它随轴和转毂转动。

(2)构造。为油浴多片摩擦式离合器。它由转毂、控制活塞、主动摩擦片、被动片、压板、复位弹簧、密封件组成。其离合片内外圆上有花键和相关元件连接,可轴向移动,以便分离或接合,如图 1 – 107 所示。

①主动片与能旋转的转毂的内齿花键连接,为输入端,可轴向移动,片上有铜基粉末冶金层或合成纤维层。

②被动片与能旋转的花键毂外齿花键连接,是光板,为输出端,也可轴向移动。

③控制活塞和密封圈及复位弹簧用来压紧离合片或保持分离状态,其密封性能的好坏是关键。

④自由间隙。离合片厚 1.5 ~ 2 mm,平均每片之间的间隙为 0.10 ~ 0.20 mm,总间隙因片数不同各异,一般为 1 ~ 2 mm,可通过测量压板与卡簧之间的间隙来取得。如间隙过大,说明离合片已磨薄,传力时易打滑。如间隙过小,造成分离不彻底,换挡犯闯,可更换薄卡环或薄压板进行调整。

(3)离合器的快速分离机构。有的车系在其转毂上设置离心式排油球阀,分离时能配合

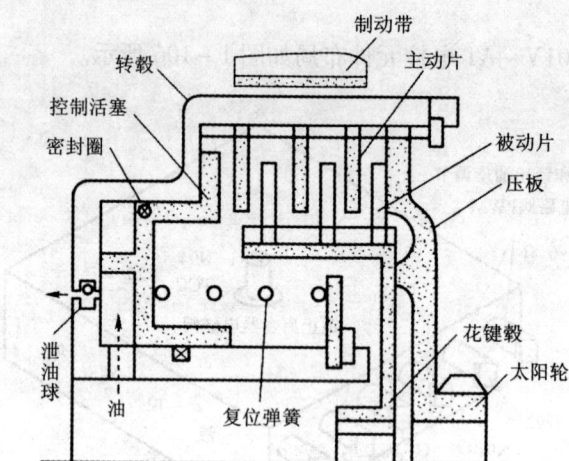

图 1 - 107　离合器和泄油球阀

控制油路快速排掉压力腔的油液，提高换挡的灵敏性（换挡时间只有 1~2 s），如图 1 - 107 所示。

　　本田车系在其转毂中，装有离心式控制油压快速泄放机构，离合器接合时，泄压腔也充满液压油，当控制活塞压力腔的油液泄放时，活塞在其复位弹簧的作用下复位，产生泄油缝隙。

　　由于中间轴的高速旋转，泄压腔的离心油压使活塞快速复位，使活塞快速的排掉压力腔的控制油液而分离，保证了快速地升、降挡。这种结构比在离合器转毂上安装单向钢球，快速排油效果好，如图 1 - 108 所示。

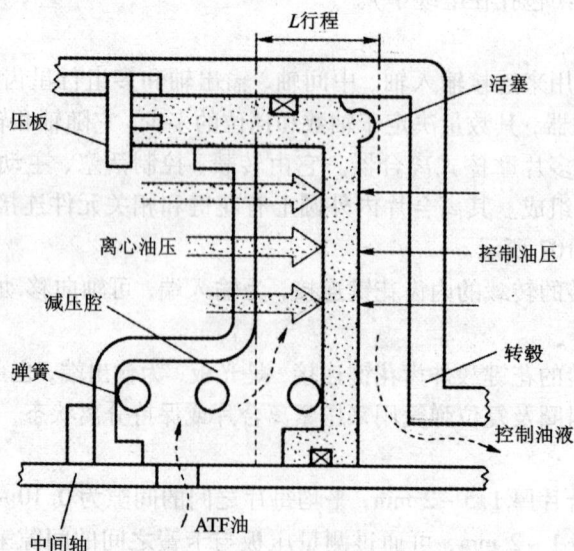

图 1 - 108　本田车系离合器控制油压快速排除机构

6）制动器

（1）作用。用来制动行星排三元件中任一元件，改变齿轮的组合。其数量取决于挡位的多少。

（2）构造。制动器也是油浴多片式结构，结构内容与离合器 C 类同，工作柔和平顺。它与离合器的区别是被动片和变速器外壳连接，可轴向移动，为固定元件。

制动器分多片式和带式两种形式。为了缩短变速器的轴向尺寸，多采用带式制动器 B，它的结构简单，抱合性能好，有自动增力作用，制动效果好。

（3）带式制动器由制动带、油缸、活塞和调整元件组成，如图 1-109 所示。制动带用弹簧钢制成，接触表面有摩擦材料，利用其本身的弹性复位，如弹性因过热变小，会造成分离不彻底，挡位转换困难。其外弹簧为活塞的复位弹簧，内弹簧为旋转毂的反作用力的缓冲弹簧，以防止活塞的振动。其调整点多在制动带的支撑端，可在体外调整或拆下油底调整。一般是将螺钉拧紧后，再松开 2~3 圈，即产生合适的带、鼓间隙。

应该说明，不少带式制动器无调节元件，用尺寸公差保证带鼓间隙。带式制动器轴向尺寸小，但工作的平顺性差，会产生换挡冲击。为此控制油路中多配有缓冲阀（蓄压器）或换挡油压调节电磁阀 PWM，以改善换挡性能。

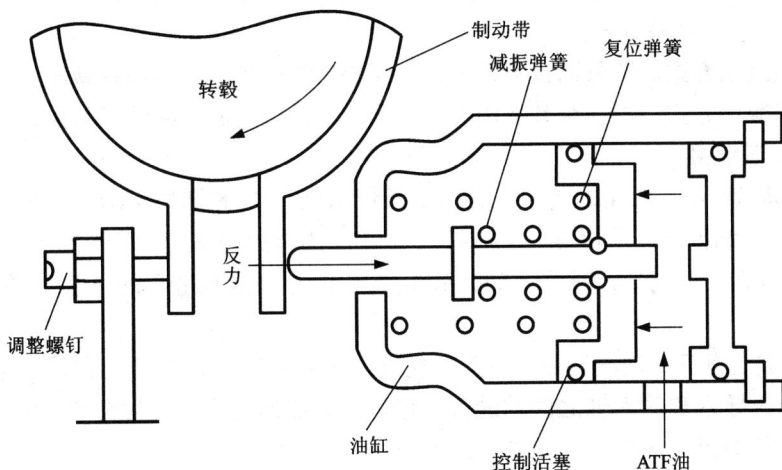

图 1-109　带式制动器的工作原理图

7）二次调压阀

它是一个简单的减压阀，又叫"次调压阀"。它和主油路直通，根据自动变速器 AT 工况的需要，合理降低主油路油压，如图 1-110 所示，其原理与主油路调压阀类同，也是利用多柱式滑阀上的油压 p 和弹簧力 F 的相互平衡，获得不同的输出油压（在此从略）。

（1）作用。

①控制变矩器内的油压在 400 kPa 左右，以保证大流量、大负荷工况的传力需要，获得最佳的液力传动效果，由变矩器阀来控制。

②把油液送到冷油器进行降温，油温控制在 80~90℃之间，油压不超过 200 kPa，由冷油器阀来控制。

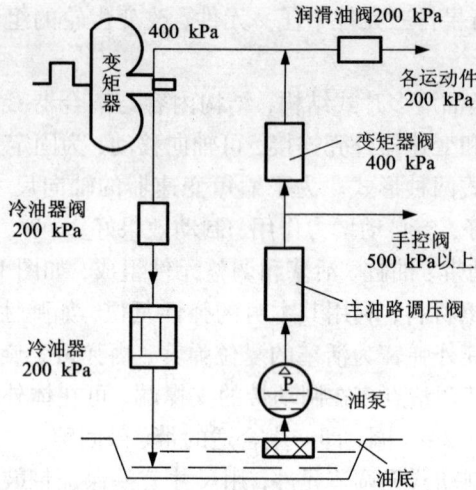

图 1 - 110　二次调压阀的作用

③担负各运动部件的压力润滑,润滑油压为 200 kPa,由润滑油阀来控制。

(2)类型。它有两种方式:

①单油路减压方式。即分而设置方式,在控制油路中各设置单独的减压阀。

②多油路减压方式。把三个减压阀合为一个组合阀,完成三路油压的控制。

8)变矩器锁止阀

当涡轮的转速 n_W 和泵轮的转速 n_B 之比,即传动比 $i = 0.85$ 时,ECT - ECU 即发令,通过锁止电磁阀 TCC 和油压调节电磁阀 PWM,控制多柱式滑阀的移动,实现多路油压的转换,并进行油压的调节,完成"不锁止、轻微锁止、半锁止、全锁止"的平顺柔和的转换,如图 1 - 111 所示。

(1)变矩器上有三个油液通路。一为泵轮外壳和导管之间的缝隙,它是锁止离合器片的正压通道;二为导管和输入轴之间的缝隙,它是冷油器的通道;三为中空的输入轴,它是锁止离合片的背压通道。

(2)简化的四柱式锁止滑阀两端油压,受锁止电磁阀 TCC 和油压调节阀 PWM 的控制。在弹簧力 F 的作用下,不锁止时处于右端位置。它产生位移后,其隔柱使油路发生变化,实现锁止和不锁止的转换。

(3)不锁止时,油液从输入轴和离合片的背面充入,建立了背压,使锁止离合器分离。油液投入传力升温后,从片的正面两个通道输出,进入冷油器快速降温。

(4)锁止时,油路发生转换。离合片的背压油液从输入轴油道泄掉,油液从片的正面输入,利用正压将离合片与外壳摩擦连接,B 轮和 W 轮成为一体。油液工作后,再从另一个通道输出,到冷油器降温。如此转换油路较合理,提高了分离和接合的可靠性,冷却强度和冷却效果得到合理的调节。

(5)锁止电磁阀 TCC 为开关阀,只控制油液的充泄。当传动比 $i = 0.85$ 时,锁止系统即投入工作。TCC/ON,滑阀左端的油压泄掉,为滑阀的左移而转换油路提供先决条件。

(6)油压调节电磁阀 PWM 为频率阀,控制油压按折线式地变化。ECT - ECU 以占空比的

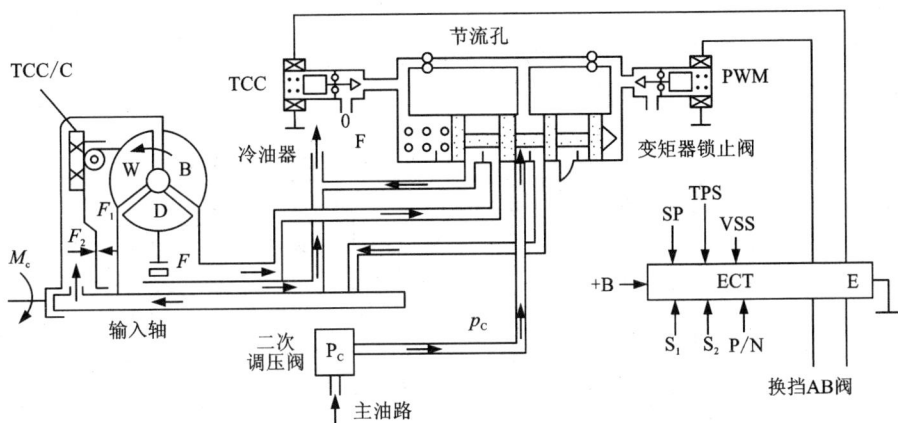

图 1-111 变矩器的锁止控制原理

方式控制其开闭,使作用于滑阀右端的控制油压缓慢平顺地变化,推动滑阀左移,打开输入轴油道而泄油。因驱动锁止滑阀左移的油压是渐进按需变化,使锁止离合器有不锁止、轻微锁止、半锁止、全锁止多工况的变化功能。提高了接合或分离时的柔性,平顺地进行变矩和耦合的转换。这一过程,是可变的滑阀右端控制油压 p 与左端弹簧力 F 的相互平衡过程,是转瞬即逝的事实。新款的自动变速器,PWM 阀不仅调节锁止离合器油压,同时也调节各挡之间的换挡油压,使换挡平顺无冲击。

9)电控液动换挡原理流程规律分析

液压阀体总成又叫"油路板",由 2~3 层组成,是精密配合元件。板中油路纵横交错,隔墙、滑阀排列密集,为封闭式迷宫油路。但也有其万变不离其宗的规律性,总结出来作为识别油路的向导,如图 1-112 所示。

(1)油液的分配。液压油从油泵排出,经主油路调压阀,控制其油压值的大小,进入多柱式手控阀的共用油腔,分别通往各电磁阀和多柱式液压滑阀。通往主油路二次调压阀的油液,是为了调压后分配到变矩器、润滑油路、冷油器,这里的输出油压必须恒定。

(2)主油路控制油压的调节。压力控制电磁阀 PWM 是频率控制阀,ECT-ECU 接收到相关挡位的油压开关通断信号后,以占空比的方式发令使油压控制电磁阀 PWM 动作,通过泄油孔调节主油路油压。以折线关系使油压柔和增加,目的是为了减小换挡冲击。当制动器或离合器完全接合后,即停止调压。接合或分离情况信号(先滑转后接合)。由输入轴和输出轴转速传感器 S_1 和 S_2 的交变电压频率信号的高低来提供,判定完全离或合的情况,防止 PWM 电磁阀无谓地长时间工作。

(3)锁止油压的调节。油压调节电磁阀 PWM 的油道,又和锁止电磁阀 TCC 的控制油道相通。当车速达到锁止值或停止锁止值时,ECT-ECU 发令 TCC 电磁阀开启或断开,通过背压控制的相关伺服滑阀的移动,使锁止离合片的背压柔和地解除或缓和地充入,实现变矩或耦合的柔性转换控制。此时,输入轴和输出轴转速传感器 S_1 和 S_2 的交变电压信号发生变化,ECT-ECU 据此控制 TCC 和 PWM 阀停止工作,防止电磁阀无谓地长时间工作。

(4)换挡控制包括两个方面:一方面是通过换挡电磁阀电路的通断,使油路开启或关闭,

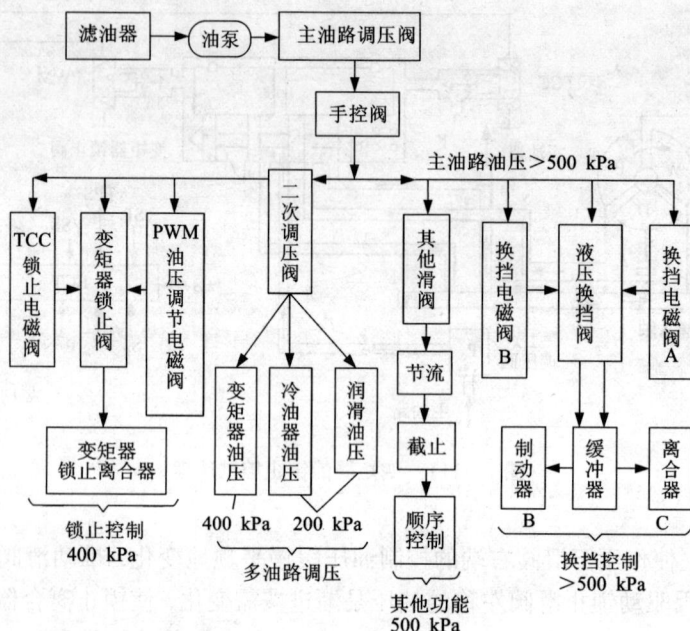

图 1 - 112　电控液动换挡原理流程规律

产生使液压换挡阀位移的油压，将油道口切换到需要的位置；另一方面使控制油压，通过多柱式换挡阀的相关油道，充入相关的制动器或离合器中，实现挡位的转换。同时，使前一挡位的制动器或离合器中的油压泄掉，这个挡位转换的时间仅在 1～2s 内完成。可见，实现油路的转换，只依靠电磁阀很难完成，还需要其他伺服滑阀，即液压继动控制。在这里只讲述了换挡油路的梗概过程，省略了液压控制油路中不少相关程序。

2.电控系统的原理

电控系统包括 ECT - ECU，换挡电磁阀 A、B、C，变矩器锁止电磁阀 TCC、PWM 和 10 个控制信号等电控元件（传感器信号和各种开关信号）。

ECT - ECU 的永久性 ROM 存储器中，已将每一最佳换挡位置和最佳锁止位置进行了编程，随时可根据道路状况和发动机的工况及各种控制信号的变化，判定换挡时机和锁止时机。通过四线路驱动器模块 QDM，换挡电磁阀 A、B 和变矩器电磁阀 TCC、PWM 适时地切换离合器和制动器的油道，改变行星排的组合，并适时地锁止传动，实现变速器多元化的自动控制。

它和发动机 ECU、巡航电脑 CCS 联网工作。它接收 10 个控制信号，有 8 项控制功能，如图 1 - 113 所示。

1）接收 10 个控制信号的功能

（1）发动机转速信号 SP 监测发动机转速的高低，给 ECT - ECU 提供逻辑分析信号，判定换挡时机和锁止时机。

（2）节气门位置传感器信号 TPS 监测节气门开度的大小和快慢，给 ECT - ECU 提供逻辑分析信号，判定换挡时机和锁止时机。

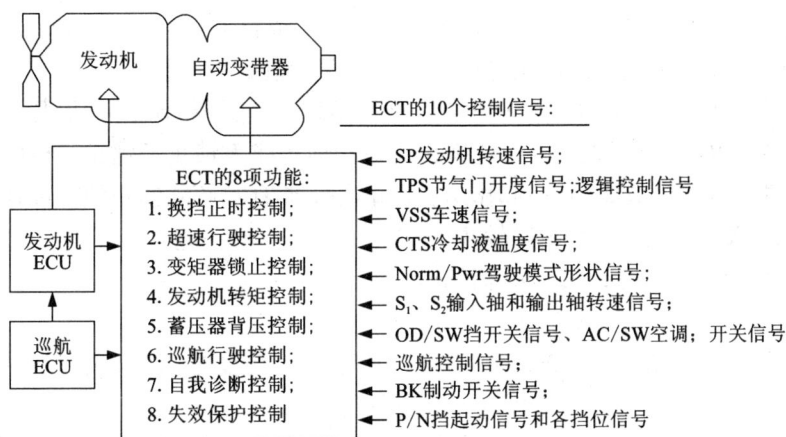

图 1-113　电控系统的 10 个控制信号和 8 项功能

（3）车速信号 VSS 监测车速的高低，给 ECT-ECU 提供逻辑分析信号，判定换挡时机和锁止时机。

（4）冷却液温度传感器信号 CTS 监测发动机温度和变速器油温，冷却液温度低于 60℃时，不能升入 OD 挡，锁止离合器 TCC 不接合，为变矩状态。

（5）驾驶模式选择开关。驾驶员根据路况的好坏，决定正常驾驶模式 Norm 或动力驾驶模式 Pwr，选择不同的换挡规律（换挡点）。

（6）输入轴和输出轴转速信号 S_1、S_2 监测传动比的好坏，提供离合器 C 和制动器 B 是否打滑或完全接合的信息。并提供传动比 $i = n_W/n_B = S_1/SP = 0.85$ 的信息，判定锁止时机（98款本田雅阁用 S_2 还代替了车速传感器 VSS）。

（7）超速挡开关信号 OD/SW、空调开关信号 AC/SW。当超速挡开关开闭时，只能在D1~D3 行驶；当路况好时，打开超速挡开关，才能换入超速挡。当空调开关信号打开时，锁止离合器停止锁止，以补偿发动机负载的加大，影响车速的降低（这是夏季费油原因之一）。

（8）巡航控制信号 CCS。当实际车速高于或低于设定车速值（5 km/h 以上）时，巡航控制停止。其 CCS-ECU 即通知 ECT-ECU，解除超速行驶，锁止离合器 TCC 也停止锁止，以便巡航 CCS 系统复位行驶。

（9）制动开关信号 BK/SW。检测制动踏板是否踩下，据此解除锁止离合器 TCC 的锁止。并根据开关闭合时间的长短，随机配合降挡，以便重新加速复位行驶或防止全制动后熄火。

（10）P/N 挡起动信号和挡位信号——监控手柄位置，保证只有在 P/N 挡时，才能起动。并提供手柄在自动挡位或手动挡位的信号。如无挡位开关信号，即不能升挡，只保留 1 挡和R 挡，此谓"保护功能"。

2）ECT-ECU 的 8 项控制功能

ECT-ECU 不是单独工作，而是和发动机 ECU、巡航电脑 CCS 联网，互通信息或共用一个电脑，又称"PCM 组合电脑"。

（1）换挡正时控制。ECT-ECU 接收到 SP、TPS、VSS 的换挡点设定值信号，即通过换挡电磁阀 A、B、C 的导通或截止，促使液压换挡阀位移，转换油路，完成四个挡位的自动升降变化。

（2）超速行驶控制。当冷却液温度在60℃以上时，道路条件良好，车速高达70 km/h以上时，将超速挡开关信号打开，才能自动升入超速挡，起保护作用。

（3）变矩器锁止控制。ECT - ECU根据TPS、VSS、SP信号和S_1、S_2信号，将锁止电磁阀TCC、油压调节阀PWM导通或截止，使锁止离合器锁止或不锁止。锁止时机的车速多在70 km/h以上，3挡位置时（或2挡位）起作用。锁止离合器TCC解除锁止的时机有四个：

①有制动开关信号时，TCC解除锁止。

②节气门传感器打开时，TCC解除锁止。

③空调开关打开时，TCC解除锁止。

④冷却液温度和油温低于60℃时，TCC解除锁止。温度过高时（高于120℃），也不锁止，变矩器油液输出量变多，加强冷油器循环强度。

（4）发动机转矩控制。因自动变速器升挡和降挡，是在不断加速的过程中进行。点火提前角将随转速的升高不断加大，使转矩也不断加大。当ECT - ECU根据工况信号判定需要升挡或降挡时，会给发动机ECU指令信号，令其短暂延迟点火提前角的修正，点火提前角即减小，喷油量也减少，发动机转矩即瞬时变小（1~2 s），保证平顺地换挡。如发动机ECU的这一功能失效或失准，也会造成换挡冲击。换挡冲击的原因应和发动机联网控制综合分析判定。

（5）蓄压器背压控制。离合器和制动器的接合应平顺柔和，才不会产生换挡冲击，特别是带式制动器，必须有缓冲措施。它是利用蓄压器活塞背面的弹簧和油压的变化来调节进入制动器的油压，以折线变化升压控制。

（6）巡航行驶控制。当使用巡航系统行驶时，实际车速低于或高于设定车速5 km/h时，巡航电脑CCS即解除巡航。并通知自动变速器的ECT - ECU，解除超速挡控制和锁止离合器的接合，降挡后以便重新复位加速行驶。

（7）自我诊断控制。当ECT - ECU的传感器、电磁阀等电元件及其控制电路有故障时，报警灯点亮，并将故障码存储于RAM存储器中，以便提取故障码检修。

（8）失效保护控制。如无挡位开关信号，即不升高速挡。当电控系统失效后，仍能保持基本行驶能力，缓慢行驶。L挡和R挡的离合器或制动器都设有经手控阀迂回直通的油路，可以转入手动控制，这是所有自动变速器的共同规律。

复习思考题

1. 简述电控液动自动变速器液压控制系统的组成和原理。

2. 简述电控液动自动变速器电控系统的组成和原理。

项目二　制动防抱死系统

【学习目标】

技能抽查要求

能熟练说出制动防抱死系统的工作原理，对其进行正确拆装，并对制动防抱死系统的常见故障进行检测和诊断。

教学要求

能力目标：能熟练使用制动防抱死系统专用检修工具，会拆装和检测制动防抱死系统，会对制动防抱死系统的零部件和传感器进行检测，会对制动压力调节器进行检修。

知识目标：熟悉汽车制动性能的评价指标，了解车辆滑移率的定义，了解附着系数和滑移率的关系，了解车轮制动时抱死的原因及影响；掌握制动防抱死系统的作用、组成及工作原理，知道制动防抱死系统的常见故障及原因。

任务　汽车制动防抱死系统

ABS(antilock brake system)又称制动防抱死系统，被认为是汽车上采用安全带以来在安全性方面所取得的最为重要的技术成就，也是当今车辆主动安全方面的标准配置之一。

汽车制动防抱死系统能够在制动过程中防止车轮抱死，避免车轮在路面上滑拖(滑移)，缩短制动距离，提高汽车在制动过程中的方向稳定性和转向操纵能力。

2.1　汽车制动相关知识

2.1.1　汽车制动性能的评价指标

对汽车的制动性能有多方面的要求，因而有多方面的评价指标，通常主要从以下三个方面来进行评价。

1. 制动效能

汽车的制动效能是汽车迅速降低车速直至停车的能力。具体可用制动距离和制动减速度来评价。通常实用中多指制动距离。制动距离指在一定的制动初速度下，汽车从驾驶员踩着制动踏板开始到停车为止所驶过的距离，它与制动踏板力以及路面附着条件有关。

2.制动效能的恒定性

汽车制动效能的恒定性主要指的是抗热衰退性能。抗热衰退性能是指汽车在高速行驶或在下长坡时连续制动时制动效能保持的程度。因为制动过程实际上是把汽车行驶的动能通过制动器吸收转换为热能，而制动器温度升高后，能否保持在冷状态时的制动效能已成为设计制动器时要考虑的一个重要问题。此外，涉水行驶时，制动器浸水后仍应保持其制动效能。

3.制动时汽车的方向稳定性

制动时汽车的方向稳定性是指汽车在制动过程中维持直线行驶或按预定弯道行驶的能力。一般用制动时汽车是否发生制动跑偏、侧滑、甩尾以及失去转向能力来评定。制动时汽车自动向左或向右偏驶称为制动跑偏。侧滑是指制动时汽车的某一轴或两轴发生横向移动。失去转向能力是指弯道制动时，汽车不再按原来弯道行驶而沿弯道切线方向驶出或直线行驶制动时转动方向盘汽车仍按直线方向行驶的现象。制动跑偏、侧滑和失去转向能力是造成交通事故的重要原因。

2.1.2　汽车在紧急常规制动时车轮抱死的原因

我们知道汽车只有受到与行驶方向相反的外力时，才能达到降低车速或停车的目的。这个外力只能由地面和空气提供。但由于空气的阻力相对较小，所以实际上外力主要是由地面提供的，我们称之为地面制动力F_X。地面制动力越大，制动距离越短。

地面制动力大小取决于两个因素：一个是制动器的制动力F_μ，一个是轮胎与地面的摩擦力附着力F_Φ。对于一般汽车而言，制动器的制动力是足够大的，那么地面制动力是随其增大而增大吗？现在我们结合图2－1来分析一下它们之间的关系。

第一阶段，制动器的制动力F_μ较小，制动器的摩擦力矩不大，地面制动制动力足以克服制动器制动力摩擦力矩而使车轮滚动。显然，此时地面制动力等于制动器的制动力，且随踏板力的增加成正比地增加。第二阶段，由于作用在车轮上法向载荷为常数，地面制动力达到附着力的值后就不再增加了，而此时制动器的制动力还逐步增大致使汽车车轮抱死。

图2－1　制动时各力之间的关系

由此可见，汽车的地面制动力首先取决于制动器的制动力，但同时又受到地面附着条件的限制。当制动器的制动力超过附着力时，车轮就会出现抱死情况。

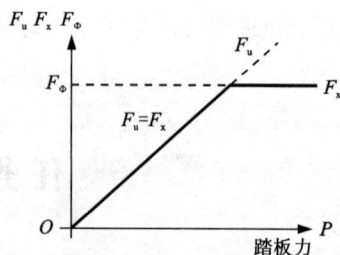

2.1.3　汽车的车轮抱死对汽车造成的影响

1.车轮的滑移率(S)

汽车正常行驶时，车速（即车轮中心的纵向速度）与车轮速度（即车轮圆周速度）相同，可以认为车轮在路面上作纯滚动运动。

在汽车制动过程中，随着制动强度的增加，车轮的滚动状态逐渐减少，而滑动成分逐渐增加（图2－2），实际车速和轮速不再相等，人们将车速(v)与轮速(v_w)之间出现的差异就叫滑移，一般认为车速大于轮速时车辆就发生了滑移，当轮速大于车速时认为发生了滑转（一般发生在起步和加速时的驱动轮）。

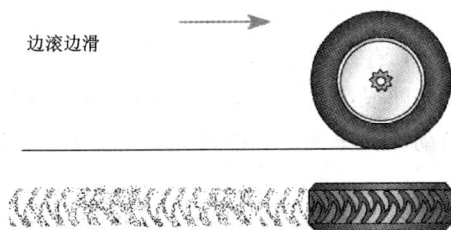

图2-2　车轮边滚边滑的状态

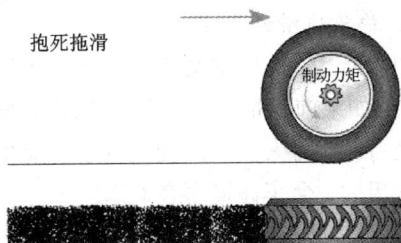

图2-3　车轮抱死的状态

为了表征滑移成分所占比例的多少，常用滑移率S来表示。即：

$$S = \frac{v - v_w}{v} \times 100\% = \frac{v - rw}{v} \times 100\% \qquad (2-1)$$

从式(2-1)可以看出，当车速等于轮速时滑移率为零时，汽车制动时车速和轮速差别越大，滑移率就越大。停车之前车轮抱死时，轮速为零，滑移率达到100%（如图2-3）。从开始制动到滑移率达到某一数值，在这个过程中附着系数是随滑移率的变化而变化的。

2. 附着系数和滑移率的关系

车轮滑移率的大小对车轮与地面间附着系数有很大影响。

(1)附着系数随路面性质不同呈大幅度变化。一般说来，干燥路面附着系数大，潮湿路面附着系数小，冰雪路面附着系数更小。

(2)在各种路面上，附着系数都随滑移率的变化而变化。各曲线的趋势大致相同，只有积雪和砂石路面的滑移率在靠近100%时会上升。

为了方便说明附着系数和滑移率的关系，以典型的干燥、硬实路面上附着系数和滑移率的关系进行介绍(图2-4)。由图可见：在滑移率为S_{opt}(20%左右)时纵向附着系数最大，制动时能获得的地面制动力也最大，汽车的制动效能最高，$0 \leqslant S \leqslant S_{opt}$称为稳定区域，$S_{opt} < S \leqslant 100\%$称为非稳定区域，$S_{opt}$称为稳定界限。此外，随滑移率的增加，横向附着系数减小，当车轮抱死时滑移率为100%，横向附着系数接近零，此时很小的侧向力即会导致后轮侧滑或使前轮失去转向能力。

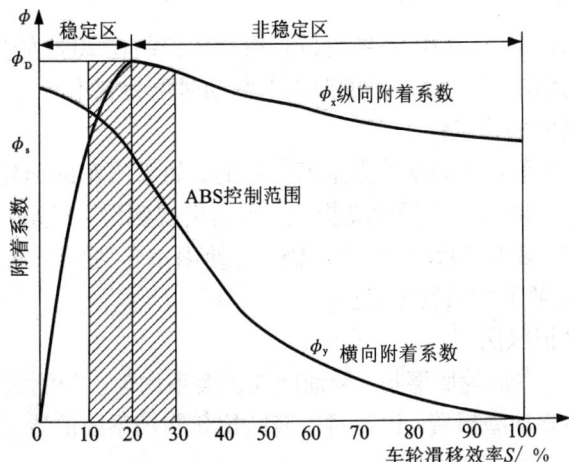

图2-4　干燥硬实路面附着系数与滑移率的关系

3. 抱死拖滑的危害

如前所述，车轮抱死不单是加大了制动距离，还会产生下列恶果：

（1）如果前轮抱死，就失去了制动加转向的能力，即操纵性能不好。无法在大弯道上高速安全行驶，将失去转向变轨的引导能力，轮有转向动作而车无转向的可能，无法安全避险，危险性极大，会车碰撞多在此瞬间发生。

（2）如果后轮抱死，易产生侧滑（甩尾），即稳定性能不好，危险性更大。行车密度较大的多车道高速公路上，堆积性碰撞事故多因此而发生。

可见，汽车的操纵性和稳定性，是高速行驶主动安全性的重要指标，ABS系统是必备装置。

复习思考题

1. 制动性能的评价指标有哪些？
2. 什么叫车轮的滑移率，它和附着系数的关系是什么？
3. 车轮抱死拖滑的危害有哪些？

2.2　ABS制动系统的检修

2.2.1　汽车ABS制动防抱死系统

1. ABS制动系统的作用

ABS通过安装在各车轮或传动轴上的转速传感器等装置不断检测各车轮的转速，由计算机计算出车轮实际滑移率（由滑移率能了解汽车车轮是否已抱死），并与理想的滑移率相比较，做出增大或减小制动器制动压力的决定，命令执行机构及时调整制动压力，以保持车轮处于理想的制动状态。因此，ABS装置能够使车轮始终维持在有微弱滑移的滚动状态下制动，而不会抱死，从而达到提高制动效能的目的。

1）缩短制动距离

在同样紧急制动的情况下，ABS系统可以将滑移率控制在20%左右，即可获得最大的纵向制动力的效果（特别是在雨、雪、冰滑的路面上制动时更为突出）。

2）增加了汽车制动时的稳定性

汽车在制动时，四个车轮上的制动力是不一样的，如果汽车的前轮抱死，驾驶员就无法控制汽车的行驶方向；如果汽车的后轮先抱死，则会出现侧滑、甩尾，甚至使整个汽车调头等严重事故。资料表明，装有ABS系统的车辆，可使因车轮侧滑引起的交通事故比例下降8%左右，从而减少了交通事故的发生率。

3）改善了轮胎的磨损状况

事实上，车轮抱死会造成轮胎磨损，胎面磨耗也会不均匀。经测定，汽车在紧急制动时，车轮抱死所造成的轮胎累加磨损费，已超过一套防抱死制动系统的造价。因此，装用ABS系统具有较好的经济效益。

4）使汽车在制动的过程中具备了制动加转向的能力

方向操纵性好，使汽车在大弯道上高速行驶时可安全地避险，提高了平均车速和安全性能。而且制动时只要把脚踏在制动踏板上，ABS 系统就会根据情况自动进入工作状态，使制动状态保持在最佳点。

2. ABS 制动系统的类型

（1）按照产生制动压力的动力源分类。

按照产生制动压力动力源的不同可分为液压式 ABS 系统、气压式 ABS 系统、气液混合式 ABS 系统。

（2）按照系统对制动压力调节方式的不同，可将 ABS 控制方式分为两大类，即独立控制和同时控制。前者指一条控制通道只控制一个车轮；而后者为一条控制通道同时控制多个车轮，依照这些车轮所处位置不同，同时控制又有同轴控制和异轴控制之分，同轴控制是一个控制通道控制同轴两车轮，而异轴控制则是一个控制通道控制非同轴两车轮（ABS 控制通道是指 ABS 系统中能够独立进行压力调节的制动管路）。

（3）如果按照控制时控制依据选择不同，也可将 ABS 的同时控制区分为低选控制和高选控制两种。在低选控制中是以保证附着系数小的一侧车轮不发生抱死来选择控制系统压力；而高选控制却是从保证附着系数较大一侧车轮不发生抱死出发来实施制动系统压力调节。

（4）按照通道数目不同，也可将 ABS 分为四通道式、三通道式、二通道式和一通道式等。目前采用最多的是三通道方式，即前轮左右独立控制，后轮综合控制。此外，还有四轮独立控制的四通道方式，两个前轮和两个后轮分别同时控制的两通道方式，以及只控制后轮的一通道式。

若考虑控制效率，理论上通道越多越好，但是实际上并非完全如此。后轮分配制动力大的 MR（中置后驱）车，采用四通道方式比较有利。后轮分配制动力的 FF（后置后驱）车，采用四通道方式制动效果并不好。

两通道控制方式的 ABS，在拼接路面（左右车轮摩擦力不同）上制动时，其制动效果不佳。这是因为控制时以易发生侧滑的车轮为基准同时控制左右轮，所以在干燥路面侧的车轮不产生制动力。现在我们就以三通道控制方式的 ABS 为例说明一下它的特点。

如图 2-5 所示，此种控制方式的操纵性和稳定性较好，制动效能稍差。性能特点：两后轮按低选原则进行一同控制时，可以保证汽车在各种条件下左右两后轮的制动力相等，即使两侧车轮的附着系数相差较大，两个车轮的制动力都限制在附着力较小的水平，使两个后轮的制动力始终保持平衡，保证汽车在各种条件下制动时都具有良好的方向稳定性。当然，在两后轮按低选原则

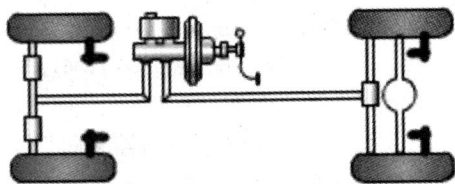

图 2-5　三通道 ABS 控制方式示意图

进行一同控制时，可能出现附着系数较大的一侧后轮附着力不能充分利用的问题，使汽车的总制动力减小。但应该看到，在紧急制动时，由于发生轴荷前移，在汽车的总制动力中，后轮制动力所占的比例减小，尤其是前轮驱动的小轿车，前轮的附着力比后轮的附着力大得多，通常后轮制动力只占总制动力的 30% 左右，后轮附着力未能充分利用的损失对汽车的总制动力影响不大。

3. ABS 制动系统的组成和工作原理

ABS 制动系统的组成部分：一般来说，带有 ABS 的汽车制动系统由基本制动系统和制动力调节系统两部分组成。前者是由制动主缸、制动轮缸和制动管路等构成的普通制动系统，用来实现汽车的常规制动；而后者是由车轮转速传感器、液压控制单元（液压调节器、制动压力调节装置）、电子控制装置和 ABS 警告灯等组成（图 2 - 6）。

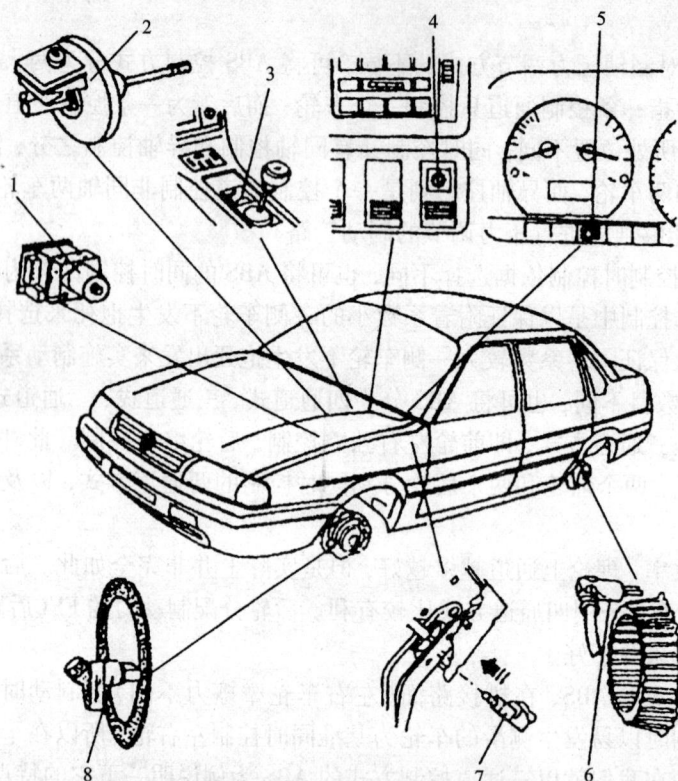

图 2 - 6　ABS 系统组件在车上的安装位置

1—ABS 控制器；2—制动主缸和真空助力器；3—自诊断插口；4—ABS 警告灯（K47）；5—制动警告灯（K118）；
6—后轮转速传感器（G44/G46）；7—制动灯开关（F）；8—前轮转速传感器（G45/G47）

由装在车轮上的转速传感器采集四个车轮的转速信号，送到电子控制单元计算出每个车轮的转速，进而推算出车辆的减速度及车轮的滑移率。

ABS 电子控制单元根据计算出的参数，通过液压控制单元来控制进油阀（常开）和出油阀（常闭）的开关状态来调节制动压力，从而达到防止车轮抱死的目的。下面我们就以桑塔纳 ABS 系统为例来说一下它的工作过程。

1）建压阶段

制动时，通过助力器和总泵建立制动压力，此阶段又称为普通制动（因 ABS 不工作）。此时进油（常开）阀打开，出油（常闭）阀关闭，制动压力进入车轮制动器，车轮转速迅速降低，直到 ABS 电子控制单元通过转速传感器识别出车轮有抱死的倾向为止。

2）保压阶段

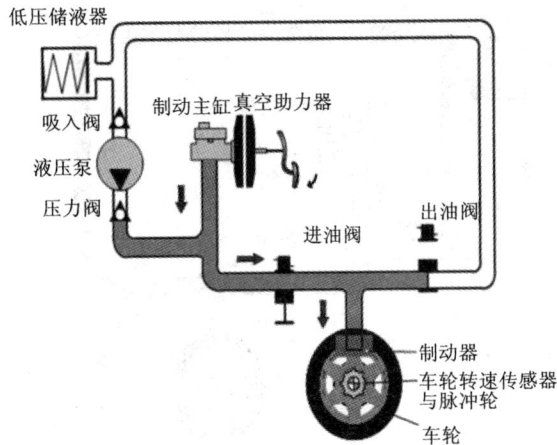

图 2-7 建压阶段

ABS 电子控制单元通过转速传感器得到的信号识别出车轮有抱死的倾向时，ABS 电子控制单元即关闭进油(常开)阀，出油(常闭)阀仍然处于关闭状态。此时的制动压力不变，称之为保压阶段。

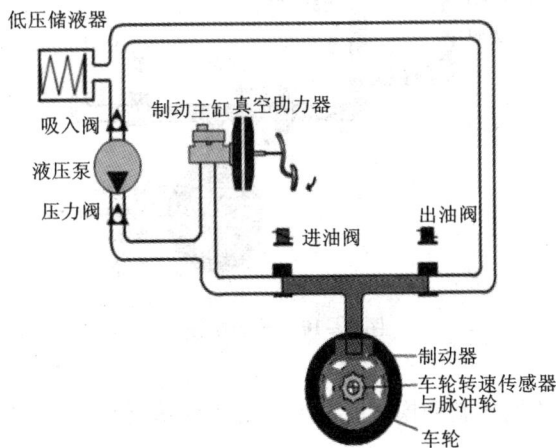

图 2-8 保压阶段

3)降压阶段

如果在保压阶段，车轮仍有抱死倾向，则 ABS 系统进入降压阶段。此时，电子控制单元命令出油(常闭)阀打开，进油(常开)阀关闭，液压泵开始工作，制动液从轮缸经低压蓄能器被送回到制动总泵，制动压力降低，制动踏板出现抖动，车轮抱死程度降低，车轮转速开始增加。

4)升压阶段

ABS 电子控制单元通过转速传感器得到的信号识别出车轮有抱死的倾向时，ABS 电子控制单元即打开进油(常开)阀，此时出油(常闭)阀仍然处于关闭状态。

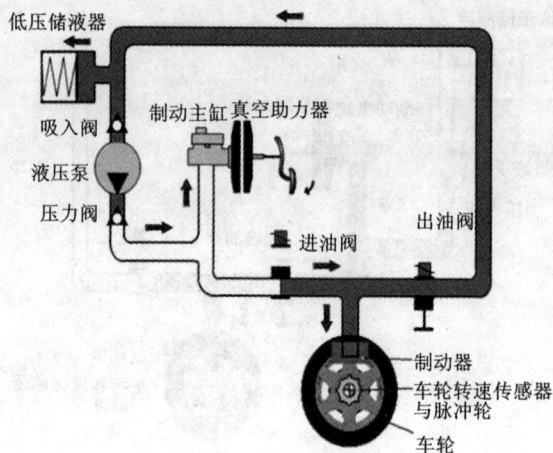

图 2-9 降压阶段

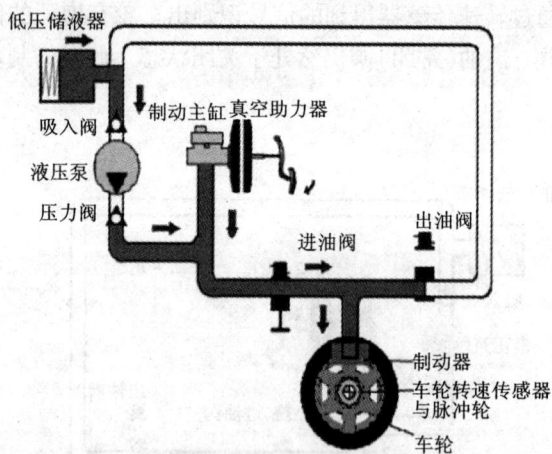

图 2-10 升压阶段

在普通制动模式和防抱死制动模式时各元件的工作情况见表 2-1。

表 2-1 桑塔纳 ABS 系统执行器的工作情况

工作过程	进油阀	回油阀	液压泵	制动液流动方向
常规制动模式	打开（断电）	关闭（断电）	不工作	主缸—轮缸
保持制动模式	关闭	关闭	不工作	不流动
减压制动模式	关闭（通电）	打开（通电）	工作	轮缸—低压蓄压器
增压制动模式	打开	关闭	工作	泵—主缸和轮缸

2.2.2 ABS 制动系统的拆装

桑塔纳 2000Gsi 型轿车采用的是美国 ITT 公司 MK20 – Ⅰ型 ABS 系统，是三通道的 ABS 调节回路，前轮单独调节，后轮则以两轮中地面附着系数低的一侧为依据统一调节。ABS 系统主要由 ABS 控制器（包括电子控制单元、液压单元、液压泵等）、四个车轮转速传感器、ABS 故障警告灯、制动警告灯等组成。

1. ABS 系统的卸压方法

对于制动主缸和液压调压器设计在一起的整体式 ABS，由于蓄压器存储着高压，在修理前需要彻底卸压，以免高压油喷出造成人员伤害。首先将点火开关置于 OFF 或 LOCK 位置，然后反复踏制动踏板 20 次以上，当感觉到踩踏板的力明显增加，即感觉不到踩踏板的液压助力时，ABS 系统泄压完成（有的 ABS 系统在泄压过程中需踩踏的次数较多，甚至需要 40 次以上）。

2. ABS 系统控制器的拆装方法

1）卸 ABS 控制器总成

（1）关闭点火开关，拆下蓄电池及支架。在拆下蓄电池之前，要将 ECU 等电子元件中储存的信息记录下来。

注意事项：

先拆下蓄电池负极，然后再拆蓄电池的正极；在搬放蓄电池时，要保持水平，防止液体电解液溢出。

（2）拆 ABS ECU 的连接器。拔开接头侧的锁止扣，然后拆开 ABS ECU 的连接器。

注意事项：

在拆 ABS ECU 的连接器时，不要直接拔连接器上的连接线。应拿着连接器的壳体，再将其拆开。

（3）踩下踏板，并用踏板架定位。

（4）在 ABS 控制器下垫一块布，用来吸干从开口处流出的制动液。

（5）拆下制动主缸到液压控制单元的制动油管 A、B 和液压控制单元通到各轮的制动油管 1~4（图 2–11）。

注意事项：

制动油管拆下后用软铅丝扎在一起，挂到高处，使开口处高于制动储液罐的油平面，并立即将开口部封住，在制动油管上做好记号。

（6）把 ABS 控制器从支架上拆下来。

注意事项：

在操作中必须特别小心，不能使制动液渗入 ABS ECU 壳体去。

如果壳体脏，可用压缩空气吹净。

2）ABS 控制器的分解

（1）压下接头侧的锁止扣，拔下控制单元上液压泵（V64）电线插头。

（2）用专用套筒扳手拆下 ABS ECU 与液压控制单元的四个连接螺栓（图 2–12）。

（3）将液压控制单元与电子控制单元分离。

注意：拆下液压控制单元时要直拉，别碰坏阀体。

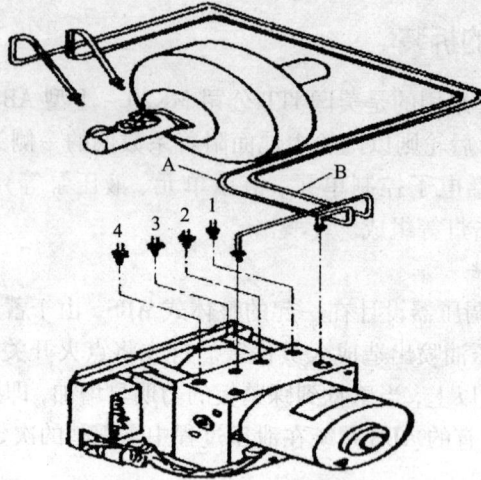

图 2 – 11　各制动油管与液压控制单元之间的关系

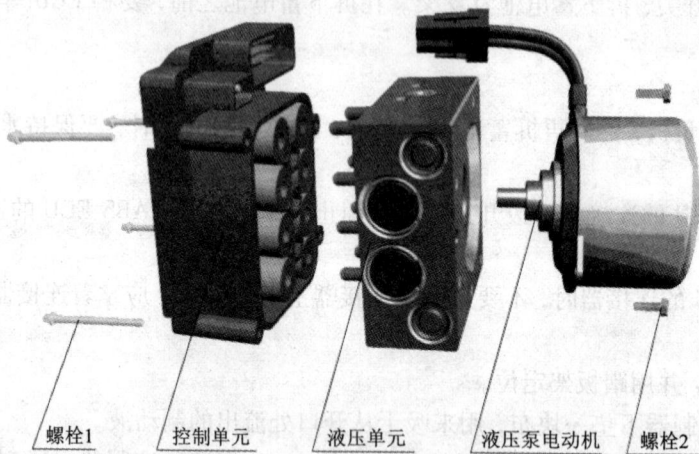

螺栓1　　控制单元　　液压单元　　液压泵电动机　　螺栓2

图 2 – 12　液压单元总成分解图

（4）在 ABS ECU 的电磁阀上盖一块不起毛的布。

（5）把液压控制单元和液压泵安放在专用支架上，以免在搬运时碰坏阀体。

3）ABS 控制器的装配

（1）装配场地必须清洁，不允许有灰尘及脏物。

（2）把 ABS 液压控制单元和 ECU 装成一体，用专用套筒扳手拧紧新的螺栓，扭矩不得超过 4 N·m。

（3）插上液压泵电线插头，注意锁扣必须到位。

4）ABS 控制器的安装

ABS 液压控制单元开口处的密封塞，只有在制动油管要装上去的时候才能拆下，以免异物进入制动系统。

（1）将 ABS 控制器装到架上，以 10 N·m 的力矩拧紧固定螺栓。

（2）拆下液压口处的密封塞，装上各轮制动油管，检查油管位置是否正确，以 20 N·m 的力矩拧紧管接头。

（3）装上连接主缸的制动油管 A 和 B，以 20 N·m 的力矩拧紧管接头。

（4）插上 ABS ECU 线束插头。

（5）对 ABS 系统充液和放气。

（6）试车检测 ABS 功能，须感到踏板有反弹。

5）前轮转速传感器的拆装

（1）拆卸前轮转速传感器。

先拔下传感器导线插头，再拧下内六角紧固螺栓，拆下前轮转速传感器。

（2）安装前轮转速传感器。

安装前轮转速传感器之前，先清洁传感器的安装孔内表面，并涂上固体润滑膏 G 000 650，然后装入转速传感器，以 10 N·m 的力矩拧紧内六角紧固螺栓，最后插上导线插头。

注意事项：

前轮左、右传感器不能互换。

6）后轮转速传感器的拆装

（1）后轮转速传感器的拆装顺序。

①先翻起汽车后座垫，根据图 2 - 13 所示转速传感器安装位置，拔下后轮转速传感器的连接插头。

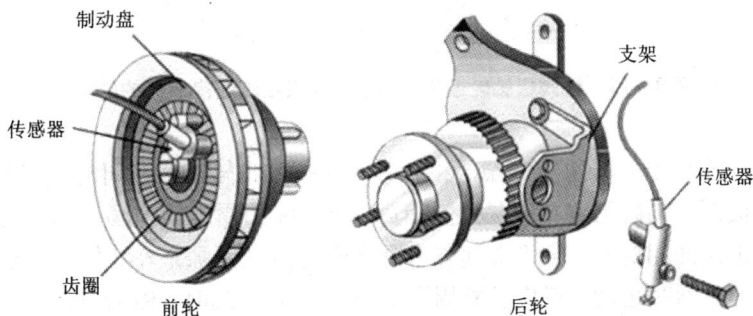

图 2 - 13 转速传感器的安装位置

②拧下传感器的内六角紧固螺栓，然后拆下后轮转速传感器。

注意事项：

后轮左、右传感器不能互换。

（2）后轮转速传感器的安装。

安装与拆卸顺序相反，但注意安装后轮转速传感器之前，先清洁传感器的安装孔内表面，并涂上固体润滑膏 G000650，然后装入转速传感器，以 10 N·m 的力矩拧紧内六角螺栓。

2.2.3　ABS 制动系统主要元件的检测

1. 轮速传感器

在 ABS 中，轮速传感器用于检测车轮速度，并将速度信号输入电脑。一般轮速传感器都安装在车轮上。有些后轮驱动的车辆，检测后轮速度的传感器安装在差速器内，通过后轴转速来检测，故又称之为轴速传感器。根据工作原理的不同，目前使用的轮速传感器主要分为两种类型：电磁式轮速传感器和霍尔式轮速传感器。

1）电磁式轮速传感器

电磁式轮速传感器主要由永磁体、极轴、感应线圈和齿圈等组成。根据极轴的结构不同，电磁式轮速传感器又分为柱式极轴轮速传感器、凿式极轴轮速传感器等形式，如图2-14所示。

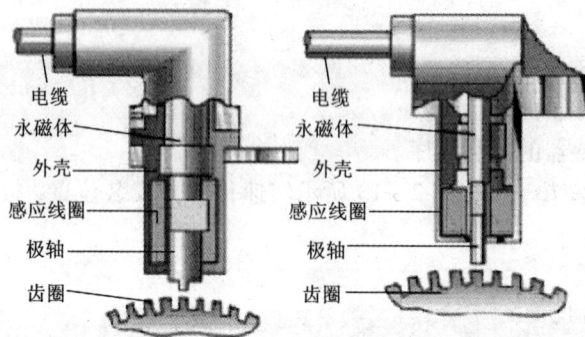

图 2-14　柱式极轴轮速传感器、凿式极轴轮速传感器的结构图

当齿圈的齿隙与传感器的磁极端部相对时，磁极端部与齿圈之间的空气间隙最大，传感器永久磁性磁极产生的磁力线不容易通过齿圈，感应线圈周围的磁场较弱。而当齿圈的齿顶与传感器的磁极端部相对时，磁极端部与齿圈之间的空气间隙最小，传感器永磁性磁极所产生的磁力线就容易通过齿圈，感应线圈周围的磁场较弱。此时，磁通量迅速交替变化，在感应线圈中就会产生交变电压，交变电压的频率将随车轮转速成正比变化。ABS 的电控单元就可以通过转速传感器输入的电压脉冲频率进行处理，确定车轮的转速(图2-15)。

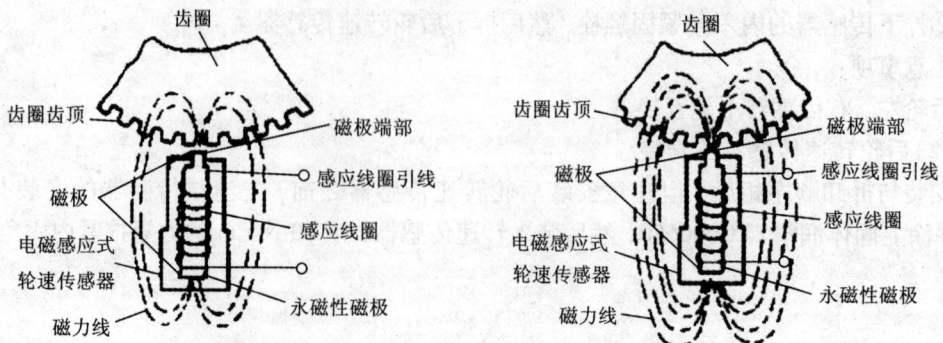

图 2-15　电磁式车轮转速传感器磁路

电磁式车速传感器结构简单,成本低,但存在以下缺点:

(1)电磁式车速传感器向 ABS 的电控单元输送电压信号的强弱是随车速的变化而变化的,信号幅值一般在 1~15 V 的范围内变化。当车速很低时,传感器输出的电压信号若低于 1 V,则 ABS 就不能正常工作。

(2)电磁式车速传感器频率响应较低。当车轮转速过高时,传感器的频率响应就跟不上,容易产生错误信号。

(3)电磁式车速传感器的抗电磁波干扰能力较差,尤其在输出信号幅值较小时。

2)霍尔式车轮转速传感器

霍尔式车轮转速传感器主要由永久磁铁、霍尔元件和电子电路等组成,如图 2-16 所示。永久磁铁的磁力线穿过霍尔元件通向齿圈,齿圈相当于一个集磁器。当齿圈位于图 2-16(a)所示位置时,穿过霍尔元件的磁力线分散,磁场现对较弱;当齿圈位于图 2-16(b)所示位置时,穿过霍尔元件的磁力线集中,磁场相对较强。随着齿圈的转动,穿过霍尔元件的磁力线密度发生变化,从而产生霍尔电压的变化,霍尔元件输出一个毫伏级的准正弦电压。然后将其转化成标准的脉冲信号电压输入 ECU。

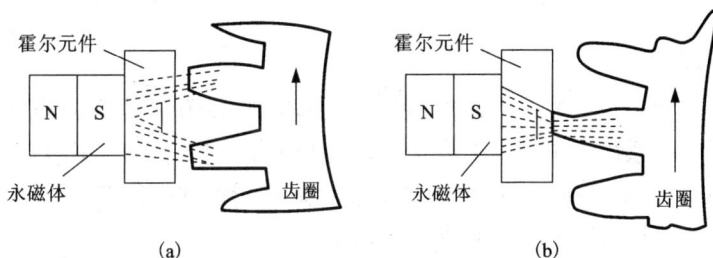

图 2-16　霍尔式车轮转速传感器磁路

霍尔式车轮转速传感器的输出信号电压大小不受转速的影响,具有较强的抗电磁波干扰的能力;其响应频率高达 20 kHz,用 ABS 时,相当于车速为 1000 km/h 时所检测的信号频率。

3)车轮转速传感器故障的检查

常见故障:感应线圈短路、断路或解除不良;齿圈有缺损或脏污;传感头部分安装不牢或磁极与齿圈之间有脏物。

检查方法:

(1)直观检查传感器、导线及插接件有无松动,传感器的安装是否可靠;

(2)检查轮速传感器转子齿面是否完好;

(3)用电阻表测传感器感应线圈电阻,电阻过大或过小应更换;

(4)用交流电压表测量传感器的输出信号电压,当车轮转动时,电压应为 2 V 以上,并随转速的增高而升高;

(5)用示波器检测传感器的输出信号电压波形,正常的波形应是均匀、稳定的正弦电压波形;

(6)检查轮速传感器线圈有无搭铁现象。

　　车轮转速传感器的调整：车轮转速传感器出现故障，不一定说明传感器已损坏。传感器传感头脏污，传感器的空气间隙没有达到要求，都会引起传感器工作不良。这时候就需要对传感器进行调整，恢复其正常工作。

　　2.电子控制单元(ECU)

　　电子控制单元是防抱死制动系统的中枢，用来接收传感器输送的信号，并根据传感信号进行运算、比较、判断，然后向执行器(即制动压力调节器)发出指令，调节制动液压，从而达到防止车轮抱死的目的。

　　1)电子控制单元的功用

　　电子控制单元简称ECU，是汽车ABS防抱死制动系统中的控制中心。当ABS系统起作用时，电子控制单元监测并控制制动系统的工作情况，即ABS电脑具有对制动系统进行"检测"和"控制"两个方面的功能。

　　(1)防抱死制动控制功能。

　　对制动系统进行防抱死制动的控制是ABS电脑的主要功能，电控单元接收到各个车轮转速传感器及其他传感器的输入信号，然后按照预先设置的控制逻辑进行处理和运算，从而形成相应的控制指令，对执行机构进行控制，通过制动压力调节装置调节制动压力，防止各车轮抱死。

　　(2)系统监测功能。

　　对制动系统进行监测是电子控制单元的另一个功能，ECU接收到制动开关、压力开关等相关信号来监测ABS系统工作是否正常，当ECU监测到ABS系统工作不正常时，会自动停止ABS系统并点亮ABS警报灯，以免因系统故障造成错误的控制结果。在部分利用液压制动的ABS系统中，ECU还控制电动液压泵的工作。

　　在正常情况下，发动机起动后，ABS报警灯数秒后就应自动熄灭，否则说明ABS系统出现故障。

　　2)电子控制单元(ECU)的基本电路

　　(1)输入级电路。

　　输入级电路是由低通滤波、整形、放大等组成的输入放大电路。ABS ECU内部电路图(四传感器三通道)(图2-17)的功用是对轮速传感器输入的交变信号进行预处理，并将模拟信号变成微机使用的数字信号。输入电路还接收点火开关、制动开关、液位开关等外部信号。输入电路除传输轮速传感器监测信号，还接收电磁阀继电器、油泵电机继电器等工作电路的监测信号，并将这些信号经处理后送入计算电路。

　　(2)计算电路。

　　计算电路是ECU的核心，主要由微处理器构成。其功用是根据轮速传感器等输入的信号，按照软件特定的逻辑程序进行计算、分析、处理，形成相应的控制指令。计算电路一般是由两个微处理器组成，其主要目的是为了保证接收同样的输入信号，在进行运算和处理过程中进行比较，如果两个微处理器处理结果不一致，微处理器立即使ABS系统退出工作，防止系统发生故障后导致错误控制。

　　(3)输出级电路。

　　输出级电路的主要功用是将计算电路输出的数字控制信号(如控制压力减小、保持、增大信号)，转换成模拟控制信号，通过控制功率放大器，驱动执行器工作。

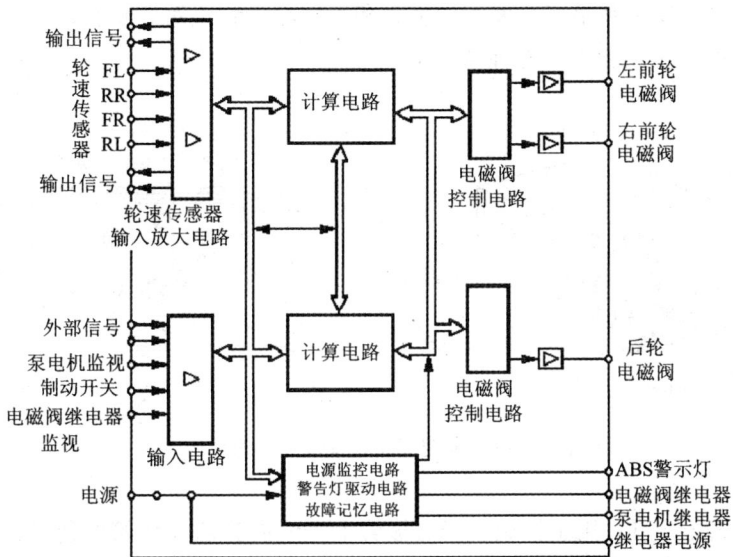

图2－17 四传感器、三通道控制ABS系统ECU内部电路框图

（4）安全保护电路。

安全保护电路由电源监控、故障记忆、继电器驱动和ABS警示灯驱动等电路组成。其主要作用是：向ABS电脑提供稳定的5 V电压，对相关电路进行监测和控制以及对故障信息存储，以便在进行自诊断时，将存储的故障信息调出，供维修时使用。

3）ECU的检查

（1）检查ECU线束插接器、连接导线有无松动；

（2）检查ECU线束插接器各端子的电压值、波形或电阻，如与标准值不符且与之相连的部件和线路正常，应更换ECU后再试；

（3）直接采用替换法检验，即在检查其他部件无故障时，可用新的ECU代替，如故障消失，则为ECU故障。

3.减速度传感器

减速度传感器的作用是检测汽车的减速度。电控单元根据减速度传感器输入的减速度信号判断路面的附着系数，从而控制防抱死制动系统的工作，以获得更好的制动性能。

当汽车在附着系数比较小的路面上制动时，由于路面容易打滑，不可能获得较大的减速度，所以需要借助防抱死制动系统防止车轮抱死，以求获得更好的制动性能。当汽车在附着系数比较大的路面上制动时，因路面不易打滑，所以可获得较大的减速度，并且在该减速度时能保持汽车的稳定性。此时，若不使用防抱死制动系统，而采用普通制动方式就可以获得更好的制动性能。

常见的减速度传感器有光电式减速度传感器、水银式减速度传感器和差动变压式减速度传感器。

1）减速度传感器的结构和工作原理

（1）光电式减速度传感器。

如图2－18所示，光电式减速度传感器主要由两个发光二极管、两个光敏晶体管、一个透光板和一个信号转换电路组成。发光二极管和光敏晶体管正对着安装,透光板位于发光二极管和光敏晶体管之间,并可绕其轴摆动。

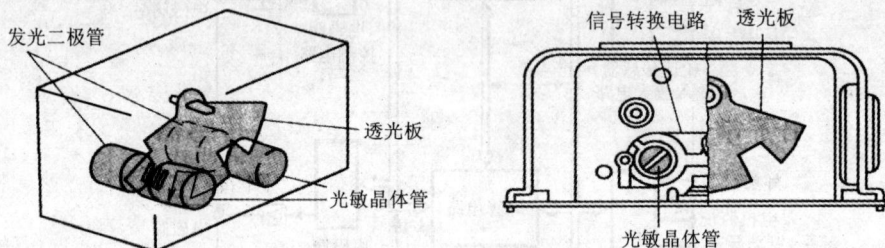

图 2 - 18　光电式减速度传感器的结构

透光板上有若干个孔,用于控制发光二极管上光线向光敏晶体管的传送,控制光敏晶体管的工作(通与断)。当汽车在不同附着系数路面上制动时,减速度是不同的,透光板摆起的角度也不同。地面附着系数大时,可产生较大的减速度,透光板摆起的角度就越大。反之,地面附着系数小时,产生的减速度越小,透光板摆起的角度也小。

透光板在不同的摆动位置时,两个发光二极管光线的透射情况也不同,光敏晶体管的通、断情况也不同。当发光二极管发出的光线穿过透光板上的光孔照射到光敏晶体管上时,光敏晶体管导通。反之,当发光二极管发出的光线被透光板遮住时,光敏晶体管接收不到光,光敏晶体管截止。光敏晶体管的导通、截止情况经过信号转换电路处理后,再输送给电控单元。电控单元据此便可判断汽车的减速度。

丰田 CAMRY、CELICA 等四轮驱动车就采用了光电式减速度传感器。

(2)水银式减速度传感器

如图 2 - 19 所示,水银式减速度传感器主要由玻璃管及放在其中的水银组成。

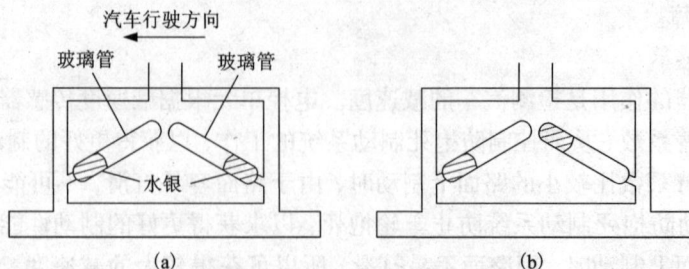

图 2 - 19　水银式减速度传感器

(a)在低附着系数的路面上制动时;(b)在高附着系数的路面上制动时

汽车匀速前进时,水银在其本身重力的作用下位于玻璃管的底部不动,防抱死制动系统的电路处于接通状态。当汽车在附着系数低的路面上制动时,汽车的减速度小,水银基本不动,防抱死制动系统的电路处于接通状态,防抱死制动系统仍然可以工作,可以防止车轮抱死,使汽车在光滑的路面上能获得较好的制动性能,如图 2 - 19(a)所示。

当汽车在附着系数高的路面上制动时，汽车减速度大，水银在惯性作用下沿玻璃内壁甩起，断开防抱死制动系统的控制电路，使防抱死制动系统停止工作，汽车恢复到普通制动方式，这样就能更好地发挥路面附着系数大的特点，可获得更强的制动效果，如图 2−19(b) 所示。

日本日产公司生产的四轮驱动汽车上装有水银式减速度传感器。

(3)差动变压器式减速度传感器。

如图 2−20 所示，差动变压器式减速度传感器主要由线圈、铁芯、弹簧、变压器油及印刷电路板组成。

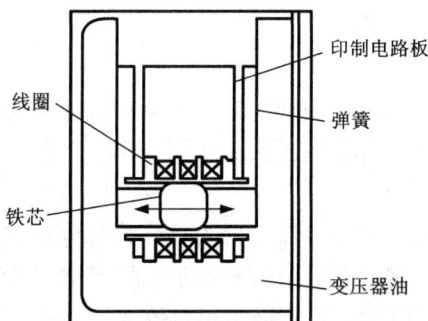

图 2−20 差动变压器式减速度传感器

当汽车匀速前进时，铁芯位于线圈内的中部位置。当汽车制动减速时，铁芯便在惯性力的作用下向前移动，铁芯的移动会使线圈产生感应电流。当汽车在附着系数较大的路面上制动时，汽车的减速度大，线圈产生的感应电流也大；反之，当汽车在附着系数较小的路面上制动时，汽车的减速度就小，线圈中产生的感应电流就小。该电流信号经印刷电路板中的电路处理后，向电控单元输送。电控单元据此选择防抱死制动系统的控制程序。

日本三菱汽车上装用了差动变压器式减速度传感器。

(4)减速度传感器的工作电路。

图 2−21 所示为丰田子弹头旅行车防抱死制动系统减速度传感器的工作电路。减速度传感器的工作电源由点火开关控制。接通点火开关，减速度传感器就有了工作电源。减速度传感器和电子控制单元有三条信号线：GS_1、GS_2、GST。

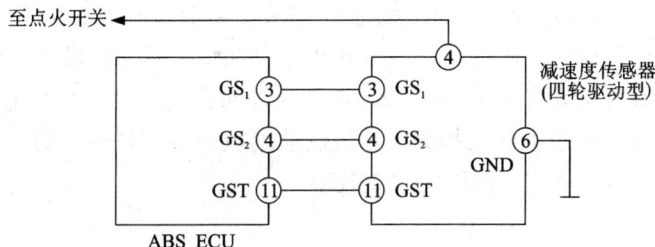

图 2−21 丰田子弹头旅行车防抱死制动系统减速度传感器的工作电路

（5）减速度传感器的检查。

一般来说，装有减速度传感器的汽车上都设有减速度传感器诊断系统。借助该诊断系统可以对减速度传感器的安装情况，工作状态进行检查。

4. 制动压力调节器

制动压力调节器是 ABS 系统的执行机构，其功用是接受 ECU 的指令，通过电磁阀的动作控制车轮制动轮缸的制动压力，以达到防止车轮抱死、又能使车轮与地面间的附着力最大的目的。通常，制动压力调节器串联在制动主缸和轮缸之间。

1）制动压力调节器的分类

制动压力调节器的种类较多，其结构和工作原理也有较大差异。一般地，可根据动力来源、总体结构和调压方式进行分类。

（1）根据动力源分类。

根据制动压力的动力来源不同，制动压力调节器可以分为液压式和气压式两种类型。气压式主要用于大型客车和载重汽车，液压式主要用于小轿车和轻型载货汽车。

（2）根据总体结构分类。

根据总体结构不同，制动压力调节器可分为整体式和分离式两种。分离式制动压力调节器自成一体，通过制动管路与制动总泵（或制动助力器）相连。分离式制动压力调节器在汽车上布置灵活，成本相对较低，但制动管路接头相对较多。目前，大多数 ABS 采用了分离式制动压力调节器。

整体式制动压力调节器与制动总泵（或制动助力器）形成一个整体。整体式制动压力调节器结构紧凑，管路接头少，但成本较高，大多数用在将 ABS 作为标准装备的轿车上。

（3）根据调压方式分类。

根据调压方式不同，制动压力调节器可分为循环式和变容式两种。

循环式制动压力调节器又称为流通式或环流式制动压力调节器，是指用制动压力调节器直接控制制动管路中油液的进出，使制动油液在轮缸内外不断循环，从而达到调节轮缸制动压力的目的。变容式制动压力调节器是利用制动压力调节器中专门压力调节缸间接控制制动轮缸的压力。

根据制动油液的循环方式不同，循环式制动压力调节器又可分为开放式循环调压方式和封闭式循环调压方式。

图 2 - 22 所示为开放式循环调压方式，每个车轮的制动轮缸上分别设置进液油路和回液油路，两条油路上分别设有进液电磁阀和回液电磁阀，两个二位二通电磁阀的工作状态见表 2 - 2 所示。在压力调节过程中，制动油液受进液和回液电磁阀控制在制动主缸、制动轮缸和储液罐之间循环流动。采用这种调节方式也可以在每个车轮只设置一个三位三通电磁阀来实现。此种方式在压力调节过程中，ABS 增压时油泵产生的高压油液在进入制动轮缸时，也会对制动主缸活塞产生较大的反推力，导致制动踏板的剧烈抖动。另外，开放式循环调压方式的能量消耗较大，油泵输出端压力建立较慢。

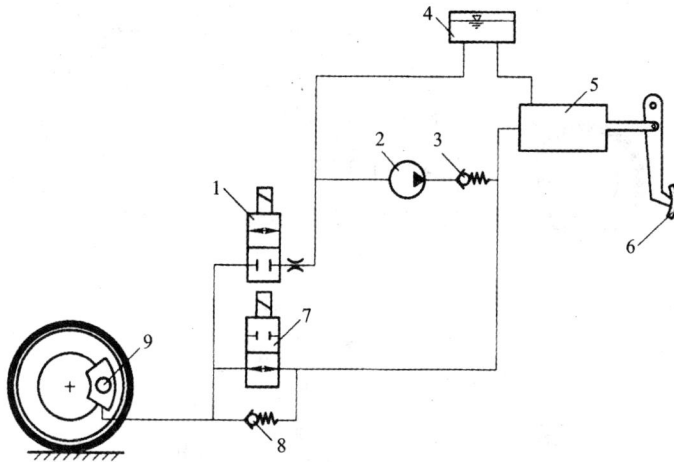

图 2 – 22 开放式循环调压方式

1—回液电磁阀；2—油泵；3、8—单向阀；4—储液罐；5—制动主缸；6—制动踏板；7—进液电磁阀；9—制动轮缸

表 2 – 2 进液和回液两位两通电磁阀的工作状态

工作状态	进液电磁阀状态	回液电磁阀状态	油路状态
正常制动	导通（断电）	截断（断电）	制动主缸与制动轮缸导通
保压	截断（通电）	截断（断电）	制动轮缸与制动主缸、储液罐油路都截断
减压	截断（通电）	导通（通电）	制动轮缸与储液罐导通
增压	导通（断电）	截断（断电）	制动主缸与制动轮缸导通、油泵启动

图 2 – 23 所示为封闭式循环调压方式，系统在每个车轮上都设置一个三位三通电磁阀 [图 2 – 23（a）]或两个二位二通电磁阀[如图 2 – 23（b）]来控制制动管路压力。在制动压力调节过程中，制动油液在制动主缸、制动轮缸和低压蓄能器之间循环流动。减压时，制动轮缸卸出的油液被送到低压蓄能器；增压时，又通过油泵将油液从低压储能器送往制动轮缸。为了减小增压时油泵从油泵输出的高压液体对制动踏板的振动作用，系统设置了缓冲器，用于减缓压力上升速度，从而减轻制动踏板的抖动。采用封闭式循环调压方式，制动油液在ABS 系统内部形成封闭循环回路。与开放式循环调压方式相比较，能量损耗较小，油泵出口油压建立较快。

2）循环式制动压力调节器

（1）循环调压分离式制动压力调节器。

①循环调压分离式制动压力调节器的结构。

循环调压分离式制动压力调节器主要由三位三通电磁阀、储液罐和电动泵组成。

a）三位三通电磁阀。

三位三通电磁阀就是指电磁阀有 3 个位置，对外有 3 个油液口。三位三通电磁阀的作用是在防抱死制动系统工作时调节（升压、保压、减压）作用在制动轮缸中的制动液压。

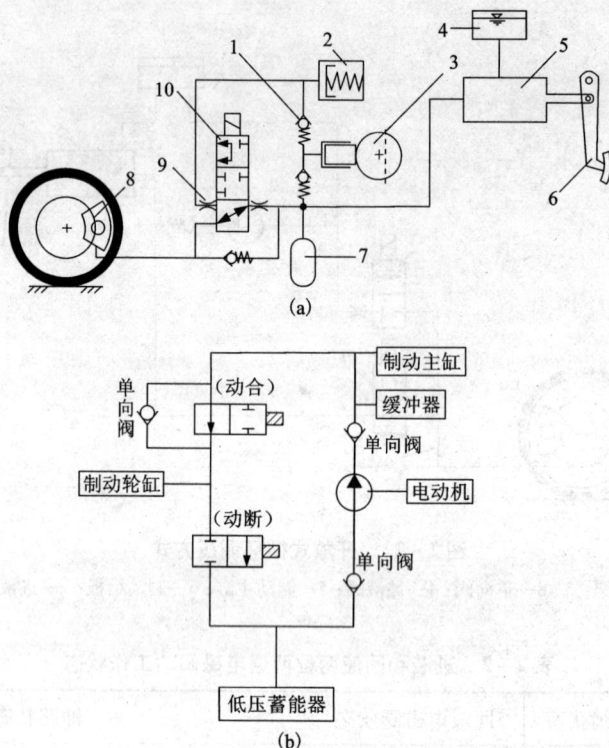

图 2 - 23　封闭式循环调压方式

1—单向阀；2—低压蓄能器；3—油泵；4—储液罐；5—制动主缸；6—制动踏板；7—缓冲器；8—制动轮缸；9—节流孔；10—三位三通电磁阀

如图 2 - 24 所示，三位三通电磁阀主要由电磁线圈、衔铁、非磁性支承环、过滤器等组成，用来控制进油阀、出油阀的通、断。衔铁在阀体内有 0.25 mm 的行程，在阀体内的位置由电磁线圈控制。ABS ECU 根据车轮的制动情况，控制电磁线圈中的电流，使电磁线圈产生大小不同的电磁力，控制衔铁的动作。衔铁由非磁性支承环导向，可以获得高效能和最小的摩擦。在进油口、出油口设置过滤器后，可以滤去油液中的污物，从而保护球阀。阀体内装有主弹簧和副弹簧，主弹簧的强度比副弹簧大，两个弹簧相向布置，用以控制进油阀、出油阀的自动复位。该系统的球阀都是精密度很高的阀门，可以在 20 MPa 的压力下仍保持较好的密封性。

b）储液罐和电动泵。

储液罐的作用是在防抱死制动系统需要"减压"时，暂时储存从制动轮缸回流的制动液。当制动轮缸中高压制动液回流到储液箱时，储液罐中的回位弹簧被压缩，活塞下移，储存容积增大。

电动泵的作用是在防抱死制动系统需要"减压"时，将流入储液罐的制动液泵回到制动主缸。电动泵是由电机驱动的柱塞式泵，图 2 - 25 所示为其原理图。

电动泵主要由油泵电机、偏心轮、柱塞、进油阀、出油阀等组成。当柱塞在偏心轮的带动下向下移动时，柱塞上方工作腔室的容积增大，真空吸力逐渐增大，出油阀关闭，进油阀打开，低压制动液被吸入柱塞上方的工作腔室内；当柱塞在偏心轮的带动下向上移动时，柱

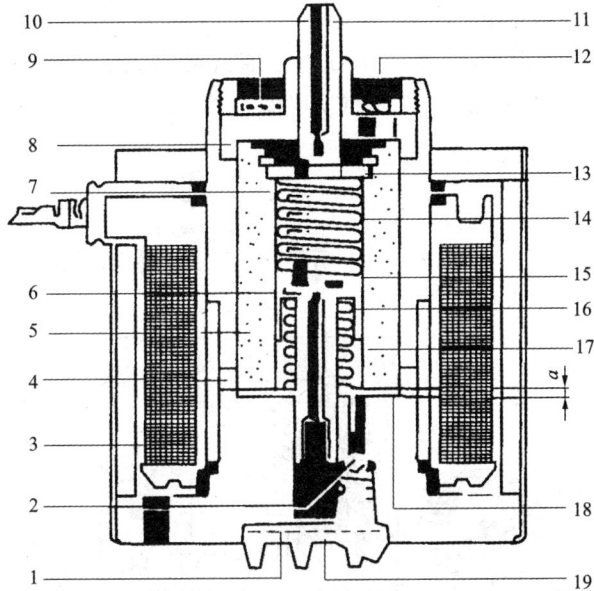

图 2-24 三位三通电磁阀的结构

1—过滤器；2—单向阀；3—电磁线圈；4—非磁性支承环；5—衔铁；6—进油阀；7—出油阀；
8—非磁性支承环；9—过滤器；10—回油器接口；11—阀体；12—车轮制动轮缸接口；13—承接盘；
14—副弹簧；15—承接盘；16—主弹簧；17—阀体；18—油压高度调整；19—制动主缸接口；a = 0.25 mm

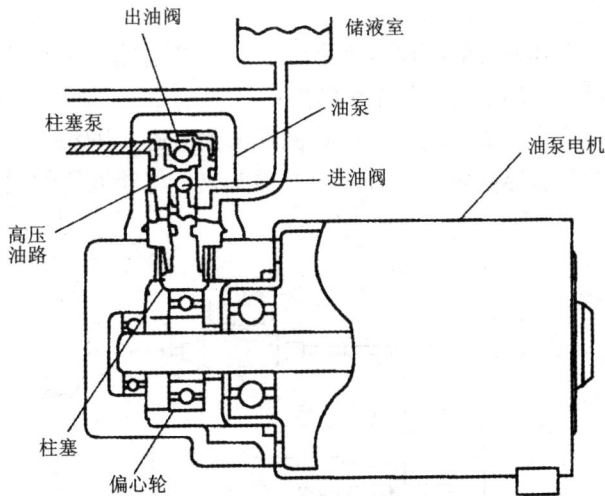

图 2-25 电动泵的原理图

塞上方工作腔室的容积减小，其内部油压逐渐增大，进油阀关闭，出油阀打开，工作腔室内的制动液在提高压力后被基础腔室，从出油口排出。

②循环调压分离式制动压力调节器的工作原理。

循环调压分离式制动压力调节器在防抱死制动系统不工作、工作(升压、保压、减压)时，有着不同的工作状态。

a)防抱死制动系统不工作时。

防抱死制动系统不工作时，制动系统处于普通制动方式下。在普通制动方式时，ABS ECU 不向制动压力调节器发出电信号，此时，电磁阀和电动泵均不工作，如图 2－26 所示。

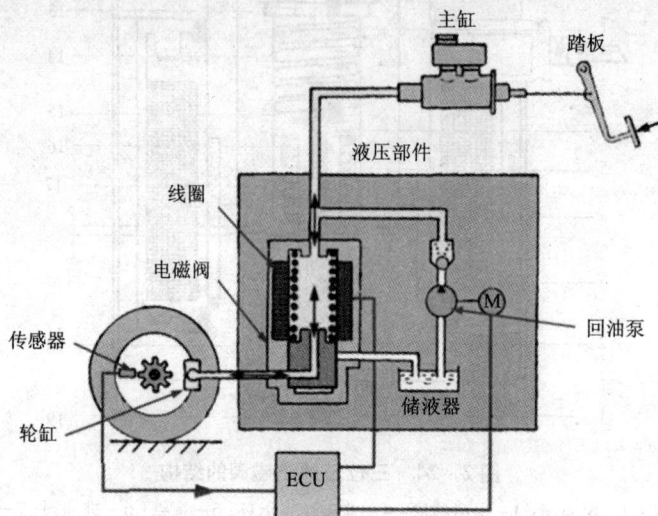

图 2－26　防抱死制动系统不工作时

b)防抱死制动系统工作时。

当防抱死制动系统工作时，ABS ECU 向制动压力调节器输送不同的电信号，以实现"减压""保压""升压"三种不同的功能，防止车轮抱死。

"减压"时：当滑移率大于20％时，电磁线圈通入大电流，电磁阀柱塞移至上端，制动轮缸的管路与通向储液器的管路接通而减压。液压泵运转，将储液器的制动液泵回制动主缸，故称为循环式。

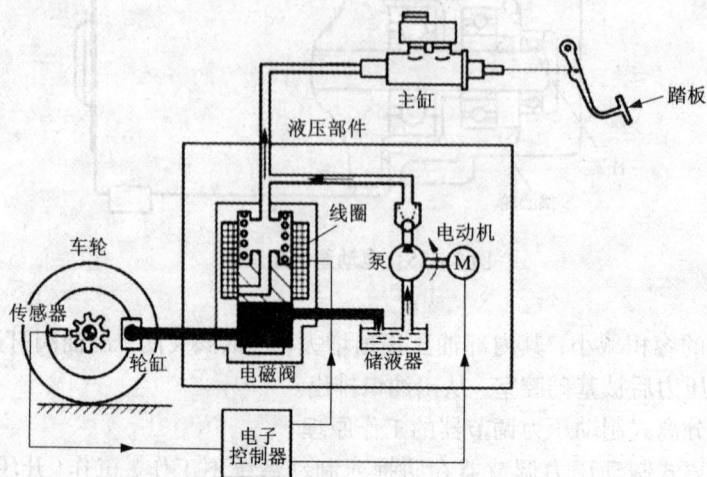

图 2－27　减压状态

"保压"时：电磁线圈通入小电流，电磁阀中的柱塞移至中间位置。所有的通道都被关闭，制动轮缸内的液压力保持不变状态。

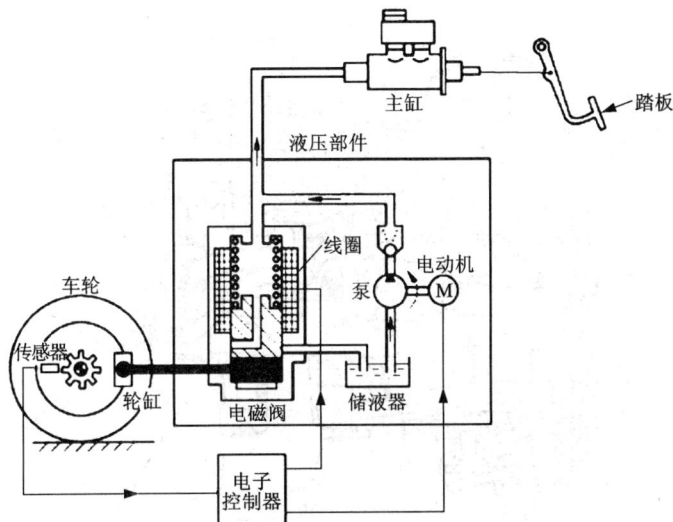

图 2-28　保压状态

"升压"时：电磁线圈断电，电磁阀中的柱塞回到常规制动时的位置，制动轮缸的压力随制动主缸的压力变化而变化。

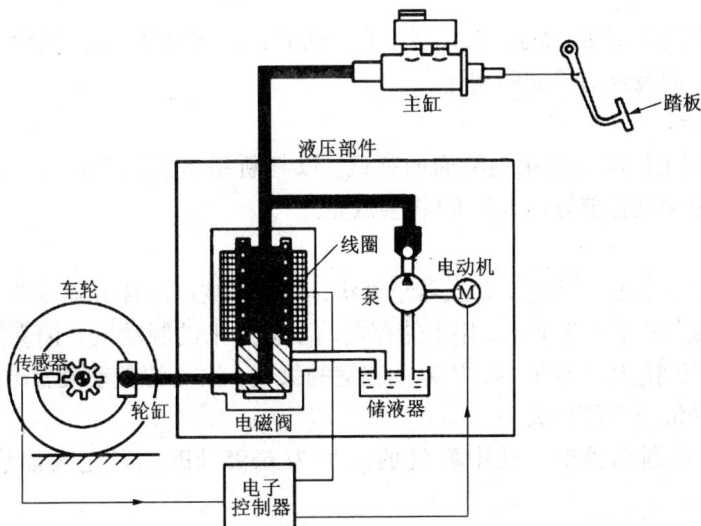

图 2-29　升压状态

(2)循环调压整体式制动压力调节器。

①循环调压整体式制动压力调节器的结构。

如图 2-30 所示，克莱斯勒 93 款汽车防抱死制动系统的循环调压整体式制动压力调节器和制动总泵、真空助力器等形成一个整体，构成整体式制动压力调节器总成。该循环调压整体式制动压力调节器总成主要由储液箱、液面传感器、蓄压器、电动油泵、双作用压力开关、压力变换器、后轮比例阀、差动开关、制动总泵及制动压力调节器等组成。

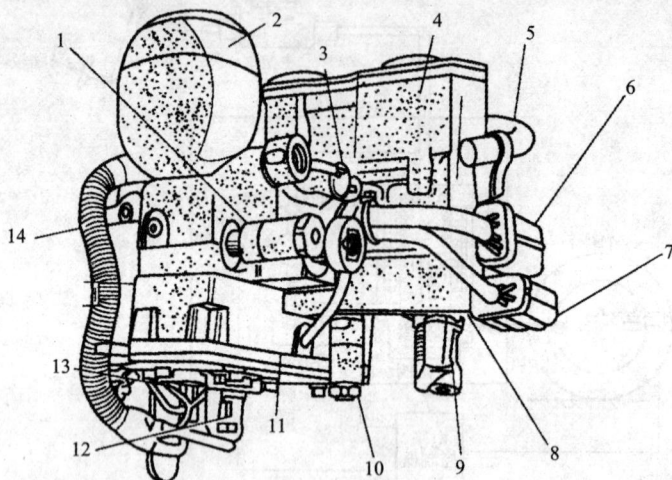

图 2-30　克莱斯勒汽车循环调压整体式制动压力调节器总成

1—左后轮比例阀；2—囊式蓄压器；3—液面传感器；4—储液室；5—低压管；6—变换器和开关线束插接器；
7—制动压力调节器线束插接器；8—制动总泵；9—差压开关；10—右后轮比例阀；
11—制动压力调节器；12—双作用压力开关；13—助压变换器；14—防护罩

a)储液箱。

储液箱用于储存制动系统的大部分制动液。储液箱内部被分隔成三个腔室，分别与总泵第一腔、总泵第二腔及助力控制阀相连。

b)液面传感器。

液面传感器用于检测储液箱内液面的高低，以判断制动液是否充足。当制动液面过低时，仪表板上红色制动报警灯(BRAKE)将会点亮。

c)蓄压器。

蓄压器用于储存高压制动液，蓄压器呈囊状，其内部被以膜片分隔成两个腔室。上腔为气室，其内充有氮气；下腔为油室，用于储存电动泵输送来的制动液。油室的压力与其内的贮油量成正比。当油液输入油腔后，压缩上腔室的氮气，输入的制动液就越多，挤压气室就越严重，腔室的油液压力就越大。

蓄压器中没有制动液时，其中氮气的压力为 6895 kPa。当充入油液后，压力可达 11030 ~ 13790 kPa。

d)电动油泵。

电动油泵用于将储液箱里的低压制动液加压，并输送到蓄压器。电动油泵安装在制动压力调节器下端，其出油口与蓄压器相连。

电动油泵的工作由双作用压力开关控制，与电控单元无关。当双作用开关断开时，电动油泵不工作；当双作用压力开关闭合时，电动油泵工作。

e)双作用压力开关。

双作用压力开关的作用是监测蓄压器的压力，控制电动油泵的工作。

如图 2-31 所示。双作用压力开关主要由弹性空心管、杠杆及微动开关组成。弹性空心管的内部有制动液，弹性空心管的一端与杠杆相连。

当蓄压器中的液压升高(达 13790 kPa)时，弹性空心管的液压也随之升高。在该压力作用下，弹性空心管变形，带动杠杆摆动，杠杆使微动开关断开，电动油泵停止工作。当蓄压器中液压下降(低于 11030 kPa)时，微动开关在杠杆带动下又接通，使电动油泵工作，向蓄压器中泵油。

当蓄压器压力低于 6895 kPa 时，双作用压力开关向 ABS ECU 发出报警信号。此时，红色制动报警灯、黄色防抱死制动系统报警灯点亮，使防抱死制动系统停止工作。

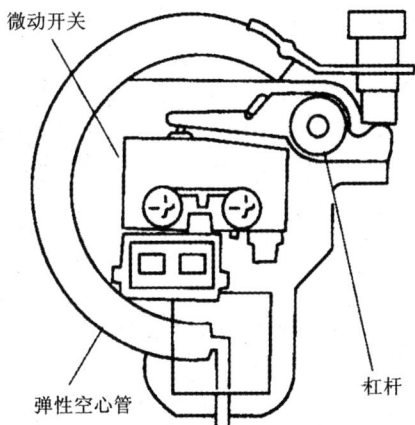

图 2-31 双作用压力开关

f)压力变换器。

压力变换器的作用是将油压信号转换成电压信号，并将该信号输入 ABS ECU，以检测制动系统的工作情况。

该防抱死制动系统中有两个压力变换器：第一压力变换器和助压变换器。第一压力变换器安装在制动压力调节器的左侧，用于监测制动主缸第一腔的压力；助压变换器安装在制动压力调节器的底部，用于监测助力控制阀的压力。

g)后轮比例阀。

后轮比例阀用来控制作用在后轮制动轮缸中的液压，以平衡普通制动时，前、后轮的制动力。

后轮比例阀为旋入式比例阀，在制动压力调节器前后两个后轮制动油路的出口处各安装一个。在普通制动方式中，当后轮制动压力达到某值时，比例阀就限值流向后轮制动轮缸的制动液，防止后轮先于前轮抱死。

h)差压开关。

差压开关用于检测制动主缸第一腔和第二腔的压力差。当两腔压力差超过规定值(大于 2068 kPa)时，差压开关动作，使第一压力变换器输出端接地，ABS ECU 根据此信号控制防抱死制动系统停止工作，并点亮红色制动报警灯和黄色防抱死制动系统报警灯。

i)制动压力调节器。

整体式防抱死制动系统制动压力调节器主要由增压阀、减压阀、截止阀、单向阀组成，其中增压阀和减压阀均为二位二通阀，截止阀为二位三通阀。

②循环调压整体式制动压力调节器的工作原理。

循环调压整体式制动压力调节器在防抱死制动系统不工作、工作("减压""升压""保压")时有着不同的工作状态，如图 2-32 所示：

a)防抱死制动系统不工作(普通制动方式)时。

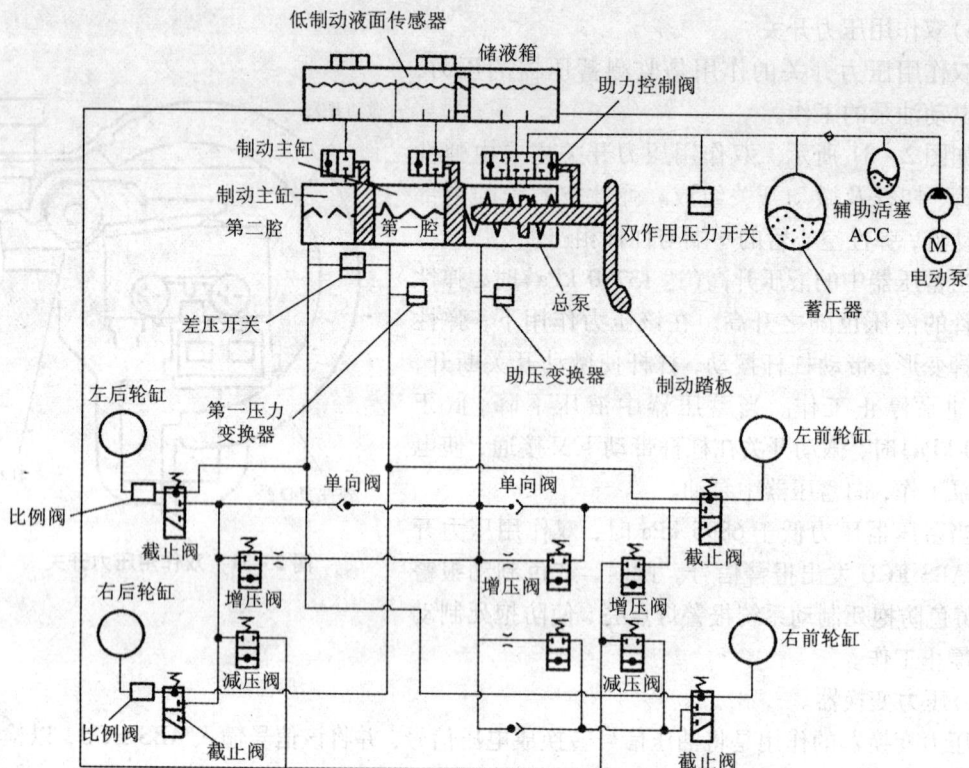

图 2-32 克莱斯勒整体式制动压力调节器工作原理图

当驾驶员踩下制动踏板制动时，助力控制阀（三位四通阀）即接通蓄压器和助力器的油路，实现制动助力作用。在车轮尚未抱死之前，制动系统以普通制动方式工作。在普通制动方式时，ABS ECU 控制各阀处于下列工作状态：

ⓐ截止阀接通制动主缸和制动轮缸之间的油路。

ⓑ增压阀断开时，阻止来自助力控制阀的高压制动液流向制动轮缸。

ⓒ减压阀断开制动轮缸和储液箱之间的油路。

这时，制动主缸第一腔、第二腔的制动液通过各截止阀流向各制动轮缸，实现普通制动。

b）防抱死制动系统工作时。

当防抱死制动系统工作时，ABS ECU 控制制动压力调节器进行"减压""保压""升压"动作，以防止车轮抱死。

ⓐ"减压"时：在减压阶段，ABS ECU 控制制动压力调节器上的各个阀门分别处于以下状态：

截止阀一方面断开制动主缸和制动轮缸之间的油路，使制动主缸的压力油不再流向制动轮缸。另一方面，同时接通制动轮缸和减压阀之间的油路，使制动轮缸的制动液经减压阀流回储液箱，减小制动液压。

减压阀接通制动轮缸和储液箱之间的油路，使制动液回流入储液箱，实现"减压"。

增压阀断开，阻止来自助力控制阀的高压制动液流向制动轮缸。

ⓑ"保压"时：在压力"保持"阶段，ABS ECU 控制制动压力调节器上的各个阀门分别处于以下状态：

截止阀断开制动主缸和制动轮缸之间的油路，制动主缸的制动液不能流向制动轮缸。

增压阀断开，阻止来自助力控制阀的高压制动液流向制动轮缸。

减压阀断开制动轮缸和储液箱之间的油路，使制动轮缸的制动液不能流回储液箱。

在各阀门的上述状态下，制动轮缸和外界的油路均被切断，制动轮缸内液压保持不变。

ⓒ"升压"时：在"升压"阶段，ABS ECU 控制制动压力调节器上的各个阀门分别处于以下状态：

截止阀断开制动主缸和制动轮缸之间的油路，制动主缸的制动液不能流向制动轮缸。

增压阀接通，来自蓄压器的高压制动液通过助力控制阀、增压阀的作用在各制动轮缸上，制动轮缸上中的液压增大。

减压阀断开制动轮缸和储液箱之间的油路，使制动轮缸的制动液不能流回储液箱。

在上述阀门各种状态下，蓄压器中的高压制动液经助力控制阀、增压阀、截止阀流入制动轮缸，使制动轮缸中液压增大。

制动压力调节器在 ABS ECU 控制下，按照不同的方式工作，实现防抱死制动系统功能。

3）变容式制动压力调节器

它是在汽车原有制动系统基础上增加一套液压控制装置。制动压力油路和 ABS 控制压力油路是相互隔开的。

（1）常规制动：如图 2 - 33 所示，电磁阀无电流，柱塞左移，控制活塞在弹簧作用下左移顶开单向阀，常规制动油路接通。ABS 不工作。

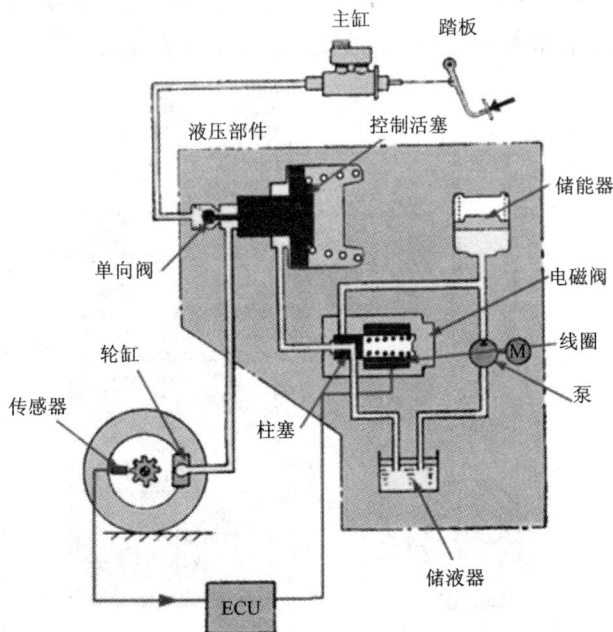

图 2 - 33　常规制动

（2）减压：如图 2 - 34 所示，电磁阀通入一大电流，柱塞右移，控制活塞在压力油作用下右移，单向阀关闭，常规制动油路切断。同时由于控制活塞的右移，使轮缸侧容积增大，制动压力减小。

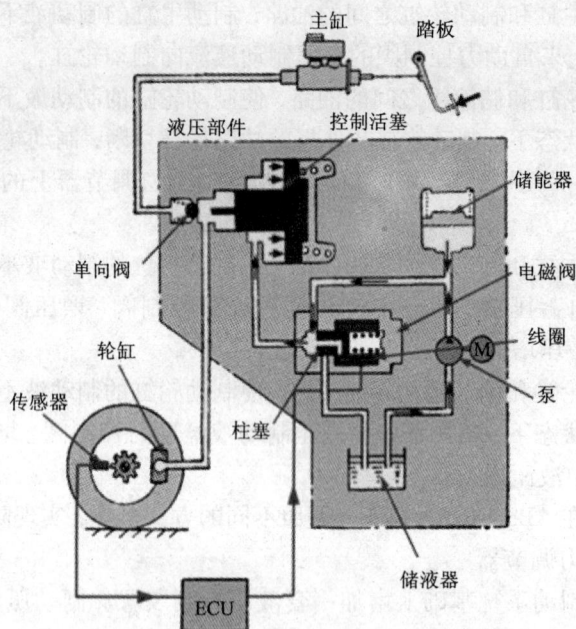

图 2 - 34 减压

（3）保压：如图 2 - 35 所示，电磁阀通入较小电流，柱塞右移将所有油路相互隔开，控制活塞保持在某一位置，轮缸侧的容积不发生变化，制动压力保持一定。

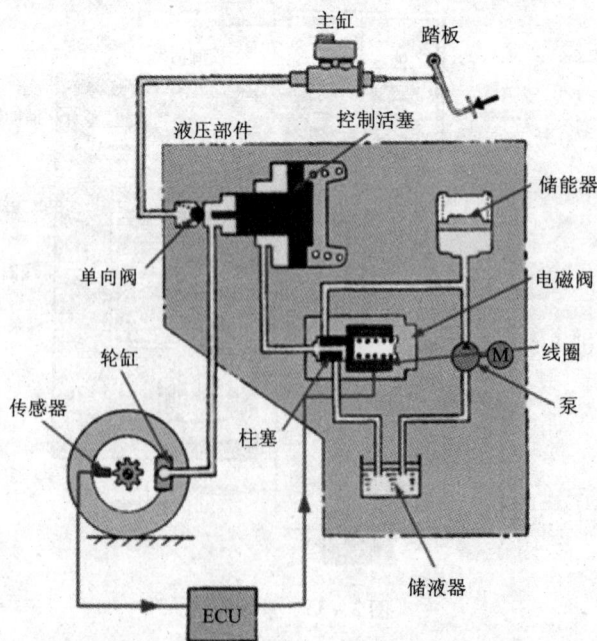

图 2 - 35 保压

4）制动压力调节器的工作电路

防抱死制动系统的型号不同，制动压力调节器的工作电路也不同。图 2 - 36 所示为丰田子弹头旅行车防抱死制动系统制动压力调节器中电磁阀和电动泵的工作电路。

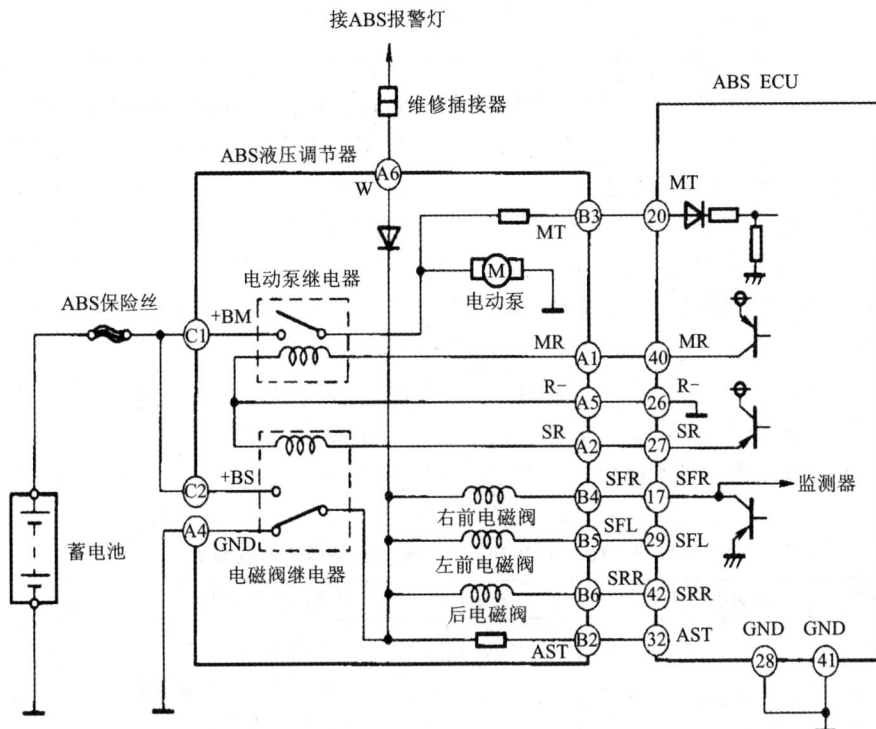

图 2 - 36　制动压力调节器的工作电路

如图 2 - 36 所示, 制动压力调节器中电磁阀的工作电源由电磁阀继电器控制。三个电磁阀线圈的工作分别由 ABS ECU 通过其端子 SFR(右前轮)、SFL(左前轮)、SRR(右后轮)控制。电动泵的工作电源由电动泵继电器控制。当 ABS ECU 控制电动泵继电器触点闭合时, 电动泵开始工作; 当电动泵继电器触点断开时, 电动泵就停止运转。

5)ABS 制动压力调节器的检查

常见故障: 电磁阀线圈不良; 阀有泄漏现象。

故障检查方法:

(1)用电阻表检查电磁阀线圈的电阻, 若电阻无穷大或过小, 则电磁阀有故障;

(2)加电压实验, 给电磁阀加上工作电压, 如不能正常工作, 则应更换;

(3)液压元件泄漏检查;

(4)液压元件维修。

2.2.4　ABS 制动系统的使用与故障诊断

1. ABS 使用的注意事项

ABS 系统可使汽车的制动性能得到改善, 但驾驶 ABS 汽车必须注意以下事项:

(1)装有 ABS 系统的汽车在紧急制动时应踩下离合器或挂空挡;

(2)使用 ABS 汽车不需要点制动, 驾驶员只需踩下制动踏板即可;

（3）ABS 也只能在一定的条件下才能充分发挥作用；

（4）为防止 ABS 系统对制动压力进行错误调节，ABS 绝不可带故障行驶。

2. 利用警告灯诊断

所谓故障灯诊断是通过仪表板上的 ABS 警告灯和红色制动警告灯的闪亮规律，进行故障诊断的一种快速简易方法。实用中，驾驶员经常通过这种方法对 ABS 的故障进行粗略判断。

通常情况下，在点火开关接通（ON）时，黄褐色 ABS 警告灯应闪亮（约 4 s 左右），此时如果制动液不足（液面过低），红色制动灯也会点亮；蓄能器压力低于规定值、手制动未释放时，红色制动灯也会点亮；当蓄能器压力、制动液面符合规定且手制动完全释放时，红色警告灯应该熄灭。在发动机启动的瞬间，ABS 警告灯和红色制动警告灯一般都应点亮（手制动在释放位置）；一旦发动机运转起来后，两个警告灯应先后熄灭。汽车行驶过程中，两个警告灯都不应闪亮，否则说明 ABS 有故障或液压系统不正常。

由于车型不同，采用的 ABS 型号不同，电路也不相同，其警告灯的闪亮规律也会有一些差异。不同车型的故障警告灯诊断表，可在本车型的维修手册中查到。表 2 - 3 是桑塔纳 2000GSi 轿车的故障警告灯诊断表。

表 2 - 3　桑塔纳 2000GSi 轿车的故障警告灯诊断表

ABS 警报灯	制动系统警告灯	故障现象	可能的故障原因
常亮	自检后熄灭	ABS 不起作用	①轮速传感器不良； ②液压泵保险丝断路； ③液压控制单元不良； ④ABS ECU 不良；
自检后熄灭	常亮	ABS 不起作用	①制动液缺少； ②F_{34}发生短路； ③制动液位传感器不良；
常亮	常亮	ABS 不起作用	①两个或两个以上轮速传感器故障； ②ABS 电脑供电端子故障； ③电磁阀供电端子故障； ④液压控制单元不良；
		ABS 起作用	16—13 端子电压超差
不亮	常亮	ABS 不起作用	ABS 警告灯和电磁阀供电端子同时故障
	自检后微亮	ABS 起作用	ABS 警告灯故障
	自检后熄灭	踩踏板时，振动强烈	①ABS ECU 不良； ②制动鼓失圆
自检后微亮	自检后微亮	ABS 不起作用	轮速传感器和 ABS 警告灯同时出现故障
偶尔点亮	自检后熄灭	ABS 起作用	①轮速传感器信号不良； ②ABS ECU 插座松动； ③轮毂轴承松旷

3.读取故障码的几种方法

故障代码的读取和清除与发动机电子控制系统含义相同。ABS故障代码的读取方法大致可归纳为下述三种：

1)跨接自诊断启动电路读取故障代码

一般ABS系统中都设有自诊断插座，维修人员可按规定的方法跨接插座中的相应端子或其他方法，然后根据ABS警告灯、跨接线中的发光二极管(LED)或ABS ECU上的发光二极管的闪烁规律，读取故障代码。维修人员再参照故障代码表，确定故障的基本情况。其操作步骤有的简单些，有的复杂些。

2)借助专用诊断测试仪读取故障代码

借助专用诊断测试仪(有的叫电脑解码器或扫描仪)与ABS故障诊断通信接口相连，按照一定的操作规程，通过与ABS ECU双向通信，从检测仪的显示器或指示灯上显示故障代码。目前这类测试仪器较多，如IAE公司生产OTC、福特公司的SUPER STARII、通用公司的TECH‑II、克莱斯勒公司DRB‑II、德国大众公司的V.A.G1551或V.A.G1552以及国产的电眼睛、修车王和金奔腾等汽车故障电脑诊断仪。这些测试仪中，有的不仅能读出和清除故障代码，而且还可以向ABS ECU传输控制指令，对ABS的工作进行模拟，对电控系统进行诊断测试，确定故障部位以及故障性质，如德国大众公司的V.A.G1552。目前有的汽车(一般为欧洲车型)，只能用专用测试仪才可以读取ABS的故障代码或进行故障诊断。

3)利用汽车仪表板上的信息显示系统读取故障代码

有的汽车仪表板上具有驾驶员信息系统，即中心计算机系统。自检操作程序，从信息显示屏上读取ABS的故障代码或故障信息。检修人员可以按照一定的自检操作程序，从信息显示屏上读取ABS的故障代码或故障信息。

4.ABS系统检修的注意事项

(1)ABS系统的基础是普通制动系统，二者相互关联，不可分割。在维修时，要将二者视为整体进行维修，不能只把注意力集中于传感器、电控单元和液压调节器上。

(2)在维修车轮转速传感器时一定要注意不要碰伤传感器头，不要把传感器齿圈当作撬面，以免损坏。维修后安装时应先涂覆防锈油，安装过程中不可敲击或用蛮力。

(3)维修ABS液压控制装置时，切记要首先进行泄压，然后再按规定进行修理。尤其是整体ABS系统(制动主缸与液压调节器组合在一起)。

5.ABS系统的维修步骤

通过诊断与检查，一旦准确地判断出ABS系统中的故障部位，就可以进行调整，修复或换件，直到故障被排除为止。

修理的步骤如下：泄压→对故障部位进行调整、拆卸、修理或换件→安装→按规定步骤进行放气。

如果是车轮转速传感器或电控单元有故障，可以不进行泄压和放气步骤，只需按规定进行传感器的调整、更换即可，ABS电控单元损坏只能更换。

复习思考题

1.制动性能的评价指标有哪些？

2. 什么叫车轮的滑移率？它和附着系数的关系是什么？

3. 车轮抱死拖滑的危害有哪些？

4. ABS 制动系统的作用是什么？有哪些分类？

5. 简述 ABS 制动系统的组成和工作原理。

6. 如何拆装 ABS 制动系统？

7. ABS 制动系统的使用注意事项有哪些？

8. 简述 ABS 制动系统的诊断方法。

项目三　汽车驱动防滑转与
电子制动力分配系统

【学习目标】

技能抽查要求

能熟练说出汽车驱动防滑转系统和电子制动力分配系统的工作原理，会对驱动防滑系统的传感器进行检测，并对它们的常见故障进行检测和诊断。

教学要求

能力目标：能熟练拆装和检测汽车驱动防滑转与电子制动力分配系统，并对其零部件进行检测，会对驱动防滑系统进行故障诊断并检修。

知识目标：掌握汽车驱动防滑转与电子制动力分配系统的功能、组成及工作原理，知道其主要故障形式及原因。

任务一　汽车驱动防滑转系统

驱动防滑转系统的工作原理，应从差速器的特性讲起。差速器在转向过程中起差速作用，改善了转向性能，这是人所共知的事实。但差速器特性的缺点是给行驶的稳定性能、操纵性能、加速性能带来了麻烦。

3.1　汽车驱动防滑转基础知识

3.1.1　驱动轮防滑转的基本知识

汽车驱动防滑控制（Anti-Slip Reguliation）系统，简称 ASR，是应用于车轮防滑的电子控制系统。

汽车打滑是指汽车车轮的滑转，车轮的滑转率又称滑移率。

所谓驱动轮滑转就是指汽车在起步时，驱动轮不停地转动，但汽车却原地不动，或者在加速时，汽车车速不能随驱动轮转速的提高而提高。驱动轮滑转的根本原因是汽车的驱动力超过了地面的附着力。

汽车行驶时，发动机输出转矩通过传动系统传到驱动轮，该转矩又通过驱动轮作用在地面上，给地面一个作用力，按照作用力与反作用力的原理，地面同样给驱动轮一个与行驶方向相同的作用力，该力就是驱动汽车行驶的外力，即汽车的驱动（或者叫牵引力）。随着发动机输出转矩不断增大，汽车的驱动力也不断增大，但是当汽车的驱动力超过地面的附着力时，驱动轮就开始滑转。

汽车车轮在制动时的"打滑"和在驱动时的"打滑"是有着很大的区别的。汽车在制动时的"打滑"是车轮不转动，在地面上"滑移"；而汽车在驱动时的"打滑"是车轮转动，相对于地面没有位移（起步时），或者车轮转速超过了其应当产生的位移（加速时），这就是汽车驱动时车轮的"滑转"。

一般地，用滑移率来表示汽车制动时车轮滑移的程度，而用滑转率来表示驱动轮的滑转程度。滑转率的表达式如下：

$$S_d = \frac{r\omega - v}{r\omega} \times 100\%$$

式中：S_d——滑转率；

v——实际车速（车轮中心纵向速度），m/s；

r——车轮半径，m；

ω——车轮转动角速度，rad/s。

当 $v = 0$（即汽车原地不动），而 ω 不为 0 时，$S_d = 100\%$，车轮处于完全滑转状态。

当 $v = r\omega$ 时，$S_d = 0$，车轮处于自由滚动状态。

汽车的滑移率直接影响到汽车制动时的纵向、横向附着系数，同样，汽车的滑转率直接影响到汽车驱动时的纵向、横向附着系数。图 3-1 所示为通过试验得到的在各种路面上滑移率、滑转率与纵向附着系数的关系曲线。从图 3-1 中可以看出：

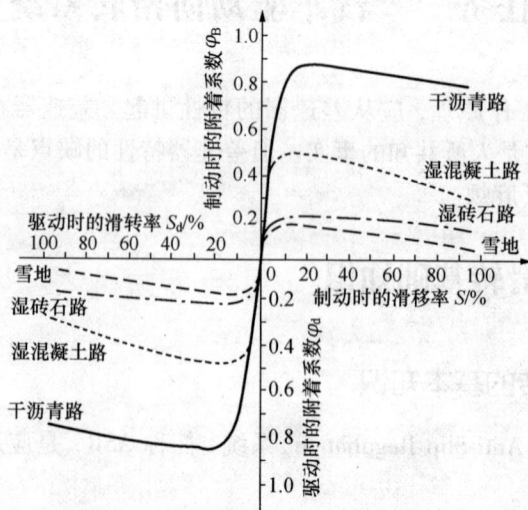

图 3-1　滑移率、滑转率与纵向附着系数的关系

（1）路面不同，纵向附着系数不同；

（2）纵向附着系数随着滑移率和滑转率的变化而变化；

（3）无论在哪种路面上，其纵向附着系数总是在滑移率或滑转率为 20% 左右时达到峰值；

（4）纵向附着系数的变化趋势在制动和驱动时基本相同。

当然，纵向附着系数还受到轮胎的类型、气压和磨损程度、车轮的载荷及大气温度、轮胎的侧偏角、车速等的影响，但总的趋势是不会变化的。

制动时的纵向附着系数和驱动时的纵向附着系数对汽车的制动力和驱动力汽车主要作用。为了避免汽车制动时车轮滑移，ABS 系统将车轮的滑移率控制在 20% 左右，使汽车在制动时获得较短的制动距离和较好的方向稳定性和转向控制能力。同样，要想使汽车在驱动（起步、加速）时获得较大的驱动力，充分利用发动机输出的转矩，也应当将驱动轮滑转率控制在 20% 左右，使汽车能够快速、平稳起步、加速。驱动轮防滑转调节系统的作用就在于此。

另外，当驱动轮滑转率为 100%（车轮完全空转）时，纵向附着系数很小，横向附着系数几乎为 0，这会使后轮驱动汽车失去方向稳定性，使前轮驱动汽车失去转向控制能力。在车辆的驾驶过程中，尤其是在低附着系数路面上起步时，为了防止车辆因车轮空转打滑而失去方向稳定性和转向控制能力，应尽可能缓慢松开离合器，并且尽量保持发动机低速转动，以免驱动力过大。

造成车轮空转打滑的原因是车轮的驱动力大于驱动轮与路面的附着力，因此，防止驱动时车轮滑转的方法是控制驱动力，即在适当的时候减小驱动力，以防止驱动力超过轮胎和路面的附着力而导致车轮滑转。

3.1.2　汽车差速器特性

1. 差速特性

$N_左 + N_右 = 2N_壳$，为转速特性（N）。

上式表明左右两侧半轴齿轮的转速之和等于差速器壳转速的两倍，因此汽车在转弯或其他行驶情况下，可以借差速器中行星齿轮相应转速的自转，使两侧驱动车轮以不同转速在地面上滚动而无滑动。

2. 转矩等分特性

$M_左 + M_右 = M_t$；$M_左 = M_右 = M_t/2$，为转矩特性（M）。

当汽车的一个驱动轮接触到泥泞或冰雪路面时，此时在泥泞路面上的车轮原地滑转，而在良好路面上的车轮静止不动。这是因为在泥泞路面上车轮与地面之间附着力很小，路面只能对半轴作用很小的反作用转矩，虽然另一车轮与好路面间的附着力较大，但因普通差速器具有转矩等分特性，使这一侧车轮分配到的转矩只能与传到滑转的驱动轮上的很小的转矩相等，致使总的驱动力不足以克服行驶阻力，汽车便不能前进。

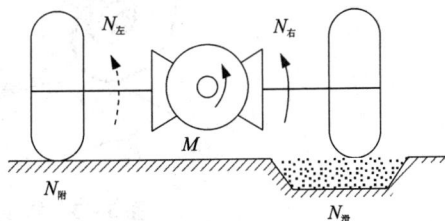

图 3 - 2　差速器特性缺点

所以一轮打滑或悬空时，汽车原地不动，如图 3 - 2 所示。即：

根据 N 特性：$N_附 = 0$ 时，$N_滑 = 2N_壳$，高速

空转；

根据 M 特性：$M_附 = M_滑$，不能前进。

因无反作用力，发动机的功变为行星齿轮的高速自转摩擦($M_摩$)而消耗掉。

3.1.3 防滑转措施

驱动轮防滑转的控制方法有：对发动机的输出转矩进行控制；对驱动轮进行制动；对差速器进行锁止。

1）对发动机输出转矩进行控制

通过适当调整发动机的输出转矩，将驱动轮的滑转率控制在最佳范围内，使驱动轮与地面间的附着系数保持在较高值，最终使汽车获得较大的驱动力。调整发动机输出转矩的方法有：

（1）调节喷油量：短时间减小或中止喷油，可以微量调节发动机输出转矩。

（2）推迟点火（即减小点火提前角）。推迟点火，可以减小发动机输出转矩。这种方法的反应速度比调节喷油量快，但容易造成失火，燃烧不完全，使废气排放量增大。

（3）调节进入发动机汽缸的空气量：一般情况下，通过调节节气门开度来调节进气量。这种调节方法反应速度比较慢，但从加速平滑、燃烧完全及减小排气污染的角度来看，这种方法最好。

2）对驱动轮进行制动

当某驱动轮的滑转率超出最佳范围时，通过对该驱动轮进行制动可以快速降低该驱动轮转速，减小滑转率。

如图 3-3 所示，某汽车的两个驱动轮处于附着系数不同的路面上，处于高附着系数 φ_H 路面的驱动轮的最大驱动力为 F_H，处于低附着系数路面 φ_L 的驱动轮的最大驱动力为 F_L。根据差速器的工作原理可知，两个驱动轮上的驱动力是相等的，当超过了低附着系数路面上的最大附着力（即地面附着力）时，该车轮就会滑转，因此，汽车的驱动力只取决于低附着系数路面上的驱动力 F_L。

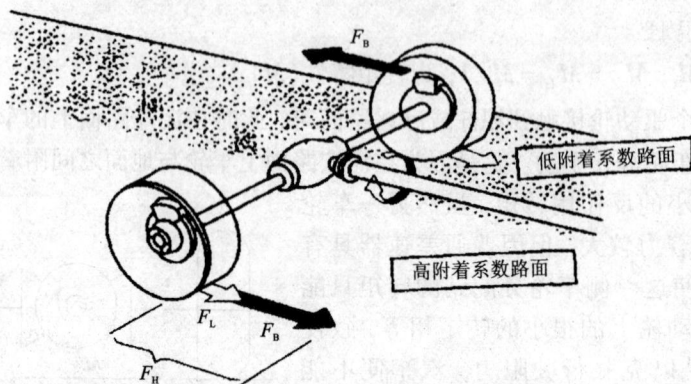

图 3-3 施加制动力产生的差速锁止作用

要想充分利用高附着系数路面的地面附着力，可以对位于低附着系数路面的车轮进行制动。通过对低附着系数路面的车轮进行制动，不仅可以降低该车轮的转速，避免该车轮的滑转，而且可以增大高附着系数路面车轮的驱动力。若在低附着系数路面车轮的制动盘上施加制动力 F_B，则可在高附着系数路面的车轮额外产生驱动力 F_B'，其值为

$$F_B' = F_B \times 制动盘有效半径/驱动轮的有效半径$$

这样，作用在驱动轮的全部驱动力为 $F_B' + 2F_L$。

这种控制方法是防止滑转最迅速的一种方法，但是为了保证乘坐舒适，制动力不能太大，因此这种方式一般是作为节气门调整发动机输出转矩方法的补充。调整发动机输出转矩和对驱动轮制动的方法结合起来，可以获得最好的操作性、稳定性和最短的反应。

3）对差速器进行锁止控制

这种控制方法用在电子控制的可锁止差速器上。其具体控制方法为在差速器向车轮输出端的离合器片上加压，以实现锁止功能。控制液压由储压器内的高压油产生，电控单元通过电磁阀来调节液压的大小，并通过压力传感器和驱动轮轮速传感器将调节后的液压反馈给电控单元。这种方法可以使锁止程度从基本锁止到完全锁止逐渐变化。

电子控制的差速锁可以把驱动轮的差速滑动控制在某一范围。当汽车起步时调节差速器的锁止程度，可以使驱动力得到充分发挥，提高车速及行驶稳定性。此外，通过对差速器锁止程度的控制可以提高汽车在弯道上行驶时的稳定性。

用防滑差速锁将半轴和差速器外壳锁为一体，行星齿轮不能自转。一轮滑转时，不滑转的车轮将得到全部转矩。但未及时开锁，造成转向困难，轮胎加速磨损，功率损失和油耗加大，失去操纵性和稳定性。

为此，大众车系开发出电子控制的差速器锁 EDS 系统，如图 3-4 所示。

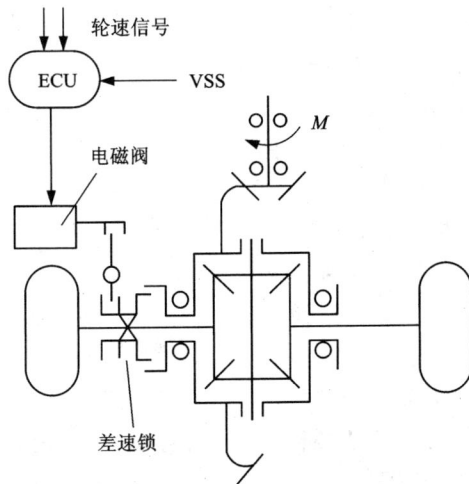

图 3-4　电子控制的差速锁系统 EDS

4）采用电控 ASR 系统

车轮在驱动中滑转，是因为牵引力 $F_t >$ 附着力 F_φ，可以通过调节驱动轮上的驱动力矩（M_t）或制动力矩（M_m），使 $F_t \leqslant F_\varphi$，其方法有两个：

①两驱动轮都滑转时，调节发动机的输出转矩（M_e），使牵引力 F_t 减小。可用电机调节

副节气门的开度，或中断部分汽缸喷油和点火，或将点火时间延迟。

②某一驱动轮滑转时，对它施加定量的制动力矩，通过差速器行星轮的自转，使不滑转的另一轮 F_t 增大，继续前进。这一措施的使用，是对差速器特性缺点的利用和改造。

在这几种控制方式中，目前较多的是采用前两种的组合。这些控制方式可以被单独使用，但目前实车上采用组合控制方式的较为普遍。

3.2　汽车驱动防滑转系统的检修

3.2.1　汽车驱动防滑转系统

1.防滑转系统的作用

在汽车起步或加速时，根据路面附着力和车轮转速的情况控制驱动车轮的驱动力，改善驱动轮的附着能力，以防止驱动轮滑转，特别是防止汽车在非对称路面或在转弯时驱动轮的空转，并将滑转率控制在 20% 左右。

2.防滑转系统的优点

ASR 能在驱动轮滑转时自动调节滑移率，充分利用驱动车轮的最大附着力，具有以下优点：

(1)汽车起步、行驶中驱动轮可提供最佳驱动力，与无 ASR 系统相比，汽车的动力性得到提升，特别是在附着系数较小的路面上，起步、加速性能和爬坡能力较佳；

(2)能保持汽车的方向稳定性和前轮驱动汽车的转向控制能力；

(3)减少了轮胎磨损与发动机损耗。

在装备 ASR 的车上，一般在 ASR 系统工作时，仪表盘上的 ASR 指示灯会亮起，提醒驾驶员此时在易滑路面上行驶，应谨慎驾驶。

3.防滑转系统 ASR 的基本组成

ASR 系统的基本组成如图 3 - 5 所示，由传感器、电子控制单元(ECU)、执行器、驱动轮制动器组成，各主要部件的功能如下。

(1)电子控制单元(ECU)。电子控制单元(ECU)是 ASR 的控制单元，具有运算功能，根据前后轮速传感器传递的信号以及发动机和自动变速器的电子控制单元中节气门信号来判断汽车的行驶条件，分析判断后，对节气门执行器、ASR 制动执行器发出指令，执行器完成对发动机输出转矩的控制和制动压力进行调整。

图 3 - 5　驱动防滑转系统的组成结构图

(2)传感器。ASR 系统传感器主要是轮速传感器和节气门位置传感器(包括主节气门位置传感器和副节气门位置传感器)。一般轮速传感器与 ABS 系统共用，主要来完成对车轮转速的检测，并将轮速信号传送给 ABS 和 ASR 电子控制单元(轮速传感器的工作原理见前项目二相关内容)。除了上述两种主要传感器外，ASR 选择开关是系统特有的一个开关装置，它

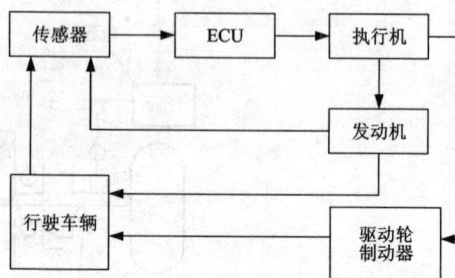

可以通过人为操作选择是否启用 ASR 系统，如将 ASR 的关断开关切断（处于 OFF 位置），ECU 可退出 ASR 工作状态，并点亮 ASR 关断指示灯。

（3）执行器。ASR 系统的执行器主要是 ASR 执行器和节气门执行器。前者根据从 ABS 和 ASR 电子控制单元传来的信号，为 ABS 执行器提供液压。后者则根据 ASR 电子控制单元传送来的信号，改变节气门的开度来控制发动机的输出功率，进而实现抑制驱动车轮滑转的目的。

2.防滑转系统 ASR 的控制方法

如前所述，防滑转系统 ASR 的控制方法包括：

1）调节发动机的输出转矩

合理地控制发动机输出转矩，能够使汽车的驱动轮获得最大驱动力。发动机输出转矩的控制方式有：

（1）调整进气量，如调整节气门的开度和辅助空气装置；

（2）调整点火时间，如减小点火提前角或停止点火；

（3）调节燃油喷油量，如减少或中断供油。

2）控制驱动轮的制动力

这种方法是对发生滑转的驱动轮直接加以制动。该方式响应时间最短，是防止滑转的最迅速的一种控制方式。但为了制动过程平稳，并考虑舒适性，其制动力应缓慢升高。该控制方式与调整进气量的控制模式相配合，能达到较好的效果。ASR 制动压力源是蓄压器，通过电磁阀调节驱动制动压力的大小。

（1）对于附着路面两个驱动轮都打滑的情况，直接实施制动一般可以使驱动轮转速达到最佳滑转率内。

（2）在分离路面上行驶的汽车，对低附着路面一侧的打滑驱动车轮施加制动力，可以使在高附着路面一侧的驱动轮提高驱动力。

（3）差速器进行控制：当汽车在好路面上行驶时，具有正常的差速作用；而在坏路上行驶时，差速作用被锁止，从而防止驱动车轮打滑。防滑差速器包括机械式和电子式两种。其中电子控制防滑差速器原理与 EDS 类似，如 V - TCS（Vehicle Tracking Control System）型差速器，就是根据汽车驱动轮的滑移量，控制发动机的转速和汽车的制动力；或者根据左右车轮的转速差来控制转矩，并采用提高转向性能的后湿式防滑差速器与后轮制动器相接合的方法来分配后轮的制动力。又如 LSD（Limited Slip Differential）型差速器，通过各传感器掌握汽车和驾驶员的动态，然后按照驾驶员的意愿和要求来最优分配左右驱动轮的驱动力。

（4）综合控制，包括调节发动机的输出转矩与控制驱动轮的制动力综合，与调节发动机的输出转矩与差速器控制综合两种。

3.典型 ASR 制动压力调节装置的控制过程

我们以其中一个制动回路上的车轮制动过程为例，说明液压单元是如何工作的。液压部分在常规的 ABS 系统基础上，增加两个控制阀和两个动态控制高压阀。如图 3 - 6 液压调节装置示意图所示控制阀 N225（A）、动态控制高压阀 N227（B）、进油阀（C）、出油阀（D）、制动缸（E）、回流泵（F）、主动伺服器（G）、低压蓄能器（H）。

1）增压阶段

助力器建立预压力使回流泵（F）吸入制动液。N225（A）关闭，N227（B）打开，进油阀（C）保持开启，直到车轮被制动到所需的制动强度，如图 3 - 7 所示。

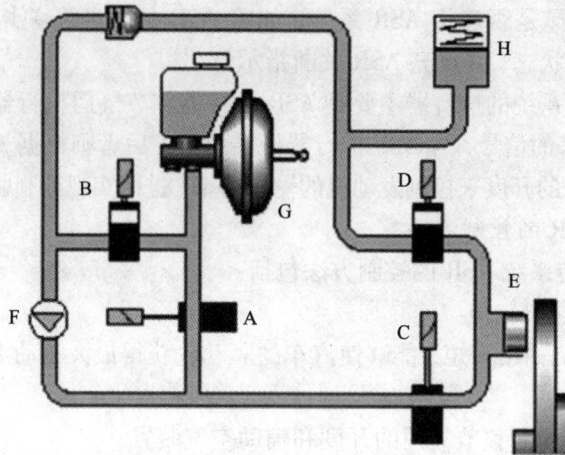

图 3-6　液压调节装置示意图

2)保压阶段

电子控制单元通过转速传感器得到的信号识别出车轮有抱死倾向时,单元命令 N225(A)关闭,N227(B)关闭,进油阀(C)关闭,出油阀(D)关闭,如图 3-8 所示。

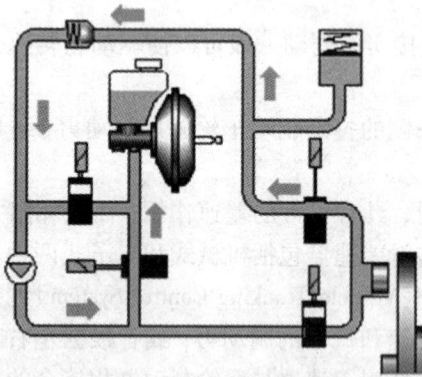

图 3-7　ASR 增压阶段

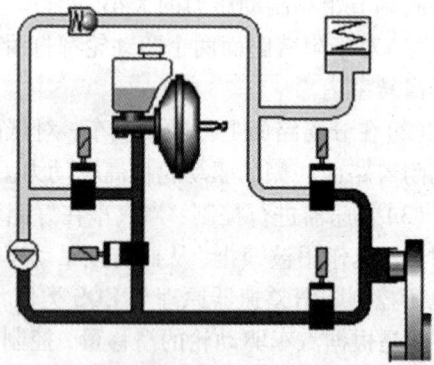

图 3-8　ASR 保压阶段

3)降压阶段

降压阶段。此时,ASR 控制单元令出油阀(D)打开,进油阀(C)关闭,N225(A)打开,液压泵开始工作,制动液经低压蓄能器被送回到控制总泵,制动压力降低,制动踏板出现抖动,车轮抱死程度降低,车轮转速增大,如图 3-9 所示。

4.ABS 和 ASR 系统的区别和联系

1)ABS 和 ASR 共同点

(1)ABS 和 ASR 都是利用轮速传感器的控制方式,取其低速抱死信号或高速滑转信号。

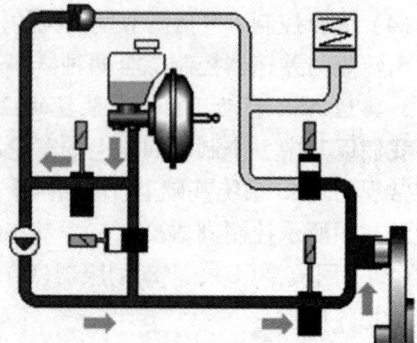

图 3-9　ASR 降压阶段

（2）ABS 和 ASR 都是控制车轮的制动力矩或牵引力，使其在最佳滑移区内工作，提高附着力 F_{φ} 的利用率，从而缩短了制动距离、提高了加速性能、改善了汽车行驶方向的稳定性和转向操纵能力。

（3）ABS 和 ASR 两系统工作互不影响，都有自检、报警、自诊的功能。

2）ABS 和 ASR 不同点

（1）ABS 系统对驱动轮和非驱动轮都进行控制；ASR 系统只对驱动轮进行控制。并有选择开关（ASR/SW），控制其使用时机（湿滑路面上使用）。

（2）ASR 系统只在一定的车速范围内进行防滑转调节，当车速达 80 km/h 以上时，不起调节作用（没有必要调节）。

（3）ASR 系统的调节功能在低速时，以提高牵引力 F_t 为主，对两驱动轮能分别调节制动力 F_B；在高车速时，以提高行驶的稳定性为主，对两驱动轮统一地调节牵引力 F_t 或制动力。

（4）ABS 系统控制期间，离合器处于分离状态，发动机是怠速状态，传动系无工作荷载，各车轮间无相互影响。

（5）ASR 系统控制期间，离合器处于接合状态，发动机不是怠速状态。发动机的旋转惯量，对传动系统有较大的负载（扭振）。驱动轮间有较大的相互影响（差速器处于工作状态）。

（6）ABS 是单环节制动控制系统，ASR 是多环节控制系统，它包括发动机控制环节和制动控制环节。前者是利用低频、低电位轮速信号调压，过程是降压、保压、升压。后者是利用高频、高电位轮速信号调压，过程是：升压、保压、降压。

必须指出：

（1）汽车在举升器上，四轮悬空转动时，无驱动轮速信号，驱动轮为滑转信号，转矩 M_e 将减小，不能随意提高转速。应关闭 ASR 开关，再进行运转试验。

（2）由于"智能化节气门体"的出现，防滑转系统的结构将被替代和简化，这是历史的必然。

复习思考题

1.什么是汽车的差速器特性？

2.汽车的防滑转措施有哪些？

3.汽车驱动防滑转系统的作用和优点有哪些？

4.简述驱动防滑转系统的组成和工作原理。

任务二　汽车制动力分配与电子差速锁

汽车行驶在车轮附着地面条件不同的情况下（如左侧车轮附着在湿滑路面，而右侧车轮附着于干燥路面），或汽车在紧急制动时后轮先于前轮抱死的情况下，都会影响汽车的正常行驶，甚至导致悲剧的发生。下面我们就分析一下在前述情况下会对汽车产生哪些不良影响，对于主动安全装置趋于完善的现代汽车是怎么解决这些问题的。

3.3 汽车电子制动力分配与电子差速锁的检修

3.3.1 汽车电子制动力分配与电子差速锁

1. 电子制动分配(EBD)的工作原理

ABS 制动系统虽然能在湿滑路面情况下缩短刹车距离、减少轮胎磨损，并避免轮胎因抱死而失去转向能力，但是 ABS 须在踩下刹车踏板至车轮抱死时才发挥作用，而电子制动力分配(EBD)则在刹车踏板踩下后即开始运作，可有效辅助 ABS，增大保护范围。在车轮部分制动时，电子制动力分配(EBD)功能就起作用，转弯时尤其如此。速度传感器发出四个车轮的转速信号，电子控制单元根据这些信号计算车轮的转速及滑移率。若后轮滑移率大于某个设定值，则由液压控制单元调节后轮制动压力，使后轮制动力降低，以保证后轮不会先于前轮抱死。同传统的制动力分配方式(如比例阀)相比，电子制动力分配(EBD)功能保证了较高的车轮附着力以及合理的制动分配。同时，电子制动力分配(EBD)并没有增加新的硬件，而是通过软件来实现制动力的合理分配，并降低了成本。当 ABS 起作用时，电子制动力分配(EBD)即停止工作。

EBD 的升压及保压与 ABS 工作过程完全一样，但降压控制则有所不同。当后轮有抱死倾向时，后轮的常开阀关闭，常闭阀打开，车轮压力降低，与 ABS 不同的是：此时液压泵不工作，降压所排放出的制动液暂时存放在低压储液器中(图 3 - 10)。

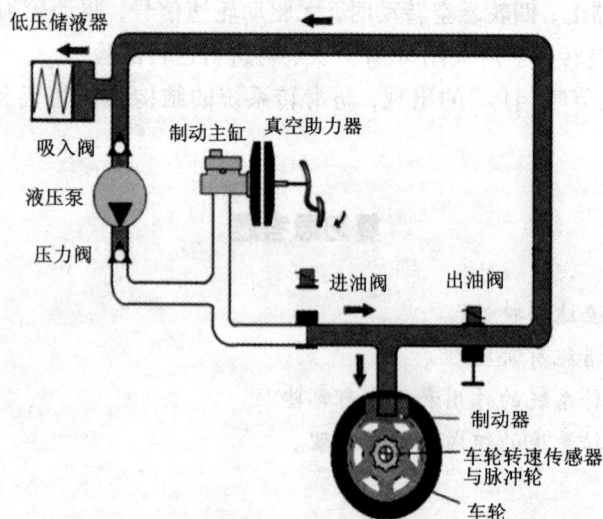

图 3 - 10 EBD 降压过程

当制动结束后，制动踏板松开，总泵内的制动压力为零，此时再次打开常闭阀，低压储液器中的制动液经常闭阀、常开阀返回总泵，低压蓄能器排空，为下一次 ABS 或 EBD 做好准备(图 3 - 11)。

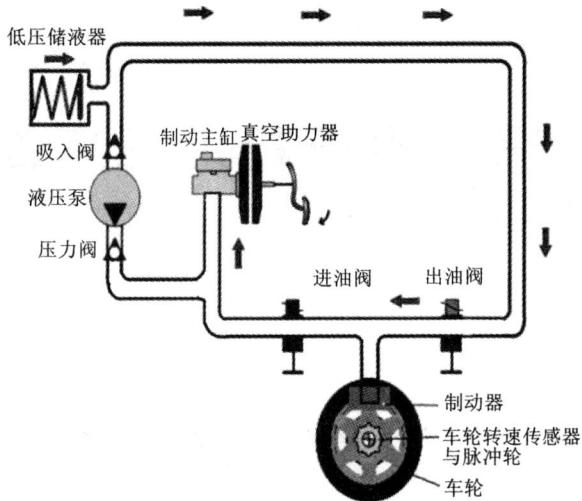

图 3 - 11 液压示意图

2. 电子差速锁的工作原理

电子差速锁(EDS)是制动防抱死系统(ABS)的一种功能扩展,用于汽车的加速打滑控制。在汽车加速过程中,当电子控制单元根据轮速信号判断出某一侧驱动轮打滑时,EDS 功能就会自动开始作用,通过液压控制单元对该车轮进行适当强度的制动,提高另一侧驱动轮的附着利用率,克服了差速器转矩等分特性这一缺点,从而提高车辆的通过能力。当车辆的行驶状况恢复正常后,电子差速锁即停止作用。同普通车辆相比,带有 EDS 的车辆可以更好地利用地面附着力,从而提高了车辆的通过性。

电子差速锁(EDS)的液压控制过程与 ASR 工作过程完全一样,在这里就不再赘述了。

复习思考题

1. 简述电子制动分配的工作原理。
2. 简述电子差速锁的工作原理。

项目四　汽车电子稳定程序控制系统

【学习目标】

技能抽查要求

能熟练说出汽车电子稳定程序控制系统的工作原理并对其常见故障进行检测和诊断。

教学要求

能力目标：能熟练使用汽车电子稳定程序控制系统相关检修工具，并对其零部件进行检测。

知识目标：掌握汽车电子稳定程序控制系统的功能、组成及工作原理，并对其零部件进行检测。

任务　典型 ESP 系统的检测

4.1　典型 ESP 系统的检修

4.1.1　ESP 系统简介

ESP 是英文"Electronic Stability Program"的缩写，是"电控汽车稳定行驶系统"之意。各类豪华车系都普遍安装了 ESP 系统(如奔驰、宝马、奥迪 A8、凌志 LS400 等)。

由于 ABS 系统不能解决在湿滑的路面上起步和加速出现的打滑问题，更不能避免汽车在行进中出现的侧滑问题。为此，在 ABS 系统的基础上，又研发了电子制动分配 EBD 和防滑转 TCS(TRC、ASR)系统，进而又推出了防侧滑稳定行驶 ESP 系统(丰田车系称 VSC 系统)。

ESP 系统属于汽车主动安全性控制系统，它是 ABS + EBD + TCS(TRC、ASR)的发展与延伸，它实际上是智能主动防滑稳定系统的最高形式。使汽车始终在惯性力和行驶方向一致的状态下，抑制汽车侧滑失控，发生意外事故，降低侧向碰撞概率。

4.1.2　ESP 系统的工作原理

1. ESP 系统的工作原理

ESP 是一套电脑程序，通过分析从各传感器传来的车辆行驶状态信息，进而向 ABS、

EDS、ASR 发出纠偏指令，来帮助车辆维持动态平衡。ESP 的电脑会计算出保持车身稳定的理论数值，再比较由侧滑率传感器和加速度传感器所测得的数据，发出平衡、纠偏指令。转向不足，会产生向理想轨迹曲线外侧的偏离倾向；而转向过度则正好相反，向内侧偏离，ESP控制原理如图 4-1 所示。

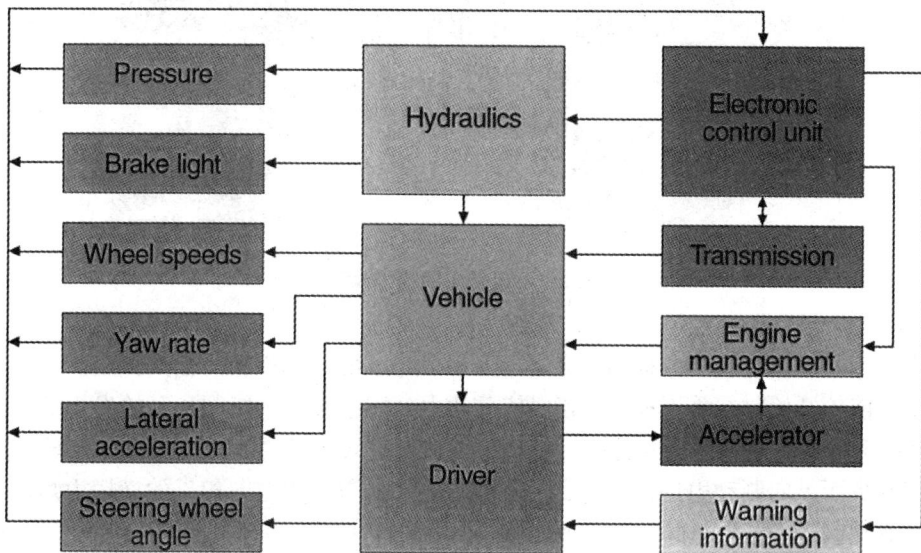

图 4-1 ESP 控制原理

其中 ESP 控制中包含以下项目：

（1）决定控制器输入参数的传感器；

（2）带有分级结构控制器的电子稳定程序的电控单元（ESP、ECU）；

（3）包括一个高级 ESP 控制器和次级打滑控制器；

（4）用于制动力、驱动力和横向力的极限控制的执行器。

ESP 具体的纠偏过程是这样实现的：ESP 通过 TCS 装置牵制发动机的动力输出，同时指挥 ABS 对各个车轮进行有目的的刹车，产生一个反横摆力矩，将车辆带回到所希望的轨迹曲线上来。比如转向不足时，刹车力会作用在曲线内侧的后轮上；而在严重转向过度时会出现甩尾，这种倾向可以通过对曲线外侧的前轮进行刹车得到纠正。主要包括以下两方面：

1）不足转向时的控制策略

ESP 判别汽车具有较大的不足转向倾向时，控制系统会自动对位于弯道内侧的后轮实施瞬时制动，以产生预定的滑移率，导致该车轮受到的侧向力迅速减少而纵向制动力迅速增大，于是产生了一个与横摆方向相同的横摆力矩。此外还获得了两个附带的减少不足转向倾向的因素。首先，由于制动而使车速降低；其次，由于差速器的作用，对内侧后轮制动从而导致外侧后轮被加速，即外侧后轮受到的驱动力增加而侧向力减少，于是产生了又一个所期望的横摆力矩。

2）过度转向时的控制策略

在出现过度转向时，驱动力分配系统就会降低驱动力矩，以提高后轴的侧向附着力。地

图 4 - 2　不足转向时的控制策略

面作用于后轴的侧向力相应会提高，从而产生一个与过度转向相反的横摆力矩。位于弯道外侧的非驱动前轮开始时几乎不滑动，若仅依靠动力分配系统还不能制止开始发生的不稳定状态，控制系统将自动对该前轮实施瞬时制动，使它产生较高的滑移率，导致该车轮受到的侧向力迅速减少而纵向制动力迅速增大，于是也产生一个与横摆方向相反的横摆力矩。由于对一个前轮制动，车速也会降低，从而获得了一个附带产生的有利于稳定性的因素。

图 4 - 3　过度转向时的控制策略

2. 关于传感器

ESP 主要传感器包括方向盘转角传感器 G85，侧向加速度传感器 G200，横摆角速度传感器 G202。

1）方向盘转角传感器 G85

安装位置：转向柱上，转向开关与方向盘之间，与安全气囊时钟弹簧集为一体。

作用：向带有 EDL/TCS/ESP 的 ABS 控制单元传递方向盘转角信号。

测量范围：±720°，4 圈，测量精度：1.5°，分辨速度：1～2000°/s。

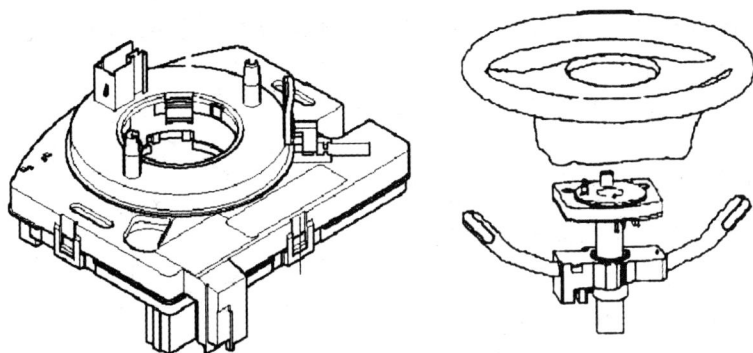

图 4 - 4　方向盘转角传感器

失效影响：系统将不能识别车辆的预期行驶方向（驾驶员意愿），导致 ESP 不起作用。

自诊断：更换控制单元或传感器后，需重新标定零点，标定方法及工作参数见基本设定部分。

电路连接：G85 是 ESP 系统中唯一一个直接由 CAN - BUS 向控制单元传递信号的传感器。打开点火开关后，方向盘被转动 4.5°（相当于 1.5 cm），传感器进行初始化。

拆装注意事项：安装时，要保证 G85 在正中位置，观察孔内黄色标记可见。

2）侧向加速度传感器 G200

安装位置：转向柱下方偏右侧，与横摆角速度传感器一体。

作用：确定侧向力。

失效影响：没有 G200 信号，无法识别车辆状态。

ESP 失效测量精度：1.2 V/g，测量范围：±1.7 g（加速度），信号：0 ~ 2.5 V。

结构原理：按电容器原理工作。两个串联电容，中间极片可在作用力下作用运动。电容可吸收一定量电荷。只要没有侧向力作用在中间极片上，则两电容间隙保持恒定，电容相等。

中间电极在侧向力作用下，其中一个电容间隙增加，另一个减小，串联电容值也随之改变。最终，电荷的改变决定了侧向力的大小和方向，如图 4 -5 所示。

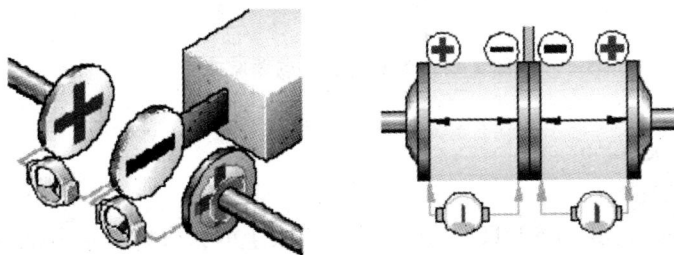

图 4 - 5　侧向加速度传感器结构原理图

3）横摆角速度传感器 G202

安装位置：转向柱下方偏右侧，与侧向加速度传感器一体。

作用：G202 感知作用在车辆上的扭矩，识别车辆围绕垂直于地面轴线方向的旋转运动。

失效影响：没有此信号，控制单元不能识别车辆是否发生转向，ESP 功能失效。

4）纵向加速度传感器 G249

注：只在四驱车上安装此传感器，如图 4 - 6 所示。

对于单轴驱动车辆，系统通过计算制动压力、车轮转速信号以及发动机管理系统信息，得出纵向加速度。

5）制动压力传感器 G201

安装位置：在主缸上，为最大限度地保证安全，有些系统采用了 2 个传感器（双重保障，实际 1 个就够用，本车采用 1 个）。

功能：计算制动力，控制预压力。

失效影响：ESP 功能不起作用。

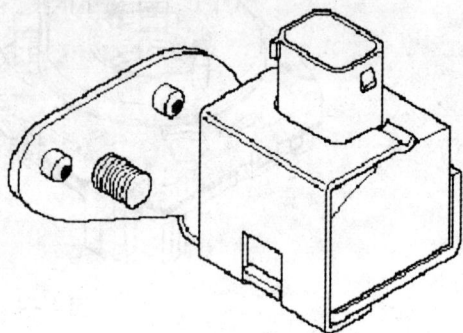

图 4 - 6　纵向加速度传感器 G249

最大测量值：170 bar，最大能量消耗：10 mA，5 V。

结构原理：两传感器都是电容型传感器。为便于说明，我们用简化的电容来说明如何感知制动压力。电容大小 C 由两极间间隙决定（其他因素不变），它可吸收一定量电荷。其中一个电极被固定，另一个可在压力作用下移动在可移动电极上时，两极间间隙变小，电容增大。压力降低时，电极间隙增大，电容减小。通过电容变化，指示压力变化，如图 4 - 7 所示。

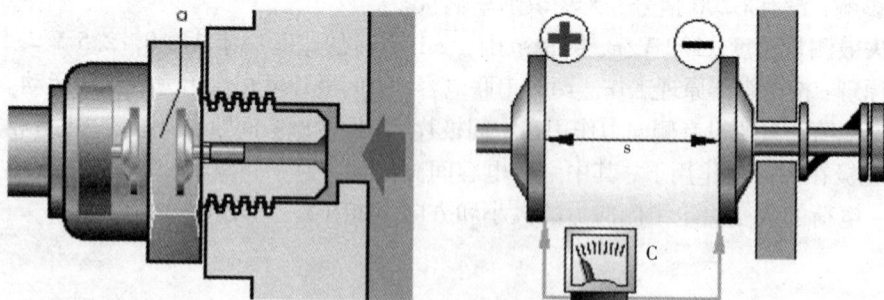

图 4 - 7　制动压力传感器原理图

6）TCS/ESP 开关 E256

安装位置：仪表板。

作用：按此开关可关闭 ESP/TCS 功能，并由仪表上的警告灯指示出来，再次按压此开关可重新激活 TCS/ESP 功能。如果司机忘记重新激活 TCS/ESP，再次启动发动机后系统可被重新激活。下列情况下，有必要关闭 TCS/ESP 开关 E256。

（1）在积雪路面或松软路面上，让车轮自由转动，前后移动车辆。

（2）安装了防滑链的车辆。

（3）在测功机上检测车辆 ESP 正在介入时，系统将无法被关闭；E256 失效，ESP 将不起作用。

4.1.3 ESP 系统的故障诊断与排除

1. 关于控制单元

电控单元(ECU)也称电子控制器或电脑,是系统的控制核心。一般封装在一个金属屏蔽盒中,具有很多接线端子用以连接各种装置。

(1)电控单元的作用是接受从各个车轮速度传感器送来的信号,经整形放大变换为同频率的方波脉冲信号,再进行汽车参考车速、各车轮速度和减速度(或加速度)的计算,并将计算结果与设定的基准值进行比较,发出控制指令信号,控制制动压力调节器的电磁阀动作,从而达到调节制动压力。

(2)电控单元还具有对整个系统工作状况进行自控和安全监视警告功能,当系统发生故障时,首先停止系统的工作,并且仪表板上的 ABS/ASR/ESP 警告灯会点亮,提示驾驶员。

(3)支持自诊断。打开点火开关后,控制单元将做自测试。所有的电器连接都将被连续监控,并周期性检查电磁阀功能。

2. 利用故障灯诊断

故障灯诊断是通过仪表板上的 ABS 警告灯和红色制动警告灯的闪亮规律,进行故障诊断的一种快速简易方法。实用中,驾驶员经常通过这种方法对 ABS 的故障进行粗略判断。表 4 -1 是宝来轿车选用 MARK60 的故障警告灯诊断表。

表 4 - 1 MARK60 的故障警告灯诊断表

状态	制动系统警告灯 K118	ABS 警告灯 K47	ASR/ESP 警告灯 K155
打开点火开关,如果系统正常,指示灯在 3 s 后系统熄灭	🔴	ABS	⚠
系统正常			
ASR/ESP 正在工作			⚠(闪烁)
ASR/ESP 按钮关闭,ABS 有效,在加速和正常行驶中 ESP 关闭,但是在 ABS 工作时 ESP 激活			⚠
ASR/ESP 失效,ABS 失效(EBV 正常)		ABS	⚠
ABS 失效,所有系统都关闭	🔴	ABS	⚠

3.车轮转速传感器的检查

别克荣御轿车四个车轮均为电磁式传感器,传感器气隙不可调。检查车轮转速传感器时,可用万用表测量传感器测量传感器阻值,温度在20℃,电阻正常值为1.3～1.8kΩ。也可从示波器测量传感器的输出波形中直观判断传感器故障。

4.横向偏摆率传感器总成的故障检查

当出现故障码C1096(横向偏摆率传感器输出信号故障)时,检查以下项目:

(1)传感器线束插头是否接触不良;

(2)传感器供电电压电路电阻是否过大、开路或存在对地短路故障;

(3)与方向盘转角传感器共用的12 V供电电压电路是否存在线路开路,对地短路故障;

(4)传感器5 V。

复习思考题

1. 简述 ESP 系统的工作原理。

2. 简述 ESP 系统的故障诊断与排除方法。

项目五　电控空气悬架系统(AAS)

【学习目标】

技能抽查要求

能熟练说出电控空气悬架的工作原理,并对电控空气悬架常见故障进行检测和诊断。

教学要求

能力目标:能熟练使用电控空气悬架专用检修工具,能对电控空气悬架系统各元件进行检测。

知识目标:了解电控空气悬架系统组成、工作原理,掌握电控空气悬架各主要组件的结构。

任务　电控空气悬架系统的检测

5.1　电控空气悬架系统的检修

乘车的人大多能感觉到:由于车辆的起步、加速、转弯、刹车或减速,车内乘客容易站立不稳甚至摔倒。如何克服这此现象呢?

可调空气悬架(Adaptive Air Suspension, AAS)是缓解这类现象的一种很好的技术。

它能够根据路面条件、载重质量、行驶速度等来自动调节车身高度、悬架刚度和减振器阻尼,从而使车辆在各种行驶条件下均可获得最佳的行驶平顺性和操纵稳定性。

那么,该系统的工作原理是什么? 都由哪些元件组成? 如何对这些元件进行检测呢?

5.1.1　电控空气悬架概述

电控空气悬架是利用压缩空气充当弹簧起作用,弹簧的刚度和车身的高度根据汽车行驶状况而自动控制;减振器的减振力控制也用来抑制汽车行驶和停止中车身形态的变化。其具体功能有三个方面:

(1)在水平路面上高速行驶时,使车身变低、弹簧变软,以提高舒适性。

(2)在凹凸不平的路面行驶时,车身变高,使悬架变硬,以消除颠簸,提高通过性。

(3)防止纵向仰头和栽头及横向倾斜,保持前照灯光轴不变,提高安全性。

电子调节空气悬架的控制包括减振力和弹簧刚度控制以及汽车高度控制两方面。

1.减振力和弹簧刚度的控制

1)防侧倾控制

侧倾发生于汽车在横向坡道高速行驶和汽车高速转弯时,根据汽车行驶速度和转向角度,使减振力和弹簧刚度转换为坚硬状态,抑制转弯期间的侧倾,这种控制持续时间大约为2 s,然后恢复到最初减振力和弹簧刚度,持续时间较长。

2)防制动栽头控制

根据汽车行驶速度,制动开关信号和汽车高度的变化,减振力和弹簧刚度转换为坚硬状态,抑制制动期间的栽头现象。

3)防后坐控制

根据汽车速度,节气门开启角度和速度的变化,减振力和弹簧刚度转换为坚硬状态,用来抑制汽车起步和急加速时后坐,在2 s后或当汽车速度达到一定水平时,恢复最初的状态。

4)高速控制

当汽车行驶速度超过一定设置水平时,减振力和弹簧刚度分别转换为中等和坚硬状态,以提高直线行驶稳定性和操纵性能。

5)不平道路、颠动或跳动控制

按照道路的不平整性,减振力转换为中等刚度和坚硬状态,弹簧刚度转换为坚硬状态,用来在不平整路面上,抑制汽车底盘的颠动和跳动,因此能提高乘坐的舒适性,该控制系统能分别精确地对前、后轮发令执行,当汽车行驶速度低于10 km/h时,不能进行调整。

2.汽车高度控制

1)自动水平控制

当高度控制传感器检测到由于乘客和行李质量变化而引起汽车高度发生变化时,按照变化量,压缩空气被加入或从可充气缸释放,以保持汽车高度在一恒定水平,保证夜晚行驶具有良好的视野。

2)高速控制

当汽车在良好路面高速行驶时,若汽车高度控制开关选择在"HIGH"上,汽车高度将自动转换为"NORM"上,以提高汽车行驶时的稳定性和减小空气阻力。

3)点火开关 OFF 控制

仅在点火开关关闭后,汽车高度降低,以减小占据空间,使行驶更加安全。

奥迪 A8 汽车电控空气悬架系统通过改变悬架的软硬度和减振系统阻尼的大小,以适应不同的行驶条件。其提供了四种不同的车身离地间隙:最高离地间隙 145 mm、高速模式95 mm、运动模式 100 mm、普通模式 120 mm,车主可以根据不同的路况或车速进行选择。如在路面状况恶劣时增加离地间隙以提高通过性;在高速行驶时选择运动模式以降低车身重心,增强车辆的行驶稳定性,同时也可以减少空气阻力,降低油耗。不论选择什么模式,AAS都会根据安装在车身不同位置的多个传感器,来感知载荷、车速和路面状况等信息,通过这些信息来选择合适的悬架硬度和减振阻尼,使车辆在加速、制动和转弯时都能获得很好的车身控制,保持车身高度不发生变化,车辆也基本不产生侧倾,以获得良好的舒适性和操控性。

5.1.2　电控空气悬架的优点

电控空气悬架的主要优点有：

（1）可以将悬架的刚度设计得很小，以使车身的自然振动频率尽可能低，保证汽车正常行驶时乘坐的舒适性；

（2）可以将汽车悬架抗侧倾、抗纵摆的刚度设计得较大，以提高汽车的操纵稳定性，使汽车的行驶安全性明显提高；

（3）可以在车轮碰到障碍物（如砖、石等）时，将车轮快速提起，避开障碍物，提高汽车的通过性；

（4）可以在汽车载荷变化、在不平路面上行驶时自动保持车身高度不变，使车身稳定；

（5）可以防止汽车制动时车头的下冲；

（6）可以避免汽车转弯时车身向外倾斜，提高汽车转弯时的操纵稳定性；

（7）可以减小车轮跳离地面的倾向，提高车轮与地面间的附着力。

5.1.3　电控空气悬架组成

1. 电控空气悬架系统的结构

以奥迪 A8 汽车为例，电控空气悬架系统在车上的实际安装位置如图 5-1 所示。

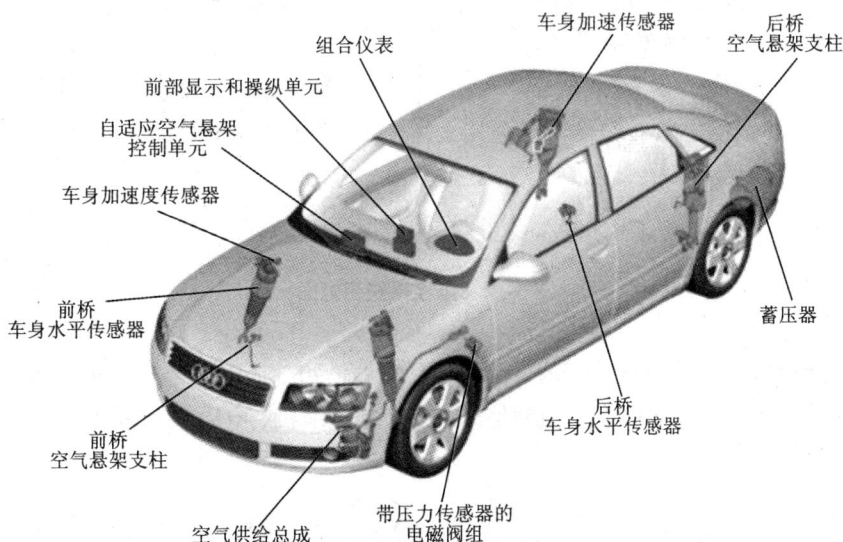

图 5-1　电控空气悬架系统安装位置

奥迪 A8 轿车的自适应空气悬架系统包括空气压缩机、高度控制装置控制单元、4 个车身高度传感器、3 个车身加速度传感器、储压罐、空气弹簧及控制空气弹簧的电磁阀组，其电控系统示意图如图 5-2 所示。

2. 电控空气悬架系统的组成

1）控制单元

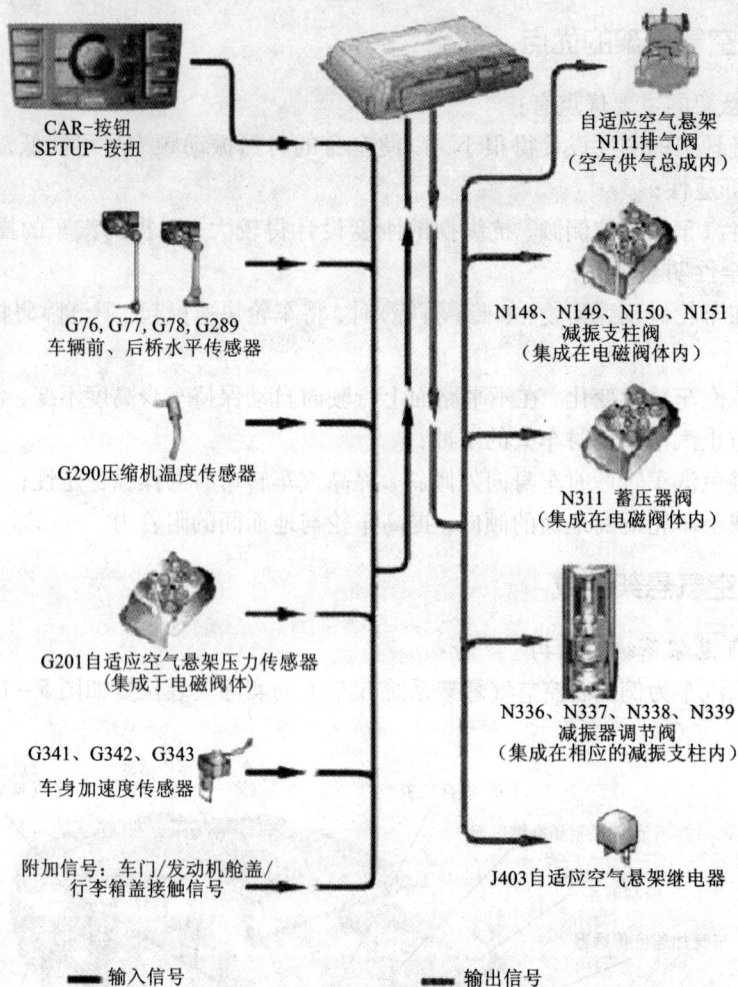

CAR-按钮
SETUP-按扭

G76, G77, G78, G289
车辆前、后桥水平传感器

G290压缩机温度传感器

G201自适应空气悬架压力传感器
（集成于电磁阀体）

G341、G342、G343
车身加速度传感器

附加信号：车门/发动机舱盖/
行李箱盖接触信号

自适应空气悬架
N111排气阀
（空气供气总成内）

N148、N149、N150、N151
减振支柱阀
（集成在电磁阀体内）

N311 蓄压器阀
（集成在电磁阀体内）

N336、N337、N338、N339
减振器调节阀
（集成在相应的减振支柱内）

J403自适应空气悬架继电器

━━ 输入信号　　　　　━━ 输出信号

图 5 - 2　电控系统示意图

控制单元（J197）如图 5 - 3 所示，安装于车内贮物箱前，用于处理其他总线部件的相关信息和独立的输入信号，处理生成控制信号，以控制压缩机、电磁阀和减振器。

图 5 - 3　控制单元 J197 外形图

2）空气弹簧

空气弹簧采用外部引导式，它被封装在一个铝制的圆筒内（图5-4）。为了防止灰尘进入圆筒与空气弹簧伸缩囊之间，用一个密封圈密封活塞与气缸之间的区域。密封圈在维修时可以更换，空气弹簧伸缩囊不能单独更换，出现故障时，必须更换整个弹簧/减振支柱。空气弹簧不仅替代了钢制弹簧，而且还有其独特的优点。它使用铝制气缸的新式外部引导性装置，减小了空气弹簧伸缩囊的壁厚，使在路面不平情况下的响应更加灵敏。

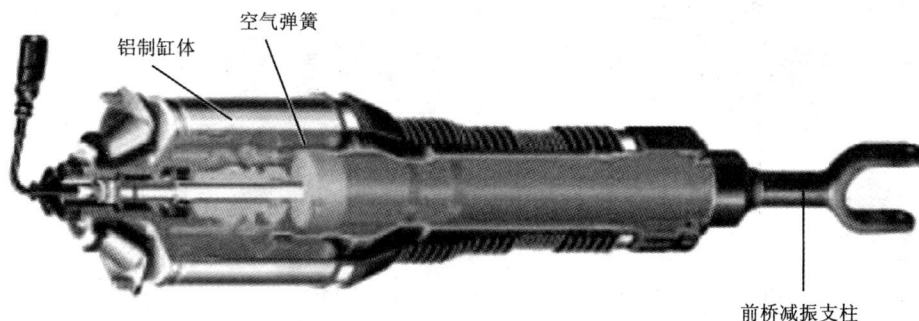

铝制缸体　空气弹簧　前桥减振支柱

图5-4　前桥空气弹簧结构

空气弹簧为了能以最佳的承载宽度来达到行李箱的最大利用容积，后桥的空气弹簧直径就被限制到最小的尺寸。而为了满足舒适要求，空气的体积又不能太小，为了解决这个矛盾，使用了一个与减振器连在一起的储气罐，用于额外供应空气。储压罐位于汽车左侧，行李箱底板与后部消声器之间，储压罐的最大工作压力为16 bar。见图5-5所示。

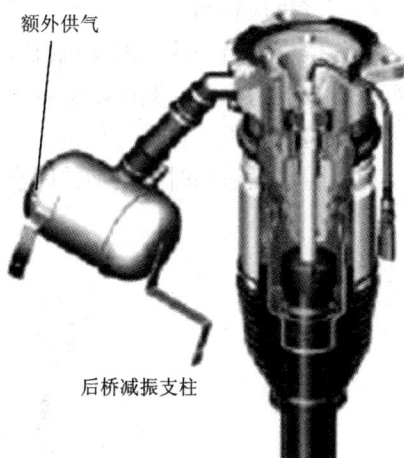

额外供气　后桥减振支柱

图5-5　后桥空气弹簧结构

3）减振器

减振器使用了一个无级电子双管气压减振器（无级减振控制系统）。如图5-6所示，活塞1的主减振阀门3通过弹簧4机械预紧，在阀门上方安装有电磁线圈5，连接导线经由活塞杆的空腔与外部连接。

整个活塞在气缸套2内以速度v向下运动，空腔内主减振阀门下的油压上升。电磁线圈通电，电磁力F_M对弹簧力F_F有反作用，并将其部分提升。当电磁力与机油压力的总和（$F_M + F_P$）超过弹簧力F_F时，就会产生一个力F_R，此力将主减振阀门打开。电流强度调控线圈电磁力的大小，电流强度越大，液压油的流过阻力和减振器阻尼力就越小。

当电磁线圈没有电流作用时，减振器阻尼力达到最大。减振器阻尼力最小时，电磁线圈上的电流大约为1800 mA。在紧急运行时，不对电磁线圈通电，这样就设定了最大减振力，并通过其保证车辆行驶时的动态稳定。

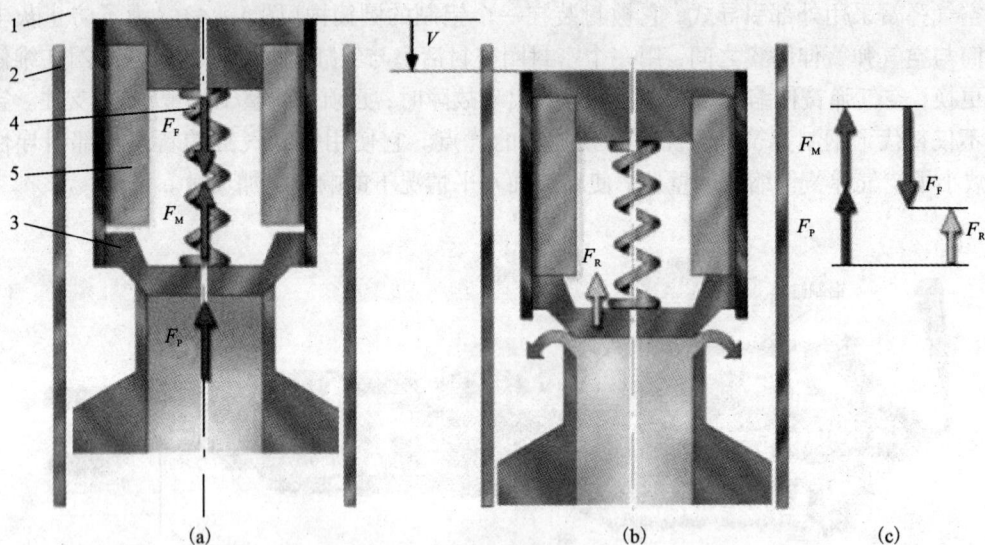

图 5 - 6　减振器工作原理

(a)结构；(b)工作原理；(c)各作用力

1—活塞；2—气缸套；3—主减振阀门；4—弹簧；5—电磁线圈

4)空气供应机组

空气供应机组安装在发动机机舱的左前方，其上安装有温度传感器，该传感器接收的是压缩机气缸盖的温度。其电阻值随着温度的升高而减小(即所谓负温度系数的含义)。控制单元会对这个电阻变化进行分析。压缩机最长可以工作多长时间就由当时的温度来决定。当压缩机缸盖温度过高时将自动关闭空气供应机组，如图 5 - 7 所示。

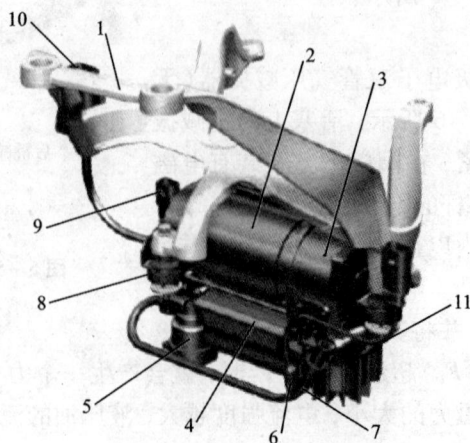

图 5 - 7　空气供应机组

1—支架；2—电动机；3—压缩机；4—电力驱动电压接头；5—空气干燥箱；6—温度传感器；7—温度传感器接头；
8—进行和排气管；9—气动排气阀；10—到电磁阀组的压缩空气接头；11—与排气电磁阀连接的接头

气动系统工作原理如下：

（1）建压。空气由压缩机1经空气滤清器8和辅助消音器7吸入。压缩空气经空气干燥器2、单向阀3a和阀9进入空气弹簧。如果空气弹簧由蓄压器充气，那么阀10和相应车桥上的阀9就会打开。蓄压器12由压缩机1经打开的阀10来充气。在车辆发生侧滑时，阀9a－9d也可单独来调节，如图5－8（a）所示。

（2）卸压。相应的阀9a、9b和9c、9d以及电控排气阀5打开，气流流经排气阀5并打开气动预控排气阀6。气流经排气阀6、辅助消音器7和空气滤清器8离开系统。阀9a、9b和9c、9d是成对电控的（前桥和后桥），如图5－8（b）所示。

(a)

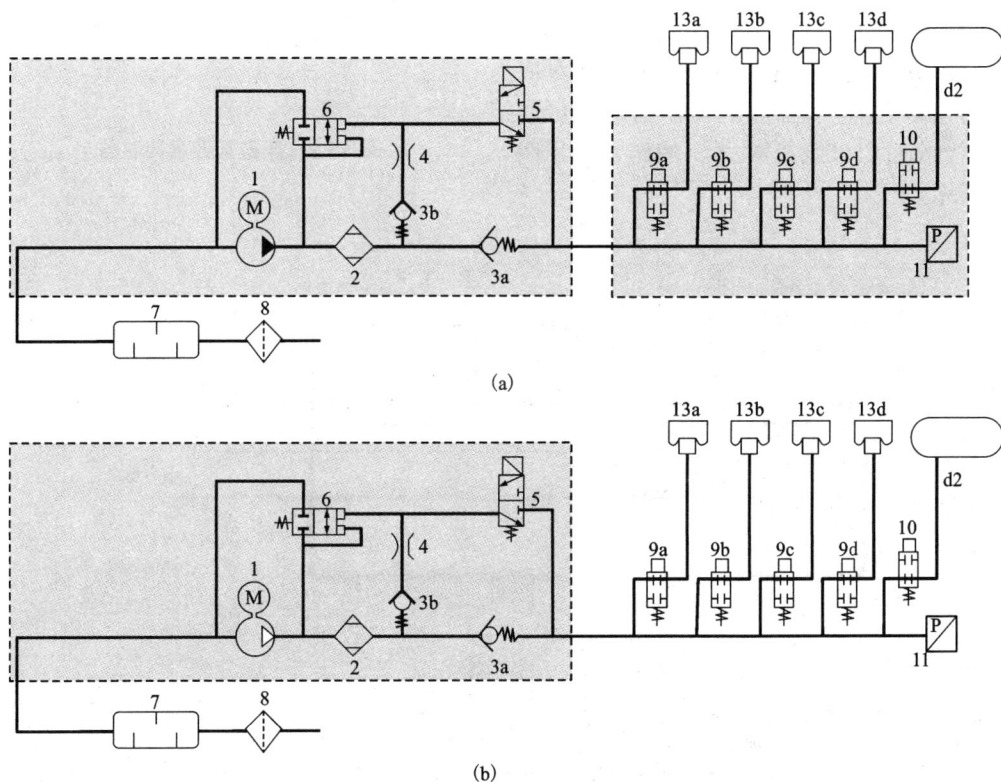

(b)

图5－8 气动系统控制原理

（a）气动系统压力建立；（b）气动系统卸压

1—压缩机；2—空气干燥器；3a、3b—单向阀；4—排气节流阀；5—电控排气阀 N111；6—气动排气阀
7—辅助消音器；8—空气滤清器；9a—左前减振支柱阀 N148；9b—右前减振支柱阀 N149
9c—左后减振支柱阀 N150；9d—右后减振支柱阀 N151；10—蓄压器阀 N311；11—压力传感器 G291
12—蓄压器；13a—左前减振支柱；13b—右前减振支柱；13c—左后减振支柱；13d—右后减振支柱

5）加速度传感器（G341、G342、G343）

为对某种行驶状态进行最理想的减振调控，应知道某段时间内车身的运动情况（簧载质量）和车桥部件的特性（非簧载质量）。该系统使用3个传感器测量车身的加速度，其中有2个位于前桥的弹簧支柱拱顶上，第3个位于右后轮罩内，通过处理车身高度传感器的信号来获取车轴部件（非簧载质量）的加速度。

　　车身加速度传感器用螺栓将支架和传感器固定在车身上。传感器和支架通过卷曲折边的方式连接。不允许对卷曲折边进行任何作业！在维修工作中必须将传感器和支架一同换下。安装好后，传感器外壳上的箭头应朝上，如图5-9所示。

　　车身加速度传感器的传感元件由多层硅片和玻璃组成。中间硅片制成弹性定位的簧片(可振动质量)。传感器的灵敏度主要由簧片刚度和簧片的质量来决定。金属涂层的可振物体作为一个可动电极，分别和上下对应电极各形成一个电容器。电容器的电容量取决于电极的面积以及两极之间的距离，如图5-10所示。

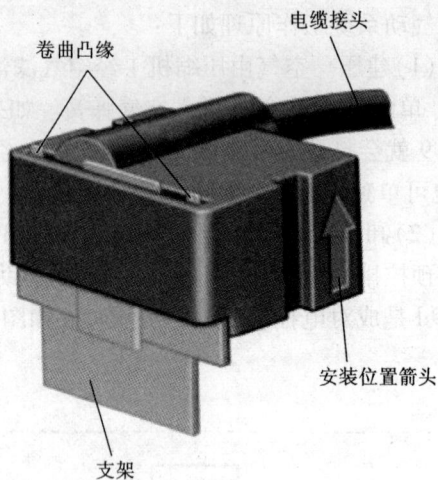

图 5-9　车身加速度传感器

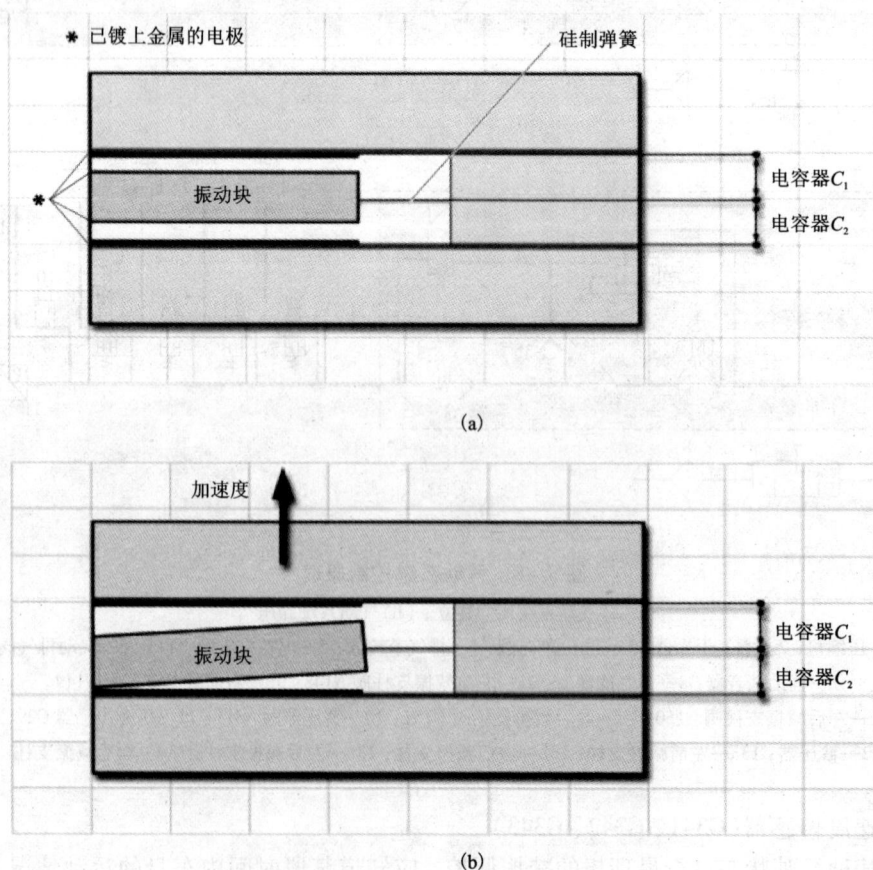

图 5-10　车身加速度传感器原理

静止状态时，如图 5 - 10（a）所示，可振物体恰好位于对应电极的中间。两个电容器 C_1 和 C_2 的电容量是一样的。加速状态时，如图 5 - 10（b）所示，振动块由于惯性作用会偏离中间位置，电极之间的距离改变。距离缩短时，电容量增大。图 5 - 10 中电容 C_2 的电容量相对于静止状态时增大，而电容 C_1 的电容量减小。由此，通过 C_1、C_2 电容量的变化即可反映出车辆的加减速状态。

6）车身高度传感器（G76、G77、G78、G289）

车身高度传感器又称车身水平传感器，共有 4 个。这 4 个车身高度传感器的结构相同，它们通过测得悬臂与车身之间的距离来判断车辆的高度状态。车身高度传感器以 800 Hz 的频率进行感应探测。

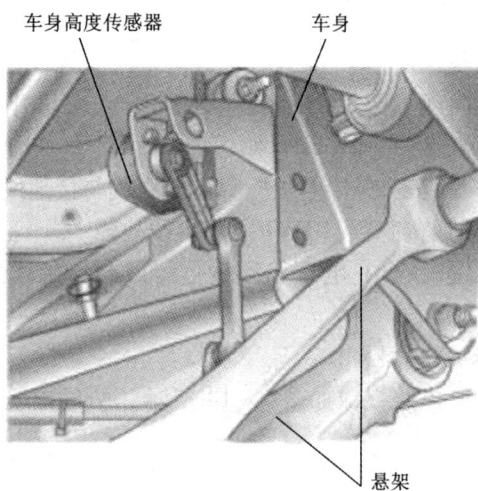

图 5 - 11　车身高度传感器安装位置

7）电磁阀组

电磁阀组包括压力传感器及控制空气弹簧和储压罐的阀门，其系统示意图如图 5 - 12 所示。压缩机 1 通过空气滤清器 8 和附加消声器 7 吸入空气，被浓缩的空气经空气干燥箱 2、止回阀 3a 和阀门 9 进入空气弹簧内。当向空气弹簧充气时，阀门 10 和同一车桥上的阀门 9 打开。压缩机经打开的阀门 10 向储压罐 12 充气。当车辆处于一侧倾斜的情况下，阀门 9a、9d 被单独控制。

8）压力传感器（G291）

压力传感器浇铸在电磁阀组上，并且不能从外部进行操作。压力传感器用于测量前桥和后桥空气弹簧支柱或储压罐。

G291 根据电容测量原理进行工作：如图 5 - 12 所示，需要测量的压力 P 引起了陶瓷膜的偏转。由此导致安装在薄

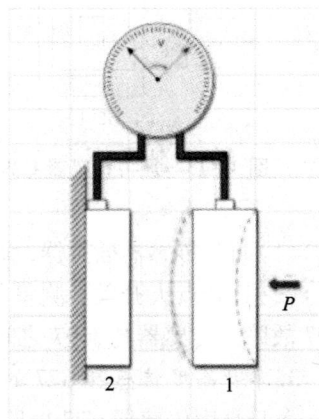

图 5 - 12　压力传感器工作原理

膜上的电极 1 和固定在传感器外壳上的对应电极 2 之间的距离发生了变化，两个电极形成了一个电容。电极间距离越小，电容的电容量就越大。通过集成的电子装置测量电容并转换为线性的输出信号。

5.1.4　电控空气悬架工作原理

电控空气悬架系统 AAS 利用传感器（包括开关）对汽车行驶时路面的状况和车身的状态进行检测，将检测信号输入计算机进行处理，计算机通过驱动电路控制悬架系统的执行器动作，完成悬架特性参数的调整，即在车辆行驶过程中，根据实际需要，使悬架系统的基本控制参数，如刚度，阻尼可随时调节，从而达到最佳的平顺性与稳定的行车状态。

5.1.5　电控空气悬架系统的检测

1. 压力传感器 G291 的检测

压力传感器 G291 电路接线如图 5-13 所示。三根导线均与电控单元 J197 相连，分别为电源线、信号线、接地线。检测时，操作步骤如下：

（1）打开点火开关，用万能表 20 V 电压挡测量电源线与接地线之间电压，应与标准值对应，否则电控单元 J197 故障或传感器与 J197 之间导线故障。

（2）运转发动机，用万用表 20 V 电压挡测量信号线与接地线之间电压，应与标准值对应，否则为传感器损坏。

2. 压缩机温度传感器 G290 的检测

压缩机温度传感器 G290 电路接线如图 5-14 所示。两根导线均与电控单元 J197 相连，分别为信号线、接地线。检测时：

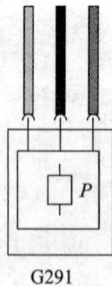

图 5-13　压力传感器 G291 接线图　　图 5-14　压缩机温度传感器接线图

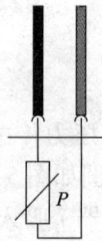

（1）断开传感器插接器，测量传感器电阻，应与标准值对应，否则传感器损坏。

（2）打开点火开关，测量信号线与接地线之间电压，应与标准值对应，否则电控单元 J197 故障或传感器与 J197 之间导线故障。

3. 车身高度传感器 G77 的检测

车身高度传感器 G77 电路接线如图 5-15 所示。三根导线均与电控单元 J197 相连，分别为接地线、信号线、电源线。检测时，打开点火开关：

（1）用万用表 20 V 电压挡测量电源线与接地线之间电压，应与标准值对应，否则电控单元 J197 故障或传感器与 J197 之间导线故障。

（2）弹跳车身，用万用表 20 V 电压挡测量信号线与接地线之间电压，应产生变化，否则为传感器损坏。

4. 车身加速度传感器 G343 的检测

车身加速度传感器 G343 电路接线如图 5－16 所示。三根导线均与电控单元 J197 相连，分别为接地线、信号线、电源线。检测时，打开点火开关：

（1）用万用表 20 V 电压挡测量电源线与接地线之间电压，应与标准值对应，否则电控单元 J197 故障或传感器与 J197 之间导线故障。

（2）在快速移动传感器的过程中，用万用表 20 V 电压挡测量信号线与接地线之间电压，应产生变化，否则为传感器损坏。

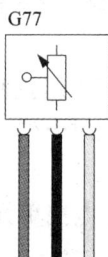

图 5－15　车身高度传感器接线图　　　　**图 5－16　车身加速度传感器接线图**

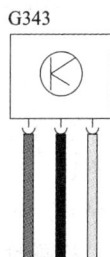

5. 压缩机继电器 J403 的检测

压缩机继电器 J403 电路接线如图 5－17 所示。四根导线中第一根和第四根与电控单元 J197 相连，分别为接地线、ECU 供电线；第二根、第三根分别为压缩机供电线、蓄电池电源线。检测时：

（1）断开继电器插接器，打开点火开关，用万能表 20 V 电压挡测量第一根线与第四根线之间电压，应与标准值对应，否则电控单元 J197 故障或传感器与 J197 之间导线故障；测量第三根线电压是否为蓄电池电压，否则该线至蓄电池之间电路有故障。

（2）连接继电器插接器，打开点火开关，用万能表 20 V 电压挡测量第二根线，即压缩机供电线应为蓄电池电压，否则继电器损坏。

6. 压缩机电机 V66 的检测

压缩机电机 V66 仅两根导线。两根导线分别为压缩机电机接地线、供电线。检测时，断开电机插接器：

（1）测量电机阻值，应与标准值对应，否则电机损坏。

（2）打开点火开关，用万能表 20 V 电压挡测量供电线电压，应与标准值对应，否则检查压缩机继电器。

（3）关闭点火开关，用万能表电阻挡测量电机接地线搭铁是否良好，否则有电路故障。

7. 减振器调节阀 N336 的检测

减振器调节阀 N336 的电路接线如图 5－18 所示。两根导线均与电控单元 J197 相连，分别为信号线、接地线。检测时，断开调节阀插接器：

（1）测量调节阀阻值，应与标准值对应，否则调节阀损坏。

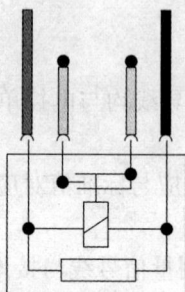

图 5 - 17　压缩机继电器接线图

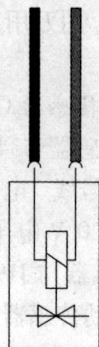

图 5 - 18　减振器调节阀接线图

（2）打开点火开关，模拟调节阀工作条件，用万能表 20 V 交流电压挡测量信号线与接地线之间电压，应与标准值对应，否则电控单元 J197 故障或调节阀与 J197 之间导线故障。

8. 减振支柱阀 N148 的检测

减振支柱阀 N148 的电路接线如图 5 - 19 所示。两根导线均与电控单元 J197 相连，分别为电源线、信号线。检测时，断开支柱阀插接器：

（1）测量支柱阀阻值，应与标准值对应，否则支柱阀损坏。

（2）打开点火开关，用万能表 20 V 电压挡测量电源线电压，应与标准值对应，否则电控单元 J197 故障或调节阀与 J197 之间导线故障。

（3）打开点火开关，模拟支柱阀工作条件，用万能表 20 V 交流电压挡测量信号线与接地之间的电压变化，应与标准值对应，否则电控单元 J197 故障或调节阀与 J197 之间导线故障。

9. 排气阀 N111 的检测

排气阀 N111 的电路接线如图 5 - 20 所示。两根导线均与电控单元 J197 相连，分别为信号线、接地线。检测时，断开排气阀插接器：

（1）测量排气阀阻值，应与标准值对应，否则排气阀损坏。

（2）打开点火开关，模拟排气阀工作条件，用万能表 20 V 电压挡测量信号线与接地线之间电压，应与标准值对应，否则电控单元 J197 故障或排气阀与 J197 之间导线故障。

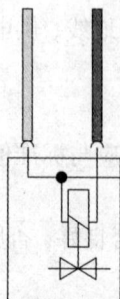

图 5 - 19　减振支柱阀接线图

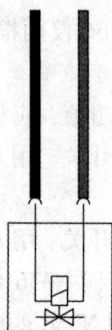

图 5 - 20　排气阀接线图

复习思考题

1. 电控空气悬架的功能有哪些？
2. 电控空气悬架的优点是什么？
3. 简述电控空气悬架的组成和工作原理。
4. 简述电控空气悬架传感器和执行器的检测方法。

项目六　电控动力转向系统(EPS)

【学习目标】

技能抽查要求

能熟练说出电动助力转向系统的基本结构和工作原理，并对电动助力转向系统常见故障进行检测和诊断。

教学要求

能力目标：能熟练使用电动助力转向系统专用检修工具，能对电动助力转向系统各元件进行检测。

知识目标：了解电子控制液压式动力转向系统的组成和工作原理；了解电子控制电动式动力转向系统的组成和工作原理。

任务　电控动力转向系统的检测

6.1　EPS 系统的基本结构及工作原理

6.1.1　EPS 系统的基本结构

电控动力转向系统 EPS(Electronic Control Power Steering)就是在传统的纯机械转向系统中增加电子控制技术实现电子控制电机辅助转向的总成。现阶段，通常在传统纯机械转向系统的基础上增加电动机、减速机构、动力转向控制单元(ECU)和转向相关传感器等部分构成完整的电控动力转向系统，典型结构如图 6 - 1 所示。其中转向相关传感器主要包括转向盘转矩和转角传感器、车速传感器、助力电机电流传感器等。其机械转向部分与传统转向系统中的机械部分相同，EPS 系统安装有电磁离合器和减速机构等，在危险情况下，电磁离合器用来断开电机输出，能够让驾驶员操纵机械转向系统维持汽车的基本转向行驶；同时，在不需要助力时，为了消除电动机对转向系统的影响，电磁离合器同样断开。增设减速机构主要是为了降低电动机输出的转速、增大电动机辅助转向的转矩。

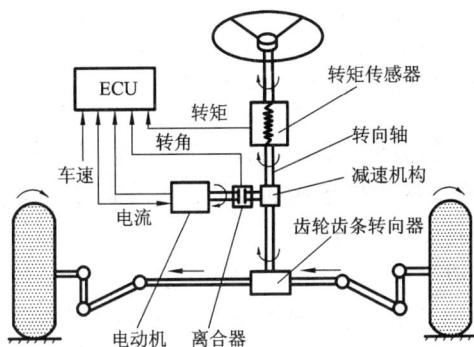

图6-1　典型EPS系统基本组成示意图

6.1.2　EPS系统基本工作原理

当驾驶员操纵转向盘进行转向时,传感器将检测到各类信号(主要包括转矩、转角和车速信号)传递给电子控制单元(ECU)处理,ECU能够根据传感器信号推断汽车基本运行工况,并发出相应的准确指令,来驱动电动机输出与某时刻工况相匹配的转矩实现辅助转向,如图6-2所示为系统的基本工作原理流程。当汽车直线行驶时,助力电机一般不工作,电磁离合器断开,但在汽车高速直线行驶时,助力电动机也会工作,产生一定的阻尼,从而抑制因路面的波动引起的转向盘的"抖动",进而改善驾驶员的手感。

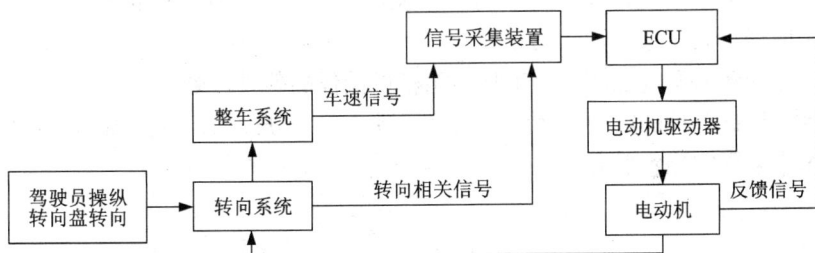

图6-2　EPS系统基本工作原理流程图

6.2　EPS系统的优点、功能和要求

6.2.1　电控动力转向系统的优点

(1)减小转向时的操纵力。减轻驾驶员的疲劳程度,各类汽车都有此要求。而装用超低压扁平胎的高速乘用车,因转向阻力也较大,更有必要采用动力转向系统。

(2)根据车速的高低和行驶条件的变化(静态或动态,好路或坏路),提供合适的转向助力,它不仅使操纵省力,还提高了汽车行驶的安全性、操纵性和稳定性。

(3)当遇到巨大的单边冲击或爆胎时,转向轮会猛然向一方偏转,因动力转向系统具有

"正向传动、正向导通助力；反向传动、反向导通助力"的特点，它会反向接通动力缸，阻止车轮偏转，从而提高了汽车行驶的安全性。

6.2.2 电控动力转向系统的具体功能和要求

（1）原地转向或汽车低速行驶转向时，应操纵轻便，路感良好。

（2）中、高速行驶转向时，应根据车速的高低，适当助力；车速愈高，助力愈小，使驾驶员有一定的轻、重手感，无转向发飘的感觉。

（3）如遇大的单边冲击或爆胎时，小的冲击可利用动力缸油液阻尼衰减。大的单边冲击或爆胎时，转向轮会猛然向一边偏转（反向传动），它可使动力缸产生反向助力，阻止车轮偏转，保持原行驶方向，提高行驶的安全性。

这是动力转向系统的一大优点，是一般机械式转向系统所不具备的安全功能。为此，成为高速车辆的必备系统。

（4）失效安全保护，即转向助力系统失效后，仍能维持手动机械转向，保证安全行驶，但转向盘所需的操纵力变大。

6.2.3 电控动力转向系统的分类

1.电控液压转向助力系统

电子控制液压式动力转向系统是在传统的液压式动力转向系统上增设电子控制系统，从而改善了使用性能。它是目前常见的转向助力系统，在大、中、小型乘用车上广泛使用。该系统的主要故障是油封及密封圈漏油和高速液压油泵的损耗。

电子控制液压式动力转向系统的动力源是发动机驱动的油泵产生的高压油。在工作过程中，电控单元根据车速传感器输入的车速信号，控制电磁阀动作，使转向动力放大倍率实现连续可调，以保证转向系统在高、低速时都能获得最佳的驾驶性能。

应该说明，根据车种的需要，轻型车多采用动力缸、分配阀、转向器为一体的"整体式"结构；重型车多采用"分置式"结构，其工作原理类同，如图6-3所示。

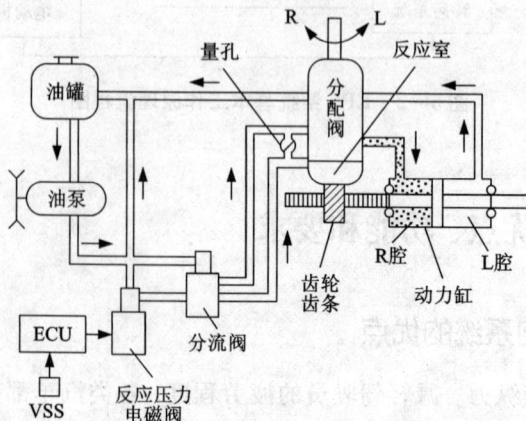

图6-3　丰田凌志LS400电控液压转向助力系统的组成图

2.电控电动转向助力系统

电子控制电动式动力转向系统是以电动机作为动力转向的动力源,由电控单元根据扭矩传感器和车速传感器输出的信号进行动力转向控制。

电脑 ECU 根据转矩传感器的转矩及方向信号和车速信号,调节电动机的转向助力转矩,替代了液压助力系统。无复杂的液压助力系统及其所对应的所有故障,并使系统总重减轻了25%,降低了油耗和维修费用,因而在各类乘用车上日渐广泛使用,其组成如图 6-4 所示。

电子控制动力转向系统在低速时可使转向轻便、灵活;在汽车中高速区域转向时,能保证提供最优的动力放大倍率和稳定的转向手感,提高汽车高速行驶时的操纵稳定性。

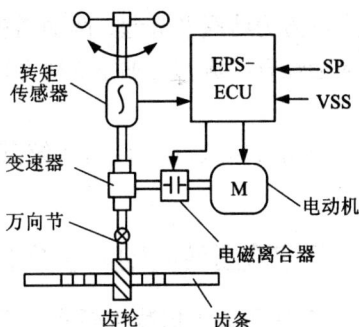

图 6-4 电控电动转向助力系统的组成

6.3 电控液压转向助力系统

电子控制液压式动力转向系统是在液压动力转向系统的基础上增加电子控制装置得到的。

6.3.1 电控液压转向助力系统的组成

图 6-5 所示为丰田凌志轿车电子控制液压动力转向系统。该系统主要由车速传感器、电控单元、电磁阀、动力转向控制阀和动力转向油泵等组成。该系统是通过控制流向动力转向油缸两侧油室内的液压油流量来实现动力转向控制的,因此该系统又称流量控制式动力转向系统。

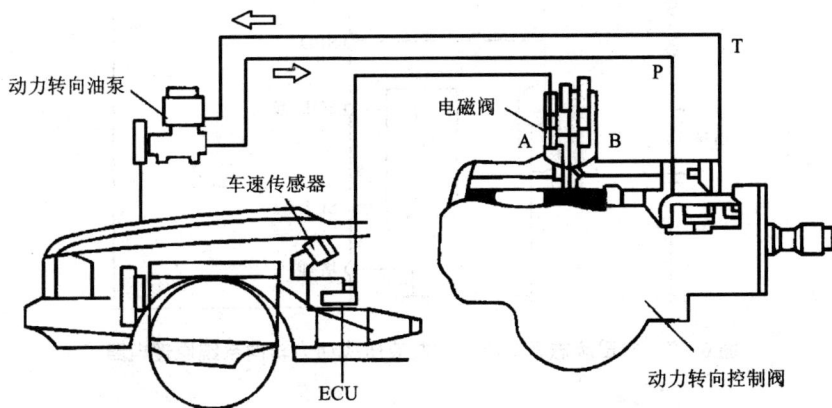

图 6-5 丰田凌志轿车电子控制液压式动力转向系统

电磁阀(图6-6)是电子控制系统的执行元件,由电控单元控制其工作状态。电磁阀安装在通向转向动力缸活塞两侧油室的油道之间,当电控单元控制电磁阀通电时,电磁线圈产生电磁力将阀芯吸起,两油道就被电磁阀旁路,两油道中的油会经管路流回储油室,动力缸活塞两侧的油室油压就会降低。

电子控制液压式动力转向系统其他组件的工作原理与前述相同。

6.3.2 电控液压转向助力系统的工作原理

图6-7所示为丰田凌志轿车电子控制液压式动力转向系统的原理电路。

在工作时,电控单元根据车速传感器输入的信号,向电磁阀输出不同占空比的控制信号,控制电磁阀阀芯的开启程度,以控制转向动力缸活塞两侧油室的旁路液压油流量,从而改变转向盘上的转向力。作用在电磁阀电磁线圈上的平均电流与车速成正比。车速越高,流过电磁阀电磁线圈的平均电流就越大,电磁阀阀芯的开启程度就越大,旁路的液压油流量就越大,液压助力作用就越小,转动转向盘的力随之增大;反之,车速越低,液压助力作用越大,转动转向盘的力就越小。如此即可在各种行驶条件下获得最佳的转向力,以满足转向省力和转向操纵稳定的双重目的。

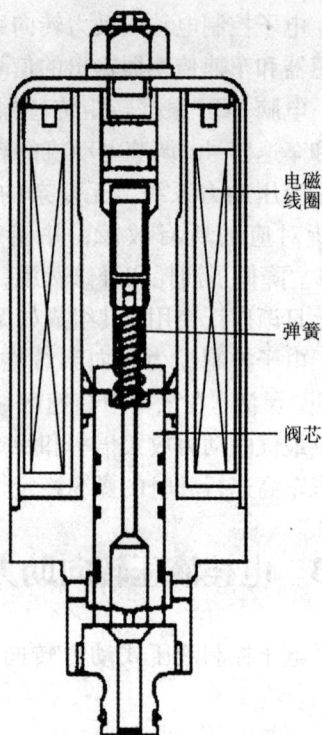

图6-6 电磁阀的结构

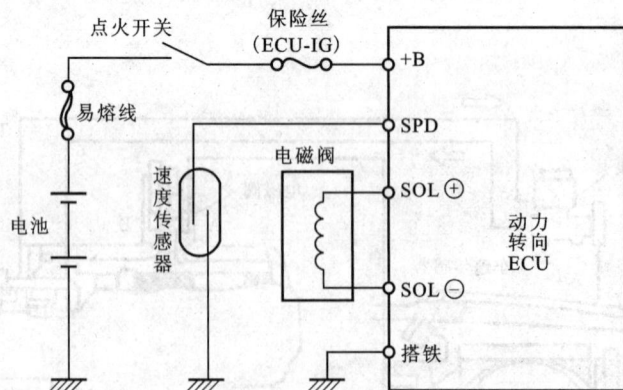

图6-7 丰田凌志轿车电子控制液压式动力转向系统原理电路

6.4 电控电动转向助力系统

电控电动转向助力系统是电子技术在汽车上的推广利用,也是中、小型乘用车动力转向技术的发展方向。电脑根据转矩传感器的转矩及方向信号和车速信号,调节电动机的转向助力转矩,替代了液压助力系统。无复杂的液压助力系统及其所对应的所有故障,并使系统总质量减轻了25%,降低了油耗和维修费用,预计在未来10年内,EPS系统会逐渐取代液压转向助力系统。

6.4.1 电动转向助力系统的优点

(1)液压转向助力系统的油泵,不转向时也工作,加大了能量消耗。而EPS系统只在转向时电动机才提供助力,因而能减少能量消耗,并能在各种行驶工况下提供最佳的转向助力。

(2)减小了由于路面不平所引起的对转向系统的干扰,改善了汽车的转向性能,减轻了汽车低速行驶时的转向操纵力,提高了汽车高速行驶时的转向稳定性,进而提高汽车的主动安全性。

(3)由于不需要加注液压油和安装液压油管,所以系统安装简便,自由度大,而且成本低,无漏油故障的发生,它比常规的液压转向助力系统具有更好的通用性。

6.4.2 电控电动转向助力系统的组成

电控电动转向助力系统由装在转向器输入端的转矩传感器、电磁离合器、电动机及变速器(减速机构)、电脑(EPS - ECU)等元件组成,如图6-8所示。

1. 转矩传感器

转矩传感器的作用是检测作用在转向盘上的转矩大小和方向,把不同的电压信号传送给电脑。多采用光电式或磁电式两种结构,其转矩特性如图6-9所示。

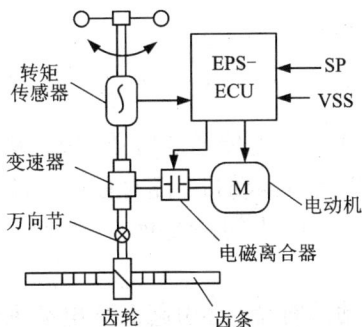

图6-8 电控电动转向助力系统EPS的组成

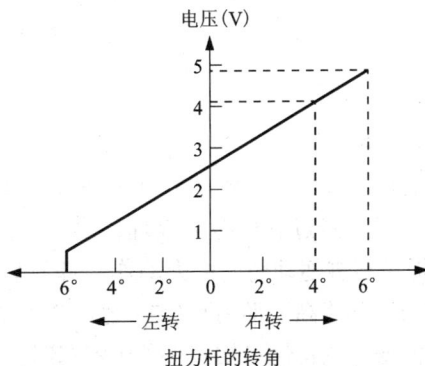

图6-9 转矩传感器特性

2. 电磁离合器

它的作用是当EPS系统发生故障时,离合器分离,转向助力变为普通手动转向。有的车种无电磁离合器(如本田飞度),失效保护由EPS - ECU控制,停止对电动机供电,转为手控转向。

3. 直流电动机及减速机构

直流电动机的特点是转矩大、调速范围宽,改变驱动电流的大小,即可使其转速突变,在适当的时候提供转向助力转矩。电动机分为直流有刷永磁电动机和直流无刷永磁电动机,前者可靠性差,但控制程序简单;后者可靠性高,但其控制程序复杂。

减速机构起减速、增扭作用,通常为涡轮涡杆式或行星齿轮式,如图 6-10 所示。

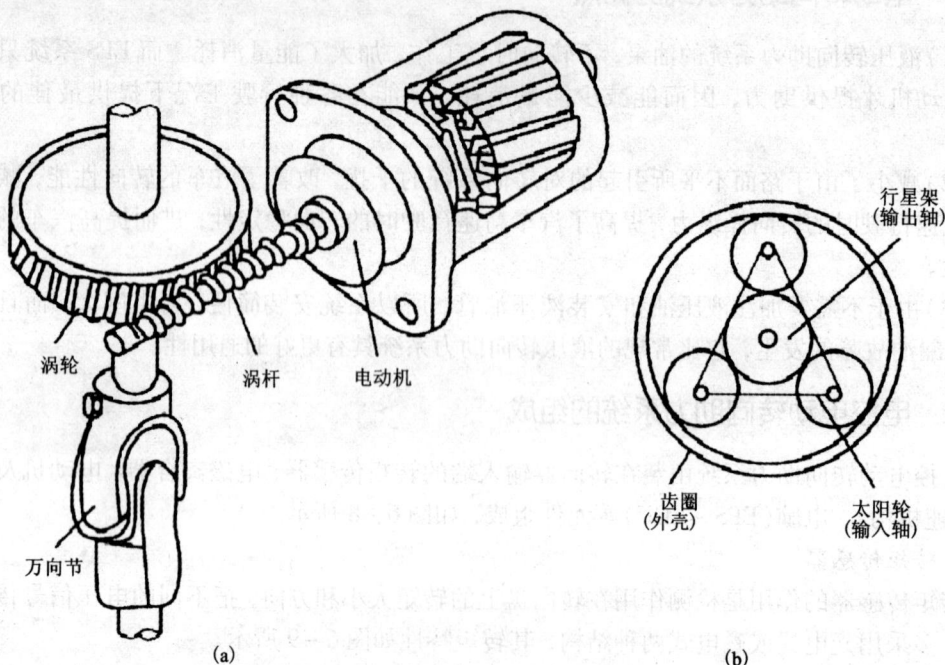

图 6-10 电动机和减速机构

(a)涡轮涡杆式;(b)行星齿轮式

4. 电脑

电动转向助力系统的控制单元接收转矩传感器的信号、车速传感器信号 VSS、发动机转速信号 SP,经过分析编程处理,输出不同的电流。通过助力电动机,随时根据驾驶员的操作,提供渐进随动转向助力动作。即不转不助;小转—小助;大转—大助;车速低—助力大(轻便);车速高—助力小(有手感,防止发飘)。

根据电流特性可知:如果在停车时,不断地来回转动转向盘,会引起 EPS 电动机电流的增大,将导致其绕组发热而烧毁,这是使用中应注意的问题。

6.4.3 电控电动转向助力系统的工作原理

基本工作原理:电脑接收转向盘的转向转矩信号和车速信号 VSS 的高低及发动机转速信号 SP 的高低。判断发动机是否工作,以决定 EPS 系统是否投入工作,在发动机熄火情况下 EPS 系统停止工作。经过判断和处理后,根据事先存储器中确定好的助力特性,确定和输出助力转矩电流的大小和方向(助力电动机的正、反转,工作时间及工作频率)。低速时助力作用大,转向轻便;高速时减小助力,以提高路感和操纵稳定性(无发飘手感),如图 6-11 所示。

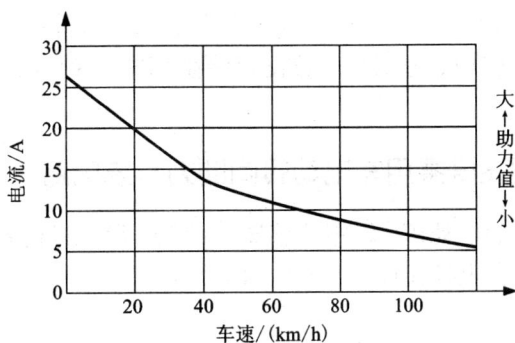

图 6 - 11　电动油泵驱动电流的特性

6.4.4　EPS 系统的电路原理图

1. EPS 系统的组成

EPS 转向助力系统由 EPS - ECU、转矩传感器、控制电动机和离合器、EPS 故障指示灯、故障自诊断接口等组成,如图 6 - 12 所示,它和电喷系统的 ECU 联网工作,共享传感器信号。

2. EPS 系统的电路原理

(1)为了使转矩传感器输出的电信号不受干扰,其导线多用屏蔽网保护,应可靠地搭铁。

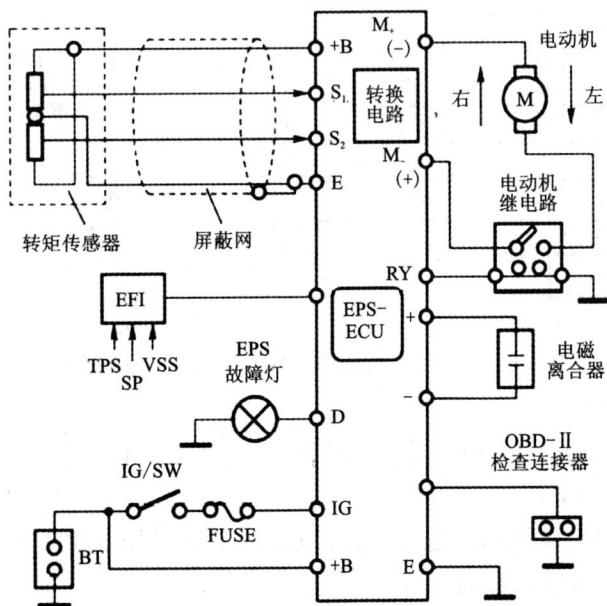

图 6 - 12　EPS 转向助力系统的电路原理图

(2)EPS 转向助力系统正常工作时,点火开关打开后,位于仪表盘上的 EPS 故障指示灯亮2～4 s后自动熄灭,为正常状态。或起动后灯灭,也为正常状态。

(3)当系统的电元件发生故障时,位于仪表盘上的EPS故障指示灯会持续点亮。此时可利用故障自诊断系统(人工法或仪器法),读出存储在EPS－ECU内部的故障码,然后根据获得的故障码进行检修。

6.4.5　实例——本田飞度乘用车电动转向助力系统电路

(1)该车的EPS系统的电动机、转矩传感器和齿轮、齿条机构紧凑地装在一起,成为一个总成部件,并可分体更换电控元件,如图6－13所示。

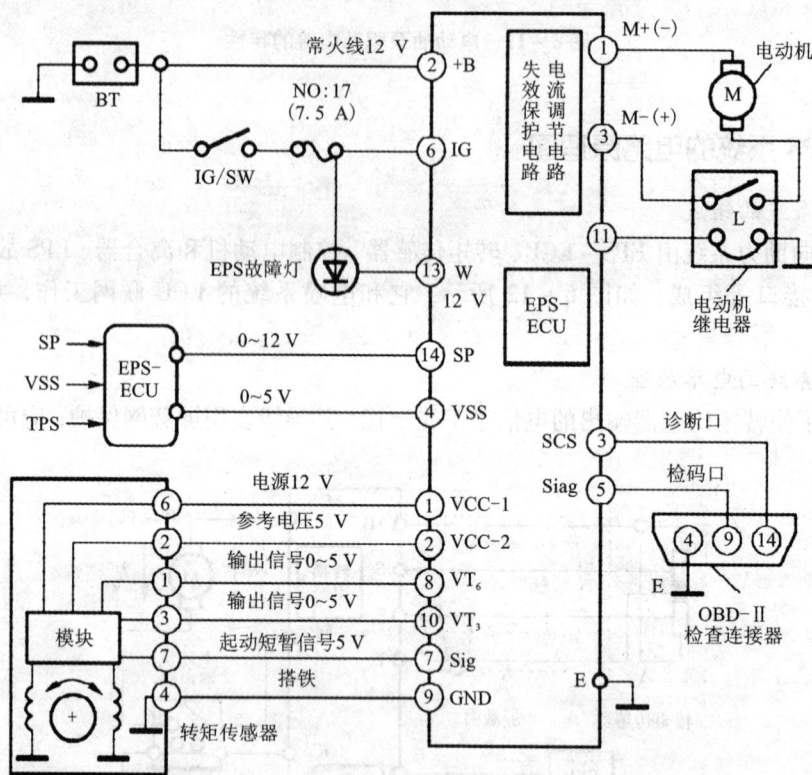

图6－13　本田飞度电动转向助力EPS系统电路图

(2)转矩传感器为磁性齿环式,无电磁离合器,失效保护电路在EPS－ECU中,能使电动机及时断电,转入手控转向。

(3)SE－ON－EPS故障灯亮,起动后又灭为正常状态。如有故障时灯常亮,并存储故障码,停止转向助力,转为手控转向。

(4)故障码存储于电可擦可编只读存储器中,需多次使该系统线路通断才能消除故障码。

(5)故障码的检取和消除,可用检码器法(略)或用人工法取码。

①人工取码。短接OBD－Ⅱ检查连接器9－4孔,开关打开,EPS故障灯,闪烁故障码(DCT)。

②代码的消除。在取码状态,多次拔下仪表盘下熔断盒中的 NO:17(7.5A)系统熔断丝,即可消除故障码。

(6)换件维修后的初始位置设定。发动机怠速运转,不断转动转向盘,从一个极限位置转动到另一个极限位置,直到 EPS 指示灯不亮为止。再通过路试感觉,确认助力良好,即完成初始位置设定工作。

复习思考题

1. 简述电控动力转向系统的基本结构及工作原理。
2. 电控动力转向系统的优点有哪些?
3. 电控动力转向系统的分类有哪些?
4. 电控液压式动力转向系统的组成有哪些,工作原理是什么?
5. 电控电动转向助力系统的优点是什么,它的组成和工作原理是什么?

参考文献

[1]王忠良，陈建昌.汽车底盘电控技术(第3版)[M].大连：大连理工大学出版社，2014.

[2]尤明福.汽车底盘电控技术[M].北京：中国劳动社会保障出版社，2008.

[3]吴际璋，王林超.当代汽车电控系统结构原理与检修(第2版)[M].北京：人民交通出版社，2009.

[4]李培军.汽车底盘电控技术(第2版)[M].北京：人民邮电出版社，2015.

[5]徐罕.汽车底盘电控系统结构与检修[M].西安：西安交通大学出版社，2014.

[6]李雷.汽车底盘电控系统检修[M].北京：人民邮电出版社，2014.

[7]武忠，马俊艳.汽车底盘电控系统故障诊断与检修.北京：机械工业出版社，2015.